汽车类专业项目教学示范教材

二手车鉴定评估实务

吴东盛　胡宗梅　编

机械工业出版社

本书以二手车鉴定评估师的典型工作任务为内容，系统地介绍了二手车鉴定评估的工作流程和相关知识与专业技能。全书分为前期准备、现场鉴定、评定估算、后续业务和二手车营销五大项目，每个项目又以多个子任务来体现二手车鉴定评估程序中的各个操作环节。

本书资料丰富，图片清晰，内容实用、全面，案例均来自一线4S店及二手车鉴定评估机构，复习思考题精选了中国汽车流通协会组织的"二手车鉴定评估师技能大赛"赛题、二手车鉴定评估师（中级）历年考题、二手车流通企业内训考核题目等，本书可作为应用型本科院校、高职高专院校汽车类专业的教材，也可作为二手车鉴定评估专业人员的培训教材和学习参考书。

本书配套资料包括教学课件、操作视频、试卷及答案等，使用本书的授课教师可在www.cmpedu.com注册后免费下载，亦可联系编辑索取，编辑信箱13744491@qq.com。

图书在版编目（CIP）数据

二手车鉴定评估实务 / 吴东盛，胡宗梅编. —北京：机械工业出版社，2019.3（2023.1重印）
汽车类专业项目教学示范教材
ISBN 978-7-111-62215-4

Ⅰ.①二… Ⅱ.①吴… ②胡… Ⅲ.①汽车-鉴定-职业教育-教材 ②汽车-价格评估-职业教育-教材 Ⅳ.①U472.9 ②F766

中国版本图书馆CIP数据核字（2019）第044338号

机械工业出版社（北京市百万庄大街22号　邮政编码100037）
策划编辑：赵海青　　　　责任编辑：赵海青
责任校对：炊小云　　　　封面设计：陈　沛
责任印制：孙　炜
北京中科印刷有限公司印刷
2023年1月第1版第3次印刷
184mm×260mm · 15.25印张 · 344千字
标准书号：ISBN 978-7-111-62215-4
定价：45.00元

凡购本书，如有缺页、倒页、脱页，由本社发行部调换

电话服务	网络服务
服务咨询热线：010-88379833	机 工 官 网：www.cmpbook.com
读者购书热线：010-68326294	机 工 官 博：weibo.com/cmp1952
	教育服务网：www.cmpedu.com
封面无防伪标均为盗版	金　书　网：www.golden-book.com

前 言

随着我国二手车市场的不断发展，二手车交易的业务量逐年增加，二手车鉴定评估行业在汽车流通产业中越来越凸显其重要性。各大型汽车厂家、汽车经销商和拍卖公司等机构都在通过各种方式开展二手车相关业务。相关的二手车鉴定评估培训及职业资格鉴定工作全面展开，各高职院校汽车类专业也相继开设了二手车鉴定评估课程。二手车鉴定评估与交易工作涉猎的知识面广泛，要求二手车鉴定评估师既要了解汽车的构造与原理，又要掌握各种二手车的技术鉴定方法，还要有一定的市场营销、财会、经济管理和物价等方面的知识。目前，我国二手车市场从业人员素质参差不齐，缺乏统一标准、经验和职业道德。二手车鉴定评估人员的素质直接影响了二手车价值评估的工作质量，因此，提高二手车鉴定评估师的素质至关重要。

本书参照中国汽车流通行业首个国家标准《二手车鉴定评估技术规范》作业流程，以二手车鉴定评估师职业岗位的典型工作任务为内容，系统地介绍了二手车鉴定评估的工作流程和所涉及的相关专业知识与专业技能。全书分为前期准备、现场鉴定、评定估算、后续业务和二手车营销五个项目，每个项目又以多个任务来体现二手车鉴定评估程序中的各个操作环节。每个任务按照"任务分析""相关知识""实施与考核"的体例来组织学习内容。每个项目设有"技能学习""任务实施与考核""复习思考题"，有助于读者理清学习重点，拓展知识面。

本书资料丰富，图片清晰，案例均来自一线 4S 店及二手车鉴定评估机构，并且相关内容配备视频，手机扫码即可观看，内容实用、全面，可作为应用型本科及高职高专院校汽车类专业的教材，也可作为二手车鉴定评估专业人员的培训教材和学习参考书。

本书由吴东盛、胡宗梅编写，由于编者水平有限，书中不足之处在所难免，希望广大读者批评指正。

编　者

目 录

前言

项目一　前期准备 ··· 001

  任务一　业务洽谈 ··· 001

    一、任务分析 ··· 001

    二、相关知识 ··· 001

      （一）汽车报废标准与报废汽车 ··· 001

      （二）二手车及二手车交易 ··· 006

      （三）二手车鉴定评估 ··· 009

      （四）二手车鉴定评估机构 ··· 016

      （五）二手车鉴定评估师与鉴定考核体系 ··· 018

    三、实施与考核 ·· 026

      （一）技能学习 ·· 026

      （二）任务实施与考核 ··· 026

  任务二　拟订鉴定评估作业方案 ··· 027

    一、任务分析 ··· 027

    二、相关知识 ··· 027

      （一）二手车价格评估的前提条件 ·· 027

      （二）二手车价格评估的计价标准 ·· 027

      （三）二手车价格评估的基本方法 ·· 029

    三、实施与考核 ·· 029

      （一）技能学习 ·· 029

      （二）任务实施与考核 ··· 029

      （三）复习思考题 ··· 031

项目二　现场鉴定 ··· 034

  任务一　检查核对证件 ··· 034

    一、任务分析 ··· 034

    二、相关知识 ··· 034

      （一）二手车的法定证件 ·· 034

      （二）二手车各种税费单据 ··· 041

    三、实施与考核 ·· 046

      （一）技能学习 ·· 046

      （二）任务实施与考核 ··· 047

任务二　二手车技术状况的静态检查 048
一、任务分析 048
二、相关知识 048
（一）机动车的技术状况 048
（二）机动车技术状况变化的原因 049
（三）汽车技术状况变化的外观征兆 049
（四）机动车外观征兆产生的原因 051
（五）汽车的质量参数 051
（六）汽车主要技术参数 052
（七）事故车检查 055
（八）二手车的技术等级 058
三、实施与考核 062
（一）技能学习 062
（二）任务实施与考核 078

任务三　二手车技术状况的动态检查 081
一、任务分析 081
二、相关知识 081
（一）无负荷时的工况检查 081
（二）路试检查 083
（三）动态试验后的检查 087
三、实施与考核 088
（一）技能学习 088
（二）任务实施与考核 093

任务四　二手车技术状况的仪器检查 096
一、任务分析 096
二、相关知识 097
（一）汽车检测站的任务及类型 097
（二）汽车检测站的组成及工位布置 099
（三）检测站的工艺路线 102
三、实施与考核 103
（一）技能学习 103
（二）任务实施与考核 117

任务五　二手车拍照 117
一、任务分析 117
二、相关知识 118
（一）二手车拍照的技术要求 118
（二）二手车拍照的一般要求 118
（三）二手车常见拍摄位置 118

三、实施与考核 ··· 120
   （一）技能学习 ··· 120
   （二）任务实施与考核 ··· 120
   （三）复习思考题 ·· 121

项目三 评定估算 ··· 124

任务一 确定二手车成新率 ·· 124

  一、任务分析 ··· 124
  二、相关知识 ··· 124
   （一）二手车评估的基本方法 ·· 124
   （二）成新率的计算方法 ·· 124
   （三）成新率计算方法的选择 ·· 124
  三、实施与考核 ··· 137
   （一）技能学习 ··· 137
   （二）任务实施与考核 ··· 137

任务二 计算评估 ··· 138

  一、任务分析 ··· 138
  二、相关知识 ··· 138
   （一）应用重置成本法评估的具体方法 ··································· 138
   （二）应用收益现值法评估的具体方法 ··································· 143
   （三）应用现行市价法评估的具体方法 ··································· 145
   （四）应用清算价格评估的具体方法 ····································· 150
  三、实施与考核 ··· 152
   （一）技能学习 ··· 152
   （二）任务实施与考核 ··· 152

任务三 撰写评估报告 ·· 153

  一、任务分析 ··· 153
  二、相关知识 ··· 153
   （一）二手车鉴定评估报告书的作用 ····································· 153
   （二）撰写二手车鉴定评估报告书的基本要求 ·························· 153
   （三）二手车鉴定评估报告书的基本内容 ······························· 154
   （四）撰写二手车鉴定评估报告书的步骤 ······························· 155
   （五）撰写二手车鉴定评估报告书时应注意的事项 ···················· 156
   （六）二手车鉴定评估报告书案例 ·· 157
  三、实施与考核 ··· 160
   （一）技能学习 ··· 160
   （二）任务实施与考核 ··· 160
   （三）复习思考题 ·· 165

项目四 后续业务 ... 168

任务一 过户业务 ... 168
一、任务分析 ... 168
二、相关知识 ... 168
（一）机动车过户 ... 168
（二）机动车变更登记 ... 169
（三）二手车交易程序 ... 169
（四）二手车交易合同 ... 171
三、实施与考核 ... 181
（一）技能学习 ... 181
（二）任务实施与考核 ... 188

任务二 转移登记业务 ... 189
一、任务分析 ... 189
二、相关知识 ... 189
（一）机动车转出和转入登记 ... 189
（二）机动车抵押登记 ... 189
（三）机动车注销登记 ... 191
（四）机动车档案管理 ... 191
（五）办理车辆转移登记程序 ... 191
三、实施与考核 ... 193
（一）技能学习 ... 193
（二）任务实施与考核 ... 195
（三）复习思考题 ... 196

项目五 二手车营销 ... 200

任务一 二手车收购定价 ... 200
一、任务分析 ... 200
二、相关知识 ... 200
（一）二手车收购定价的影响因素 ... 200
（二）二手车收购定价的方法 ... 201
（三）二手车收购价格的计算 ... 202
（四）二手车收购的相关法律规定 ... 203
（五）二手车收购中的风险分析与防范 ... 203
三、实施与考核 ... 205
（一）技能学习 ... 205
（二）任务实施与考核 ... 210

任务二　二手车的销售定价 211
一、任务分析 211
二、相关知识 211
（一）二手车销售定价应考虑的因素 211
（二）二手车销售定价的目标 212
（三）二手车销售定价的方法 213
（四）二手车销售定价的策略 215
（五）二手车销售最终价格的确定 216
（六）二手车置换 216
三、实施与考核 223
（一）技能学习 223
（二）任务实施与考核 225

任务三　二手车的销售技巧 226
一、任务分析 226
二、相关知识 226
（一）二手车销售流程 226
（二）二手车销售技巧 227
三、实施与考核 228
（一）任务目标 228
（二）实施步骤 228
（三）评估总结 228
（四）复习思考题 228

附　录 232
附录 A　《报废汽车回收管理办法》 232
附录 B　《二手车流通管理办法》 232
附录 C　《机动车强制报废标准规定》 232
附录 D　《机动车登记规定》 232
附录 E　《二手车鉴定评估师管理办法》（试行） 232

参考文献 233

项目一 前期准备

任务一 业务洽谈

一、任务分析

当二手车鉴定评估时,必须遵守评估程序。二手车鉴定评估工作程序也称为二手车鉴定评估操作程序,是指二手车鉴定评估机构在承接具体的车辆评估业务时,从接受立项、受理委托到完成评估业务,直至出具鉴定评估报告全过程的具体步骤和工作环节。二手车鉴定评估工作程序具体的工作步骤如图1-1所示。

二手车鉴定评估的前期准备工作是指进行二手车鉴定评估前需要做的一系列工作,主要包括业务洽谈、实地考察、签订二手车鉴定评估委托书和拟订鉴定评估作业方案,如图1-2所示。

前期准备 → 现场鉴定 → 计算价格 → 撰写评估报告

图1-1 二手车鉴定评估工作程序具体的工作步骤

业务洽谈 → 实地考察 → 签订委托书 → 拟订鉴定评估作业方案 → 现场鉴定

图1-2 前期准备工作流程

业务洽谈是承接评估业务的第一步。与客户洽谈的主要内容有:车主基本情况、车辆状况、委托评估的意向和时间要求等。如果通过业务洽谈达成评估协议的,应及时签订二手车评估委托书。

二、相关知识

(一)汽车报废标准与报废汽车

1. 汽车报废标准

我国汽车报废标准的制定是从1997年开始的。由于汽车在安全、能源消耗、尾气排放污染方面对国民生活和国民经济有着非常重要的影响,因此综合考虑国民经济的发展水平、能源消耗情况、环境保护要求和人民经济收入水平等因素,我国政府于1998年、2000年、

2006年、2009年、2013年、2018年对汽车报废标准进行了多次修订，使用年限和行驶里程为标准内容变化要点。新的汽车报废标准名为《机动车强制报废标准规定》。

2016年，《国务院关于修改〈报废汽车回收管理办法〉的决定（征求意见稿）》规定，报废汽车的"五大总成"，可按照国务院报废汽车回收主管部门会同国务院循环经济发展综合管理部门制定的有关规定，交售给零部件再制造企业。报废汽车由报废机动车回收拆解企业按规定进行登记、拆解和销毁等处理，并将报废的机动车登记证书、号牌和机动车行驶证交公安机关交通管理部门注销。

说明

① "机动车登记证书"是由公安机关交通管理部门核发和管理的，是机动车的"户口本"和所有权证明，具有产权证明的性质。所有机动车的详细信息及机动车所有人的资料都记载在上面。当证书上所记载的原始信息发生变动时，机动车所有人应当及时到车辆管理所办理变更登记；当机动车所有权转移时，原机动车所有人应当将机动车登记证书进行变更登记后随车交给现机动车所有人。因此，机动车登记证书是机动车从"生"到"死"的完整记录。

② "机动车行驶证"是由公安机关交通管理部门依法对车辆进行注册登记核发的证件。它是机动车取得合法行驶权的凭证。《中华人民共和国道路交通安全法》第十一条规定，"机动车行驶证"是车辆上路行驶必需的证件。

③ 机动车号牌是由公安局车辆管理机关依法对机动车进行注册登记核发的号牌。它和机动车行驶证一同核发，其号码与机动车行驶证一致。它是机动车取得合法行驶权的标志。

我国《机动车强制报废标准规定》从累计行驶里程数和使用年限两个方面，对各类汽车的报废年限（里程）做了具体规定，见表1-1。

表1-1 机动车使用年限及行驶里程参考值汇总表

车辆类型与用途					使用年限（年）	行驶里程参考值/万km
汽车	载客	营运	出租客运	小型、微型	8	60
				中型	10	50
				大型	12	60
			租赁		15	60
			教练	小型	10	50
				中型	12	50
				大型	15	60
			公交客运		13	40
			其他	小型、微型	10	60
				中型	15	50
				大型	15	80
			专用校车		15	40
		非营运	小型、微型客车，大型轿车		无	60
			中型客车		20	50
			大型客车		20	60

(续)

车辆类型与用途			使用年限（年）	行驶里程参考值/万 km
汽车	载货	微型	12	50
		中型、轻型	15	60
		重型	15	70
		危险品运输	10	40
		三轮汽车、装用单缸发动机的低速载货汽车	9	无
		装用多缸发动机的低速载货汽车	12	30
	专项作业	有载货功能	15	50
		无载货功能	30	50
挂车	半挂车	集装箱	20	无
		危险品运输	10	无
		其他	15	无
	全挂车		10	无
摩托车	正三轮		12	10
	其他		13	12
轮式专用机械车			无	50

注：1. 表中机动车主要依据《机动车类型 术语和定义》（GA 802—2014）进行分类。
2. 对小型、微型出租客运汽车（纯电动汽车除外）和摩托车，省、自治区、直辖市人民政府有关部门可结合本地实际情况，制定严于表中使用年限的规定，但小型、微型出租客运汽车不得低于6年，正三轮摩托车不得低于10年，其他摩托车不得低于11年。

针对上述规定，《机动车强制报废标准规定》还做了如下相关说明：

1）机动车使用年限起始日期按照注册登记日期计算，但自出厂之日起超过两年未办理注册登记手续的，按照出厂日期计算。

2）部分机动车的使用期限既规定了累计行驶里程数，也规定了使用年限，那么当其中的一个指标达到报废标准时，即认为该车辆已达到报废年限。

3）营运载客汽车与非营运载客汽车相互转换的，按照营运载客汽车的规定报废，但小型、微型非营运载客汽车和大型非营运轿车转为营运载客汽车的，应按照如下公式核算累计使用年限，且不得超过15年。

$$累计使用年限 = 原状态已使用年限 + \left(1 - \frac{原状态已使用年限}{原状态使用年限}\right) \times 状态改变后年限$$

式中，"原状态已使用年限"不足一年的按一年计，如已使用2.5年的，按3年计；"原状态使用年限"取定值17；"累计使用年限"计算结果向下取整数，且不超过15年。

4）不同类型的营运载客汽车相互转换，按照使用年限较严的规定报废。

5）小型、微型出租客运汽车和摩托车需要转出登记所属地省、自治区、直辖市范围的，按照使用年限较严的规定报废。

6）危险品运输载货汽车、半挂车与其他载货汽车、半挂车相互转换的，按照危险品运输载货汽车、半挂车的规定报废。

7）距本规定要求使用年限1年以内（含1年）的机动车，不得变更使用性质、转移所有权或者转出登记地所属地市级行政区域。

2. 报废汽车

报废汽车（Scrapped Vehicle）是指已经达到我国《机动车强制报废标准规定》以及各地制定的有关报废规定、报废标准的；或虽未达到报废年限，但因交通事故或车辆超负荷使用造成发动机和底盘严重损坏，经检验不符合《机动车运行安全技术条件》规定的有关汽车安全、尾气排放要求的各种汽车、摩托车、农用运输车、拖拉机和轮式专用机械车等机动车辆。

我国实施汽车强制报废制度。报废汽车是一种特殊商品，报废汽车所有人应当将报废汽车及时交售给具有合法资格的报废汽车回收拆解企业，任何单位或者个人不得将报废汽车出售、赠予或者以其他方式转让给非报废机动车回收企业的单位或者个人。国家鼓励老旧汽车报废更新，并制定了老旧汽车报废更新补贴资金管理办法，符合有关规定的报废汽车所有人可申请相应的资金补贴。

报废机动车回收企业严禁从事下列活动：明知是盗窃和抢劫所得机动车而予以拆解、改装、拼装、倒卖，回收没有公安机关交通管理部门出具的"机动车报废证明"的机动车，利用报废机动车拼装整车。报废汽车的五大总成是指从报废汽车上拆解下的发动机、前、后桥，变速器，转向器和车架等。国家禁止报废汽车整车及其五大总成流入社会。报废汽车的五大总成应当作为废钢铁，交售给钢铁企业作为冶炼原料。报废机动车回收企业对按有关规定拆解的可出售的配件，必须在配件的醒目位置标明其为"报废汽车回用件"（拆车件）。

报废机动车回收企业凭公安机关交通管理部门出具的"机动车报废证明"收购报废汽车，并向报废汽车拥有单位或者个人出具"报废汽车回收证明"。依据《机动车修理业、报废机动车回收业治安管理办法》，报废机动车回收企业回收报废机动车应如实登记下列项目：报废机动车车主名称或姓名、送车人姓名、居民身份证号码，按照"机动车报废证明"登记报废车车牌号码、车型代码、发动机号码、车架号、车身颜色及收车人姓名等。报废机动车拥有单位或者个人凭"报废汽车回收证明"，向汽车注册登记地的公安机关办理注销登记。

说明

机动车注销登记（Registration of Vehicle Write-off）是指已注册登记的机动车，在达到了国家规定的报废标准、灭失或者因故不在我国境内道路上使用的，机动车所有人到机动车管辖地车辆管理所申请办理注销登记手续。当办理注销登记手续时，车辆管理所在机动车登记证书上记载注销登记事项，收回机动车号牌、机动车行驶证和机动车登记证书。对于因机动车灭失无法交回机动车号牌和机动车行驶证的,将公告该机动车号牌和机动车行驶证作废。

除上述规定外,我国相关法规还规定下述车辆应该报废:

①因各种原因造成严重损坏或技术状况低劣,无法修复的车辆。

②车型已淘汰,已无配件来源的车辆。

③长期使用,油耗超过国家定型出厂标准值15%的车辆。

④经修理和调整仍达不到国家标准的车辆。

3. 拼装汽车

拼装汽车是指使用报废汽车的发动机,前、后桥,变速器,转向机,车架以及其他零部件组装的机动车辆。《报废汽车回收管理办法》第十五条规定,禁止任何单位或者个人利用报废汽车五大总成及其他零配件拼装汽车,禁止已报废汽车整车和非法拼装车上路行驶,禁止各种非法拼装车、组装车进入二手车交易市场交易或者以其他任何方式交易。

《中华人民共和国道路交通安全法》第十六条中规定,任何单位或个人不得有下列行为:

1)拼装机动车或擅自改变机动车已登记的结构、构造或特征。

2)擅自改变机动车型号、发动机号、车架号或车辆识别代号。

3)伪造、变造或使用伪造、变造的机动车登记证书、号牌、机动车行驶证、检验合格标志和保险标志。

4)使用其他机动车的登记证书、号牌、机动车行驶证、检验合格标志和保险标志。如果车主打算变更车身颜色和车身车架,则需向车辆管理所提出申请并获批准。而变更发动机及车辆的使用性质,除需提出申请并获批准外,在变更后还需到车辆管理所办理变更登记手续。

非法拼装汽车的另一种形式是企业采取进口全散件(Completely Knock Down,CKD)或进口半散件(Semi-Knocked Down,SKD)模式,将整车分拆并以零部件的名义报关,在缴纳了低得多的零部件关税进口后,再组装成整车出售,以逃避整车进口的高关税,牟取暴利。CKD与SKD的区别在于:前者是指汽车以完全拆散的状态进口,再把全部零部件组装成整车,后者则是指进口汽车总成(如发动机、底盘等)再装配成整车。我国《构成整车特征的汽车零部件进口管理办法》规定,对汽车生产企业进口汽车零部件在我国生产组装销售的,所进口的汽车零部件凡构成整车特征的,海关实施先保税加工后征税清关的管理制度。凡构成整车特征的,按整车适用税率征税,不构成整车特征的,按零部件适用税率计征关税。

4. 改装汽车

改装汽车(Refitted Vehicle)有两种基本类型:一是厂家的改装,使用的是经国家鉴定合格的零配件,对原车重新设计、改装;二是消费者自己或委托汽车改装公司在已购买汽车(主要是轿车和越野汽车等)的基础上,做一些外形、内饰和性能的改装。二手车交易市场常讲的改装汽车是指后者。改装汽车与拼装汽车是两个不同的概念,前者是合法的,后者则属违法。车辆改装在法规里的描述是车辆变更，其行为是受法律约束的。

5. 相关注意事项

我国《机动车强制报废标准规定》和《报废汽车回收管理办法》等法律法规中阐述了下列规定和精神，从事二手车鉴定估价和交易的业务人员，应给予特别的关注：

①严禁已报废汽车和拼装汽车继续上路行驶。

②严禁给已报废汽车办理注册登记。

③严禁已报废汽车整车、五大总成和拼装汽车进入市场交易或者以其他任何方式交易。

④车辆达到报废标准后，在定期检验时连续三次不合格，车辆管理所将收回机动车号牌和机动车行驶证，强制车辆报废（各地规定不尽相同）。

⑤对排气检测不达标的机动车不予办理年审，对尾气超标却拒不整改或经治理无法达标的车辆将强制报废（各地规定不尽相同）。

⑥汽车改装后的尾气排放要达标，不能对车的外观进行大幅改动，要与机动车行驶证上的照片一致，不能改变汽车的发动机号和底盘号。

⑦保险公司只按照车辆原来承保的样子进行理赔，对于车主自己改装的部分，保险公司不予赔付。

（二）二手车及二手车交易

1. 二手车

2005年10月1日，由商务部、公安部、工商总局和税务总局联合发布的《二手车流通管理办法》正式实施。此办法总则的第二条对二手车进行了定义：二手车是指办理完注册登记手续到达到国家强制报废标准之前进行交易并转移所有权的汽车（包括三轮汽车、低速载货汽车）、挂车和摩托车。二手车英文译为"Second Hand Vehicle"或"Used Car"，意为"使用过的车"，在我国也称为"旧机动车"。"中古车"是日本的叫法。北美是二手车最发达的市场，因为平民百姓购买二手车时不一定就能买到"第二手"的，而且大多是小轿车和家用吉普车，所以二手车在北美有一种很通俗的叫法"用过的汽车"。

尽管只是提法上的不同，但是"旧机动车"会给人感觉车辆破旧，毛病多，从而在一定程度上影响人们的消费情绪。其实，二手车并不等于旧车，只要上了牌照的车再进行交易就是二手车。"二手车"通俗易懂，提法上也更中性，同时也与国际惯例接轨。

2. 二手车交易

二手车交易行为指以二手车为交易对象，在国家规定的二手车交易市场或者其他经合法审批的交易场所中进行二手车的商品交换和产权交易。二手车交易主要内容包括二手车评估前期工作、二手车技术状况鉴定、二手车价格评估和二手车交易实务。

在二手车交易中，对二手车进行评估的主要任务如下：

①为二手车所有权转让提供交易的参考底价。在二手车交易中，买、卖双方对二手车的交易价格期望不同，需要评估人员客观、公正地对二手车当前的技术状况和价值进行

鉴定评估，以评估出的价格作为交易时的参考底价，以一般情况下，实际的交易价要略低于评估价。

②当抵押贷款时，为抵押物作价。车主为了融资，向有关金融机构借贷，金融机构为了确保放贷安全，要求借贷人以汽车作为借贷抵押物。放贷者为贷款安全起见，要对车主的汽车进行评估，为抵押物作价。

③为司法裁定提供现时价值依据。在当事人遇涉及机动车的法律诉讼时，法院要委托评估机构对机动车辆进行评估。这样，法院在做出裁决时，可根据评估的结果，为司法裁定提供现时的价值依据。

④为拍卖提供参考底价。对于执法机关罚没的汽车、抵押的汽车、企业清算的车辆、海关获得抵税和放弃的车辆和国家机关更换下来的公务用车辆等，都需经拍卖竞价销售。在拍卖之前，必须对车辆进行评估，以在规定的日期，为拍卖的车辆提供参考底价。

⑤在企业或个人发生产权变动时，提供咨询服务。企业如遇合资、合作、联营，企业分设、合并、兼并，企业出售、股份经营、企业清算或租赁等，必须要对机动车辆进行评估作价。特别是在涉及国有资产时，应按国家的有关规定对车辆进行价值评估，严防国有资产的流失。

⑥识别非法车辆。二手车评估还有一项重要任务，就是要识别走私、盗抢、非法拼装、报废和手续不全的车辆，严禁这些车辆流入市场，造成危害。

（1）二手车交易市场的内涵　　二手车交易是指买主和卖主进行二手车商品交换和产权交易。由于政府对机动车辆实行严格的管理，二手车的产权只能在二手车市场中进行交易和转换。因而，为满足二手车的产权流动而建立的二手车产权交易市场，其主要业务就是接受产权交易双方委托并撮合成交，以及对二手车交易及产权转换的合法性进行审查。

（2）二手车交易市场的功能　　二手车交易市场是机动车商品二次流动的场所，它具有中介服务商和商品经营者的双重属性。具体而言，二手车交易市场的功能有二手车鉴定评估、收购、销售、寄售、代购代销、租赁、置换、拍卖、检测维修、配件供应、美容装饰和售后服务，以及为客户提供过户、转籍、上牌和保险等服务。

（3）二手车交易市场的形式　　随着二手车交易市场的发展，目前在我国已有多种二手车交易市场形式，常见的有二手车交易市场、二手车经营公司、二手车置换公司、二手车经纪公司和经纪人等，但二手车经纪公司和经纪人只能在二手车市场中进行二手车的撮合成交。

相关的二手车经营行为还包括二手车交易、经销、经纪、拍卖和鉴定评估等，在管理办法上对交易市场、经纪公司、经营公司、鉴定评估机构的职责和经营范围进行区分，有助于堵塞行业黑洞，保障买卖双方的合法权益。

①二手车交易：二手车经营和直接交易活动。

②二手车经销：二手车收购、销售、置换、拍卖和委托代理等经营活动。

③二手车经纪：为二手车买卖双方提供信息咨询和撮合交易并收取佣金的中介服务活动（二手车交易市场和二手车经纪公司均不得参与二手车经营活动）。

④二手车拍卖：二手车拍卖企业以公开竞价的形式将二手车转让给最高应价者的经营活动。

⑤二手车鉴定评估：二手车鉴定评估机构对二手车技术状况及其价值进行鉴定评估的经营。

近年来，出现了一个新的二手车交易模式——二手车置换，并在一些轿车的品牌专营店迅速发展起来。二手车置换是指消费者用二手车来置换新车或不同款型的二手车，就是将卖二手车和买新车两个过程合并成了一个过程，具有周期短、时间快的特点。4S店二手车置换品质有保证、风险小，有利于净化市场、增强市场竞争力，汽车厂商在二手车置换上的多重促销手段让车主受益颇多。以汽车厂商为主导的品牌二手车置换模式，将打破二手车市场"自由散漫"的传统，重新构建我国二手车交易的新规则。二手车置换业务包括多种模式：

①同品牌的二手车换新车。

②多品牌二手车置换某一品牌新车。

③不同品牌二手车之间置换。

由于开展二手车置换的厂商拥有良好的信誉和优质的服务，其品牌经销商也能够给参与置换业务的消费者更加透明、安全、便利的服务，所以现在越来越多想换新车的消费者希望尝试这一新兴的业务。

3. 二手车交易政策法规

（1）《二手车流通管理办法》

为加强二手车流通管理，规范二手车经营行为，保障二手车交易双方的合法权益，促进二手车流通健康发展，中华人民共和国商务部、公安部、工商总局、税务总局令2005年第2号《二手车流通管理办法》（以下统称《办法》，2017年9月14日，商务部令2017年第3号删去《办法》中第九条、第十条、第十一条）发布。《办法》对二手车交易的规定如下：

①二手车交易市场经营者、二手车经销企业和经纪机构应当具备企业法人条件，并依法到工商行政管理部门办理登记。

②外商投资设立二手车交易市场、经销企业、经纪机构和鉴定评估机构的申请人，应当分别持符合《二手车流通管理办法》、《外商投资商业领域管理办法》，以及有关外商投资法律规定的相关材料报省级商务主管部门审批。

③二手车交易市场经营者和二手车经营主体应当依法经营和纳税，遵守商业道德，接受依法实施的监督检查。

④二手车交易市场经营者应当为二手车经营主体提供固定场所和设施，并为客户提供办理二手车鉴定评估、转移登记、保险和纳税等手续的条件。二手车经销企业和经纪机构应当根据客户要求，代办二手车鉴定评估、转移登记、保险和纳税等手续。

⑤二手车流通监督管理遵循破除垄断，鼓励竞争，促进发展和公平、公正、公开的原则。

⑥要建立二手车交易市场经营者和二手车经营主体备案制度。凡经工商行政管理部门依法登记，取得营业执照的二手车交易市场经营者和二手车经营主体，应当自取得营业执照之日起两个月内向省级商务主管部门备案。省级商务主管部门应当将二手车交易市场经营者和二手车经营主体有关备案情况定期报送国务院商务主管部门。

⑦建立和完善二手车流通信息报送和公布制度。二手车交易市场经营者和二手车经营主体应当定期将二手车交易量和交易额等信息通过所在地商务主管部门报送省级商务主管部门。省级商务主管部门将上述信息汇总后报送国务院商务主管部门。国务院商务主管部门定期向社会公布全国二手车流通信息。

⑧商务主管部门和工商行政管理部门应当在各自的职责范围内采取有效措施，加强对二手车交易市场经营者和经营主体的监督管理，依法查处违法违规行为，维护市场秩序，保护消费者的合法权益。

(2)《二手车交易规范》

为规范二手车交易市场经营者和二手车经营主体的服务、经营行为，以及二手车直接交易双方的交易行为，明确交易规程，增加交易透明度，维护二手车交易双方的合法权益，中华人民共和国商务部依据《办法》制定了《二手车交易规范》（以下称为《规范》），于2006年3月24日发布。《规范》对二手车交易的相关规定如下：

①二手车交易市场经营者应具有必要的配套服务设施和场地。设立车辆展示交易区、交易手续办理区及客户休息区，做到标志明显，环境整洁卫生。交易手续办理区应设立接待窗口，明示各窗口业务受理范围。

②二手车交易市场经营者在交易市场内应设立醒目的公告牌，明示交易服务程序、收费项目及标准、客户查询和监督电话号码等内容。

③二手车交易市场经营者应制订市场管理规则，对场内的交易活动负有监督、规范和管理责任，保证良好的市场环境和交易秩序。由于管理不当给消费者造成损失的，应承担相应的责任。

④二手车交易市场经营者应及时受理并妥善处理客户投诉，协助客户挽回经济损失，保护消费者权益。

⑤二手车交易市场经营者在履行其服务和管理职能的同时，可依法收取交易服务和物业等费用。

⑥二手车交易市场经营者应建立严格的内部管理制度，牢固树立为客户服务和为驻场企业服务的意识，加强对所属人员的管理，提高人员素质。二手车交易市场服务和管理人员需经培训合格后上岗。

(三) 二手车鉴定评估

1. 二手车鉴定评估概述

二手车鉴定评估是指依法设立，具有执业资质的二手车鉴定评估机构和二手车鉴定评估人员运用科学的方法，对二手车技术状况及其价值进行鉴定评估的经营活动。

二手车鉴定评估应当本着买卖双方自愿的原则，不能强制进行。二手车鉴定评估机构应当遵循客观、真实、公正和公开原则，依据国家法律法规开展二手车鉴定评估业务，出具车辆鉴定评估报告，并对鉴定评估报告中车辆技术状况，包括是否属于事故车辆等评估内容负法律责任。

由二手车鉴定评估定义可知，在二手车鉴定评估过程中，涉及了八个基本要素，即鉴定评估的主体、鉴定评估的客体、鉴定评估依据、鉴定评估目的、鉴定评估原则、鉴定评估程序、鉴定评估价值和鉴定评估方法。

2. 二手车鉴定评估的主体和客体

1）二手车鉴定评估的主体。二手车鉴定评估主体是指从事二手车鉴定评估业务的承担者，即从事二手车鉴定评估的机构及专业评估人员，它是二手车鉴定评估工作中的主导。二手车鉴定评估的主体资格有严格的限制条件。由于二手车鉴定评估直接涉及当事人双方的权益，是一项政策性和专业性都很强的工作，因此无论是对专业鉴定评估机构，还是对专业鉴定评估人员都有较高的要求。

2016年12月国务院简政放权将"二手车鉴定评估师"下放行业，人社部停止二手车鉴定评估师鉴定考试，不再发放二手车鉴定评估师"职业资格证书"，改由中国汽车流通协会全国实施自主评价管理制度，全国统一培训，统一考试颁发《二手车鉴定评估师》岗位技能证书。只有原人社部颁发的二手车鉴定评估师职业资格证书和现中国汽车流通协会颁发的岗位技能证书才受国家资产评估法认可，才能获得相应的职业资格，从事二手车鉴定评估业务。

二手车鉴定评估师要具备如下素质：

①掌握资产评估业务知识。二手车鉴定评估师必须掌握一定的资产评估业务理论，熟悉并掌握资产评估的基本原理和方法，尤其要掌握特定资产二手车评估的基本原理和方法。

②掌握二手车的专业知识。二手车鉴定评估师要有一定的二手车专业知识和实际的检测技能，能够借助必要的检测工具，对二手车的技术状况进行准确的判断和鉴定。

③掌握机动车尤其是二手车的相关政策法规。二手车鉴定评估师要熟悉并掌握国家颁布的与二手车交易有关的政策、法规、行业管理制度及技术标准。

④掌握二手车市场的最新动态。二手车鉴定评估是一种市场行为，而二手车市场变化很快，且不同地方市场情况不同，这对二手车价格的确定有很大影响，所以二手车鉴定评估师要熟悉当地及全国的市场行情，时刻置身市场之中，掌握二手车市场的最新动态。

⑤具有较高的收集、分析和运用信息资料的能力及一定的鉴定评估技巧。

此外，二手车鉴定评估师还要具备经济预测、财务、市场、金融、物价和法律等多方面知识；具有良好的职业道德，遵纪守法，公正廉明，以保证二手车的鉴定评估质量。

2）二手车鉴定评估的客体。二手车鉴定评估的客体是指被鉴定评估的车辆，即鉴定评估的具体对象。被鉴定评估车辆可以按照不同标准分为汽车、电车、摩托车、农用运输车、拖拉机和挂车等几类；按照车辆的使用用途，可分为营运车辆、非营运车辆和特种车辆，其中营运车辆又可以分为公路客运、公交客运、出租客运、旅游客运、货运和租赁几种类型。

特种车辆又可以分为警用、消防、救护和工程抢险等若干种车型。合理科学地对被鉴定评估车辆进行类型划分，有利于在鉴定评估过程中进行信息资料的搜集和应用，如同一种车型，由于其使用用途不同，车辆在用状态所需要的税费可能就会有较大的差别，其重置成本的构成也差异较大。

二手车鉴定评估的一个主要目的，就是在二手车交易的过程中，准确地确定二手车价格，并以此作为买卖成交的参考底价。不允许进行交易的车辆有明文规定，参见《二手车流通管理办法》第二十二条、第二十三条的规定。对交易违法车辆的行为，二手车交易市场经营者和二手车经营主体应当承担连带赔偿和其他相应的法律责任。

> **第二十二条** 二手车交易完成后，卖方应当及时向买方交付车辆、号牌及车辆法定证明和凭证。车辆法定证明和凭证主要包括：
> ①机动车登记证书。
> ②机动车行驶证。
> ③有效的机动车安全技术检验合格标志。
> ④车辆购置税完税证明。
> ⑤养路费缴付凭证（现已取消）。
> ⑥车船使用税缴付凭证。
> ⑦车辆保险单。
>
> **第二十三条** 以下车辆禁止经销、买卖、拍卖和经纪：
> ①报废或达到国家强制报废标准的车辆。
> ②在抵押期间或者未经海关批准交易的海关监管车辆。
> ③在人民法院、人民检察院和行政执法部门依法查封和扣押期间的车辆。
> ④通过盗窃、抢劫和诈骗等违法犯罪手段获得的车辆。
> ⑤发动机号码、车辆识别代号或者车架号码与登记号码不相符，或者有凿改迹象的车辆。
> ⑥走私、非法拼（组）装的车辆。
> ⑦不具有第二十二条所列证明和凭证的车辆。
> ⑧在本行政辖区以外的公安机关交通管理部门注册登记的车辆。
> ⑨国家法律和行政法规禁止经营的车辆。
> 二手车交易市场经营者和二手车经营主体若发现被评估车辆具有④~⑥情况之一的，要及时报告公安机关等执法机关。

3. 二手车鉴定评估的依据和目的

（1）二手车鉴定评估的依据　二手车鉴定评估依据是指二手车鉴定评估工作所遵循的法律、法规、经济行为文件、合同协议以及收费标准和其他参考依据。二手车鉴定评估工作和其他工作一样，必须有正确科学的依据，其主要依据一般包括行为依据、法律依据、产权依据和取价依据等。

1）行为依据。行为依据是指实施二手车鉴定评估行业的依据。一般包括经济行为成立的有关决议文件以及评估当事方的评估业务委托书。

2）法律依据。法律依据是指二手车鉴定评估所遵循的法律法规，二手车鉴定评估操作按国家规定的方法进行，其主要包括：

①《国有资产评估管理办法》。

②《国有资产评估管理办法施行细则》。

③《机动车强制报废标准规定》。

④《机动车登记规定》。

⑤《二手车流通管理办法》。

⑥《机动车运行安全技术条件》。

⑦其他相关的政策法规。

3）产权依据。产权依据是指表明机动车权属证明的文件，其主要包括机动车登记证书、机动车行驶证、出租车营运证和道路营运证等。

4）取价依据。取价依据是指实施二手车鉴定评估的机构或人员，在评估工作中直接或间接取得或使用对二手车鉴定评估有借鉴或佐证作用的资料，主要包括价格资料和技术资料。

①价格资料。价格资料包括新车、二手车销售价格，易损零部件价格，车辆精品装备价格，维修工时定额和维修价格资料；国家税费征收标准、车辆价格指数变化、各品牌车型残值率等资料。

②技术资料。技术资料包括机动车的技术参数、新产品、新技术、新结构的变化，车辆故障的表面现象与差别，车辆维修工艺及国家有关技术标准等资料。

(2) 二手车鉴定评估的目的　二手车鉴定评估的目的是为了正确反映二手车的价值量及其变动，为将要发生的经济行为提供公平的价格尺度，二手车鉴定评估的目的影响着车辆评估方法的选择。

具体而言，二手车鉴定评估的目的包括以下几点：

①车辆交易。车辆交易即二手车的买卖，是二手车业务中最常见的一种经济行为。在二手车的交易过程中，买卖双方对交易价格的期望值是不同的。而二手车鉴定评估人员对要交易的二手车进行的鉴定估价是作为第三方估价，可以作为双方议价的基础，从而起到协助确定二手车交易成交额的作用，进而协助二手车交易的达成。评估人员必须站在公正和独立的立场对交易车辆进行评估，提供一个评估值，作为买卖双方成交的参考价格。

②车辆置换。目前，越来越多的品牌专卖店（4S店）开展了以旧换新的置换业务。为使车辆置换顺利进行，必须对待置换的二手车进行鉴定评估并提供合理的评估值。

③企业资产变更。在公司合作、合资、联营、分设、合并和兼并等经济活动中，牵涉资产所有权的转移，车辆作为固定资产的一部分，自然也存在产权变更的问题，在产权变更时，必须对其价值进行评估。

④车辆拍卖。法院罚没车辆、企业清算车辆、海关获得的抵税和放弃车辆、个人或单位的抵债车辆、公车改革的公务用车均需经过拍卖市场公开拍卖变现。拍卖前必须对车辆进行

评估，提供拍卖的底价。

⑤抵押贷款。银行为了确保放贷安全，要求贷款人以一定的资产作为抵押，如以在用汽车为抵押物，给予贷款人与汽车价格相适应的贷款。因此，需要专业评估人员对汽车的价值进行评估。汽车价格评估值的高低，对贷款人而言，决定其可申请贷款的额度；对放贷者而言，评估的准确性在一定程度上影响着贷款回收的安全性。

⑥机动车保险。保险公司要根据财产价值的大小以及相应的费率收取保费，故车辆投保时必须对车辆进行评估。

⑦司法鉴定。当事人遇到涉及车辆的诉讼时，委托二手车鉴定评估师对车辆进行评估，有助于了解事实真相；同时，法院判决时，可以依据评估结果进行宣判。这种评估也可由法院委托评估机构进行。评估机构也可以接受法院等司法部门或个人的委托，鉴定和识别走私车、盗抢车和非法拼装车等非法车辆。

⑧修复价格评估。汽车修理厂应根据保险公司查勘人员提供的定损清单资料（也就是事故车的损失评估），确定更换部件的名称、数量、金额和修理部件的范围工时定额费用及附加费，从而控制事故车辆总的修理费用，防止修理范围任意扩大。

4．二手车鉴定评估的原则和程序

（1）二手车鉴定评估的原则　二手车鉴定评估的原则是指车辆鉴定评估的行为规范，是调节车辆鉴定评估当事人各方关系和处理鉴定评估业务的行为准则。为了确保鉴定评估结果的准确性和真实性，并使鉴定评估工作做到公平、公正、公开、合理，被社会所认同，二手车的鉴定评估必须遵循一定的原则。

1）公平性原则。公平、公正是二手车鉴定评估人员必须遵守的一项基本道德规范。鉴定评估人员应公正无私、公道合理，绝对不能偏向任何一方。

2）独立性原则。二手车鉴定评估人员在鉴定评估车辆时，应按照有关规章制度及可靠真实的数据资料，对被鉴定评估车辆独立自主地做出客观鉴定评估，不应受到外界干扰或受委托人的影响，确保鉴定评估工作客观公正。应回避有亲属关系的人对相关车辆进行鉴定评估。

3）客观性原则。客观性原则是指鉴定评估结果应以充分的事实为依据，对车辆的技术状况分析应实事求是，所采用的数据资料必须真实可靠。

4）科学性原则。在二手车鉴定评估过程中，必须根据鉴定评估的目的，选择相应的鉴定评估方法和价值类型，按规定的鉴定评估程序进行评估，使鉴定评估结果准确合理。

5）专业性原则。对二手车进行鉴定评估的人员，必须接受专门的职业培训，并经考试合格后，由国家统一颁发执业证书，持证上岗，以确保鉴定评估人员是合格的。

6）可行性原则。可行性原则也称为有效性原则，要求鉴定评估人员素质是合格的，有二手车鉴定评估师资格证；有可供利用的汽车检测设备；能获取鉴定评估工作所需的数据资料，而且这些数据资料是真实可靠的；鉴定评估的程序和方法是合法的、科学的。

只有坚持上述鉴定评估工作的原则，才能保证鉴定评估工作正常有序地进行。

（2）二手车鉴定评估的程序　二手车鉴定评估的程序是指二手车鉴定评估工作从开始

到最后结束的工作程序。从理论上讲，应按照资产评估的法定程序进行，但因二手车的评估属单台资产评估，交易中又多为产权转让，且私家车越来越多，个体交易越来越活跃，因此，二手车的鉴定评估应参照法定程序，根据实际情况区别对待，采取实际可行的评估操作程序和步骤，但若涉及属国有资产的车辆，则必须按法定程序进行，不得敷衍行事。

1）国有资产评估的法定程序。国有资产评估程序在国家有关的法律、法规和规章制度中做了具体规定。其评估工作可分为三个阶段、四个步骤和若干个具体环节。

三个阶段为前期准备、评估操作和后期管理。

四个步骤是申请立项、资产清查、评定估算、验收确认。四个步骤当中，每个步骤又包含若干个环节，如申请立项这一步骤又分为申请、立项和委托三个环节。各个环节又有其具体明确的工作内容，如申请这个环节就规定，国有资产和集体所有的资产，必须向资产管理部门提出评估申请，阐述申请评估的原因和目的等。

资产清查是指按确定的评估范围，对被评估资产的实际数量和质量等进行实地盘点，并做清查报告的过程。

2）二手车评估操作程序。从专业角度来看，二手车评估与其他国有资产评估有些不同。私有车主可直接向评估机构申请评估，评估机构受理则视为立项，程序上签订评估合同甚至填一个评估登记表即可，委托评估、咨询、买卖双方交易等远没有国有资产评估的程序和步骤繁杂。二手车评估既要考虑遵循资产评估的法定程序，又要根据实际情况简化操作程序，在二手车的评估实践中，应按不同情况区别对待：一种是单个二手车需要在评估后进行交易，这类业务通常是零散地进行评估交易；另一种是国家机关、企事业单位、公司多辆或成批量地进行二手车评估。上述两种不同的业务，通常按不同的操作程序和步骤进行评估。对于第一种情况，可按接受委托、手续检查、技术鉴定、价值评估、出具评估作业表或评估单据、评估凭证的操作程序进行，一般不要求出具评估报告。对于第二种情况，基本上要按法定程序进行，特别是国家机关更新淘汰的公务用车，在进入二手车市场前，均要进行评估。从目前情况看，此类业务数量还不少。承接评估的机构，一般是经过招投标的中标机构。只有中标的评估机构，才能按投标时的各项承诺进行评估。

像这样多辆或批量进行评估交易业务，操作程序可按下述步骤进行：

1）评估前的准备。二手车的评估准备工作、主要有业务接洽、实地考察、签订评估委托协议书，以及根据评估的要求收集车辆的有关资料、了解情况等。

2）技术鉴定。首先进行手续检查，核对实物（车辆），然后验证委托单位提供的资料，评估车辆的技术状况。

3）价值评估。在筛选和整理资料的前提下，按照评估的目的，选择相应的评估方法，本着客观、公正的原则，对车辆进行价值评估，确定二手车评估现值或确定二手车拍卖底价，得出合理的评估结果。

4）撰写评估报告。在对评估方法、过程和评估结果检查核对无误的基础上，撰写并出具二手车评估报告书，最后归档备查。

5. 二手车鉴定评估的价值和方法

（1）二手车鉴定评估的价值　二手车鉴定评估的价值是指对车辆评估价值质的规定，它对评估方法的选择具有约束性，如要评估车辆的现行市价，则宜选择现行市价法进行评估；如要评估车辆的重置成本，则要使用重置成本法。二手车评估中的价值和价格，从目前应用状况上看，两者概念经常处于混用状态，通常来说，可以理解为交易价值或市场价值的概念。

1）二手车评估的价值是交易价值。从某种意义上来说，二手车评估的价值是效用价值，是从"有用即值钱"的角度去探究它值多少钱。二手车评估值从表面上看是鉴定评估从业人员判定和估算的价值，但是车辆价值的真实体现是产权交易发生时的交易价值，而交易价值的最终判定者是交易双方当事人。成功和正确的价值估定是交易双方当事人均认为合理并被认同的价值，因此二手车鉴定评估人员也应从交易双方当事人角度考虑二手车的价值问题。

2）二手车评估的价值是市场价值。从某种意义上说，被评估车辆价值的真正意义是其作为市场价值的货币表现。由于二手车的评估依据来源于市场，具有现实的和接受市场检验的特征；二手车的价值是一个动态的概念，因此二手车评估中的价值是指特定时间、地点和市场条件下的价值，具有较强的实效性，即二手车评估值是指评估基准日的市场价值。

（2）二手车鉴定评估的方法　二手车鉴定评估的方法是指二手车鉴定评估所运用的特定技术，它是实现二手车鉴定评估价值的手段和途径。目前，常采用重置成本法对车辆的价值进行评定和估算。

对车辆进行鉴定评估是一种市场价格的评估，因此根据客户委托目的的不同，需要有不同的评估方法。

交易类的评估，一般使用的计算公式为

$$评估值 = 综合成新率 \times 重置成本 \times 市场波动因素$$

拍卖类的评估，一般使用的计算公式为

$$评估值 = 综合成新率 \times 重置成本 \times 市场波动因素拍卖折现率$$

而委托和资讯类的评估，不考虑市场波动因素，是一种不变现而仅是对价值进行评估的一种方式，它的计算公式为

$$评估值 = 综合成新率 \times 重置成本$$

6. 二手车鉴定评估的特点

汽车虽然属于机器设备一类的固定资产，但有其自身的特点：

1）技术含量高。汽车是高科技产品，汽车工业水平的高低反映一个国家科技水平的高低。

2）单位价值大。一辆汽车少则几万元，多则几百万元。

3）政策性强。汽车交易管理严格，税费附加值大。

4）使用范围广。使用时间较长，使用强度、使用条件和维护水平差异大。

与其他资产评估相比，二手车鉴定估价具有如下特点：

（1）涉及知识面广　二手车鉴定评估的理论和方法以资产评估学为基础，涉及经济管理、市场营销、金融、价格、财会及机械原理、汽车构造等多方面知识，技术含量高，因此二手车鉴定评估的知识依赖性较强。

（2）政策性强　对于从事二手车鉴定评估人员，既要熟知《中华人民共和国拍卖法》《国有资产评估管理办法》《机动车强制报废标准规定》《二手车流通管理办法》等政策法规，还要掌握车辆管理有关规定及各地相关的配套措施。

（3）实践和技能水平要求高　从事二手车鉴定评估工作要求从业人员不仅会驾驶汽车，还要能使用检测仪器和设备，结合目测、耳听和手摸等方法判断二手车外观和总成的基本技术状况，能够通过路试判断发动机、传动系统、转向系统、制动系统、电路和油路等工作情况，甚至对汽车主要部件功能是否正常和是否更换也要有一定的了解。评估过程是以人的智力活动为中心开展的，评估质量的高低取决于评估人员掌握的信息、知识结构和经验多少，体现评估人员的主体性。

（4）动态特征明显　目前，汽车产品更新换代快，结构升级、技术创新层出不穷，加之市场经济条件下市场行情变化快，使二手车鉴定评估工作具有极强的动态性和时效性。这就要求从业人员在工作中不仅要掌握与二手车有关的账面原值、净值和历史依据，更要结合评估基准日的市场价格和行情，才能准确地做出评估。

另外，由于被评估对象的类似性和重复性，要求评估机构在评估过程中加强自律性，克服随意性，而且由于汽车产品在不同环节的价值属性比较复杂，这决定了二手车评估的多样性。

（1）二手车评估以技术鉴定为基础　汽车是集机械、电子、自动控制和信息技术于一身的产品，对汽车进行鉴定评估就必须对其技术状况进行了解。此外，汽车在长期使用中，由于机件的磨损和自然力的作用，处于不断磨损的过程。因此，要评估出汽车当前的实际价值，需要通过技术检测来鉴定其磨损程度。

（2）以单台为评估对象　因汽车品牌型号较多，结构较复杂，配置都较现代化，单位价值有时相差较大。一般，评估时都需要分整车或部件逐台、逐件地进行，但有时为了简化评估程序，提高评估的效率，对于以产权转让为目的且单位价值又较低的汽车，也不排除采取"提篮"作价的评估方法。

（3）评估要考虑附加值　国家对汽车实施户籍管理，使用中需缴纳的税、费较多，因此，进行二手车评估时，除考虑其实体性价值外，还要考虑户籍管理的手续费用及使用过程中各种规费的价值。

（四）二手车鉴定评估机构

1. 二手车鉴定评估机构的特征

（1）经济性　二手车鉴定评估机构通常需通过相关的专业技术人员，接受诸多当事人（如保险公司和车主等）的委托，处理不同类型的二手车评估业务，积累二手车评估经验，提高二手车评估水平，从而帮助当事人降低成本，提高经济效益。

（2）专业性　二手车鉴定评估机构的市场定位是向众多当事人提供专业的评估业务。由于其对特定的对象——二手汽车进行评估，而汽车种类繁多，当事人的要求又千差万别，所以，二手车鉴定评估机构比一般的资产评估机构在评估技术方面更专业，经验更丰富。

（3）中介性　二手车鉴定评估机构作为汽车保险市场、二手车交易市场和汽车碰撞事故双方的中介，易被双方当事人所接受，因而可以缓解当事人双方的矛盾并增大回旋余地。可以说，二手车鉴定评估机构是减少当事人之间摩擦的润滑剂。然而，二手车鉴定评估机构毕竟是以利润最大化为目标的中介组织。特别是在现阶段，二手车鉴定评估机构的法律地位完全不同于我国司法系统中的公证部门。

2. 设立二手车鉴定评估机构应具备的条件与程序

2017年商务部发布《办法》新规，二手车鉴定评估机构应当具备下列条件。商务部通知如下：为继续深化简政放权、放管结合、优化服务改革，根据国务院要求，商务部对取消行政审批项目等事项涉及的规章进行了清理。现决定："经商务部、公安部、工商总局、税务总局同意，删去《办法》（商务部、公安部、工商总局、税务总局令〔2005〕第2号）第九条、第十条、第十一条。"

3. 二手车鉴定评估机构的职能

（1）评估职能　评估即评价和估算，指对某一事物或物质进行评判和预估。评估职能是评估所应具有的作用。二手车鉴定评估机构与其他公估人一样具有一种广义的评估职能，包括评价职能、勘验职能、鉴定职能和估价职能等。二手车鉴定评估机构对二手车进行评估，得出评估结论，并说明得出结论的充分依据和推理过程，体现出其评估职能。评估职能是二手车鉴定评估机构的关键职能。

（2）公证职能　二手车鉴定评估机构对二手车评估结论做出符合实际和可以信赖的证明。之所以有公证职能主要原因有如下两点：

①二手车鉴定评估人员具有丰富的二手车评估知识和技能，在判断二手车评估结论准确与否上具有资格和权威性。

②作为当事人之外的第三方，二手车鉴定评估机构完全站在中立和公正的立场上就事论事、科学办事。

公证职能是二手车鉴定评估机构的重要职能，具有以下特征：

①公证职能虽不具备定论作用，但却有促成司法结案和买卖成交的作用，因为当事人双方难以找出与评估结论完全不同的原因或理由。

②公证职能虽不具备法律效力，但该结论可以接受法律的考验。这是因为二手车鉴定评估机构的评估结论确定之后，必须经双方当事人接受才能结案或买卖成交。如果双方当事人中的某一方不能接受，则可选择其他途径解决，如调解协商、仲裁或诉讼。期间，二手车鉴定评估机构可以接受委托方的委托出庭辩护，甚至可被聘请为诉讼代理人出庭诉讼，本着对委托方特别是对评估报告负责的原则，促成双方接受既定结论。

(3) 中介职能　二手车鉴定评估机构作为中介人，从事评估经济活动，并参与相关利益的分配，为当事人提供服务，具有鲜明的中介职能。这是因为二手车鉴定评估机构可以受托于双方当事人的任何一方；二手车鉴定评估机构以当事人之外的第三方身份从事二手车评估经营活动，从当事人一方获得委托，以中间人立场执行二手车评估，并收取合理费用。

二手车鉴定评估机构以中间人的身份，独立地开展二手车评估，从而得出评估结论，促成双方当事人接受该结论，为当事人提供中介服务，从而发挥其中介职能。

（五）二手车鉴定评估师与鉴定考核体系

1. 二手车鉴定评估师的概念

二手车鉴定评估师是一种职业称谓，指从事二手车的鉴定与估价工作的专业汽车评估人员。其所从事的工作范围是围绕二手车的车况鉴定与价格评估，其工作模式类似于律师和会计师一类的职业。二手车鉴定评估师是运用目测和路试，借助相关的仪器设备对二手车的技术状况进行综合检验和检测，结合车辆相关文件资料，对二手车的技术状况进行鉴定；并根据评估的特定目的，选择适用的评估标准和方法。进行二手车价格评估工作的是专业汽车评估人员和管理人员。

2016年12月国务院常务会议上关于取消职业资格许可和认定事项的决定中正式停止人社部门"二手车鉴定评估师"职业资格考试，开始改革向国外发达国家学习和借鉴经验，逐步建立由行业协会社会组织开展水平评价的职业资格制度。原人社部二手车鉴定评估师职业资格2017年开始改革为汽车行业组织开展水平评价的职业资格制度；2017年3月正式由中国汽车流通协会负责二手车鉴定评估师职业资格鉴定工作，所以2017年我国二手车鉴定评估师职业技能证书由中国汽车流通协会统一主管鉴定和颁发，接管之前人社部的鉴定工作，并且严格实施注册上岗执业制度。2017年起中国汽车流通协会颁发的二手车鉴定评估师证书成为我国二手车行业唯一全国通用和认可的合法证书资质。

这是一个技术性比较强的职业，如果直接从事二手车的鉴定与估价工作，不仅需要很扎实的理论基础，还需要多年的经验积累，更需要了解市场，才能真正做好二手车鉴定评估师。考取二手车鉴定评估师资格的人员，多半在从事二手车置换、收购、拍卖和经纪等经营，而非纯粹从事二手车鉴定估价业务。

所以，在二手车交易中，二手车鉴定评估师起着尤为重要的作用。

2. 二手车鉴定评估师的作用

二手车鉴定评估师在二手车交易中起到如下作用：

①联系交易双方。在车辆交易中，买卖双方由于无法对车价达成一致，必须要借助二手车鉴定评估师对交易车辆的价值做出一个较为客观的评估。

②引导交易。当交易双方对车辆的车况等不甚了解的情况下，要参考二手车鉴定评估师的专业意见，特别是买车者会较为注重二手车鉴定评估师的意见。二手车鉴定评估师的专业意见会对成交与否起到引导作用。

③平衡双方利益。由于能否成交与车辆的价格有着直接的关系，买方希望买入的价格低，卖方希望卖出的价格高，两者间存在着矛盾，这时，要求二手车鉴定评估师能够起到一个协调双方利益的作用。

④促进二手车交易量。判断一个评估价的质量好坏，它应该做到合理、合适，根据被评估车辆的状况给出合适的价格。评估价公正、合理，会促使买卖双方尽快成交，从而促进交易量的提高。

⑤简化产权转移的工作程序。狭义的产权转移，是指车辆的过户转籍。二手车在二手车交易市场成交以后需办理过户转籍。由于过户时要缴纳相关的过户交易费，要对车辆进行评估，按评估值的比例收取相关费用。

⑥简化贷款购买二手车的工作程序。二手车抵押贷款是近年新兴起的一种二手车交易方式，指的是买车者在二手车交易市场购买二手车，并提供有效的抵押担保，向可以提供贷款的商业银行提出贷款申请，用以支付购买二手车所需部分款项的交易方式。因为银行的贷款额是按车辆的价值来发放的，所以二手车鉴定评估师要对交易车辆进行评估，使得该项交易得以顺利进行。

⑦参与国有资产管理。随着我国经济体制改革力度的加大，国有车辆大量进入民间，为了避免国有资产的流失，二手车鉴定评估师给出的评估值至关重要，要起到确保国有资产不至于流失的作用。

⑧防止二手车的非法交易。二手车的流通涉及车辆管理、交通管理、环保管理和资产管理等各方面，属特殊商品流通。目前，我国对进入二级市场再流通的二手车有严格的规定，鉴定估价环节正是防止非法交易发生的重要手段。二手车鉴定估价的一个重要任务就是要通过鉴定识别走私、盗抢、报废和拼装等非法车辆，以防重新流入社会。

3．二手车鉴定评估师的技能要求

（1）职业道德素养要求　随着二手车市场的迅猛发展，二手车市场存在的许多重要问题日益突出，要求加强"鉴定估价""行业管理"的呼声越来越高，其中比较突出的问题就是规范二手车定价。

我国二手车市场从业人员技术素质参差不齐，特别是在二手车估价这一中心环节上，有的二手车交易市场缺少合格的专业二手车鉴定评估师，评估随意性较大，定价不太合理，广大消费者的合法权益不能得到保障，企业权益和国家利益常常受到不同的侵害。这就要求充分认识提高二手车鉴定评估师素质的重要性和迫切性，使其发挥更大作用。

二手车鉴定评估师的素质直接影响着二手车价格评估工作的质量。一名合格的二手车鉴定评估师应具备的素质主要体现在政策理论素质、业务素质和思想道德素质三个方面。

1）政策理论素质。

① 掌握马克思主义的基本理论，能运用马克思主义的立场、观点和方法分析和解决问题。

② 有一定的资产评估业务理论，熟悉资产评估基本原理和基本方法。

③ 有一定的政策水平，熟知国家有关二手车交易的政策法规和国家在各个时期的路线、

方针和政策。

2）业务素质。

① 具有一定的知识面。二手车鉴定评估师具有较全面的知识结构，才能胜任二手车的鉴定评估工作。

② 具有娴熟的评估技巧和计算技术。

③ 具有较高的收集、分析和运用信息资料的能力。

④ 具有准确的判断能力。二手车鉴定评估的过程就是一个对二手车技术状况进行判断和鉴定，从而对其价格进行估算的过程。

3）思想道德素质。热爱祖国，坚持四项基本原则，遵纪守法，热爱本职工作，遵守职业道德，具有较高的政治素质和法制观念，要保证公正、公平、公开，不得利用职业之便损害国家、集体和个人利益。

（2）技能要求

① 二手车鉴定评估师的技能要求见表 1-2。

表 1-2　二手车鉴定评估师的技能要求

职业功能	工作内容	技能要求	相关知识	配分比例
咨询服务	业务接待	1）能按岗位责任和规范要求，文明用语、礼貌待客 2）能够简要介绍二手车交易方式、程序和有关规定	1）岗位责任和规范要求 2）二手车交易主要方式、程序和有关规定	1
	法规咨询	1）能向客户解答二手车交易的法定手续 2）能向客户说明不同车主和不同类型二手车交易的有关法规	1）国家对不同车主和不同类型二手车交易的规定 2）《机动车强制报废标准规定》《二手车流通管理办法》等	1
	技术咨询	1）能向客户解答机动车常用的技术参数、基本构造原理及使用性能 2）能识别机动车类别、国产车型号和进口汽车出厂日期 3）能根据客户提供情况，初步鉴别二手车新旧程度	1）机动车主要技术参数、使用性能及基本构造原理 2）机动车分类标准、国产车型号编制规则及进口车出厂日期的识别方法 3）鉴别二手车新旧程度的基本方法	2
	价格咨询	1）掌握二手车市场价格行情 2）能向客户简要介绍汽车市场的供求状况 3）能向客户介绍汽车交易所需的基本费用	1）二手车价格行情、供求信息的收集渠道和方法 2）二手车交易各项费用价格构成因素	1

（续）

职业功能	工作内容	技能要求	相关知识	配分比例
手续检查	检查车辆各项手续	1）能按规定检查二手车交易所需的各项手续 2）能识别二手车交易所需票证的真伪	1）二手车交易手续和相关知识 2）二手车交易所需票证识伪常识	8
车况检查	技术状况检查	1）通过目测、耳听和试摸等方法，能判断二手车外观和主要总成的基本状况 2）通过路试，能判断发动机动力性能、传动系统、转向系统、制动系统、电路和油路等工作情况	1）目测、耳听和试摸检查二手车的方法和要领 2）路试检查二手车的方法和要领 3）机动车检测技术常识	40
	技术状况检测	1）能读懂机动车检测报告 2）会使用简单的检测仪器和设备		
技术鉴定	二手车主要部件技术状况鉴定	1）熟悉二手车主要部件正常工作的状态 2）能判定二手车主要部件的技术状况	1）二手车主要部件的工作原理 2）检测报告数据分析方法 3）二手车技术状况等级鉴定方法	22
	二手车整车技术状况鉴定	1）能正确分析检测报告的数据 2）能判定二手车整车的技术状况等级		
评估定价	评估价格	1）根据车况检测和技术鉴定结果，确定二手车的成新率 2）根据二手车成新率及市场行情，确定二手车价格	1）确定二手车成新率的方法 2）二手车价格评估程序和方法	25
	编写评估报告	能编写二手车鉴定估价报告	评估报告的格式、要求	

②高级二手车鉴定评估师的技能要求见表1-3。

表1-3　高级二手车鉴定评估师的技能要求

职业功能	工作内容	技能要求	相关知识	配分比例
咨询服务	业务接待	1）能合理运用社交礼仪及社交语言 2）能与国外客户进行简单交流 3）能发现客户的需求和交易动机，营造和谐的洽谈气氛	1）营销工作中的公关语言、礼仪 2）常用外语口语 3）客户的需求心理、交易动机等常识	1

（续）

职业功能	工作内容	技能要求	相关知识	配分比例
咨询服务	法规咨询	1）能向客户解答二手车交易的法定手续 2）能向客户说明不同车主和不同类型二手车交易的有关法规	1）国家对不同车主和不同类型二手车交易的规定 2）《机动车强制报废标准规定》《二手车流通管理办法》等	1
	技术咨询	1）能向客户解答和说明汽车主要总成的工作原理 2）能向客户介绍汽车维护和修理常识 3）能为客户判断二手车常见故障 4）能理解国外常见车型代号的含义 5）能看懂进口汽车英文产品介绍和使用说明等技术资料	1）汽车主要总成的工作原理 2）汽车维护和修理常识 3）汽车常见故障 4）国外常见车辆型号的含义 5）汽车专用英语基础	2
	价格咨询	1）能通过计算机网络查询二手车价格行情和供求信息 2）能分析二手车市场价格和供求变化趋势 3）能根据车辆使用情况，初步估计二手车价格	1）计算机信息系统软件的使用方法 2）价格学和市场学基础知识 3）二手车价格粗估方法	1
	投资咨询	1）能帮助客户根据用途选择车型 2）能根据客户需要，提供投资建议	1）二手车用途及购买常识 2）二手车投资收益分析方法	2
手续检查	检查车辆各项手续	1）能按规定检查二手车交易所需的各项手续 2）能识别二手车交易所需票证的真伪	1）二手车交易手续和相关知识 2）二手车交易所需票证识伪常识	5
车况检查	技术状况检查	1）能识别事故车辆 2）能识别翻新和大修车辆 3）能发现二手车主要部件更换情况	1）识别事故车辆、翻新车辆和大修车辆的方法 2）汽车维修常识 3）汽车基本的检测技术和方法	38
	技术状况检测	1）熟悉汽车检测的基本项目 2）能掌握汽车基本检测方法 3）会使用常用的检测仪器和设备		
技术鉴定	主要部件技术状况鉴定	熟知汽车主要部件的技术状况对整车性能的影响	1）汽车部件损耗规律 2）二手车技术鉴定报告格式和内容	20
	整车技术状况鉴定	能撰写二手车技术鉴定结果报告		

(续)

职业功能	工作内容	技能要求	相关知识	配分比例
评估定价	评估价格	1）能掌握国家有关设备折旧规定和计算方法 2）能掌握和运用多种评估定价方法 3）能利用计算机鉴定评估软件进行估价	1）设备折旧法 2）二手车评估软件的使用方法 3）价格策略与常用定价方法：成本定价法、需求定价法、竞争定价法	25
	编写评估报告	能够运用计算机编写评估报告	计算机文字处理软件的使用方法	
工作指导	指导鉴定估价的工作	1）了解汽车的发展动态 2）能指导二手车鉴定评估师处理工作中遇到的较复杂问题 3）能结合实际情况，对鉴定评估工作提出改进意见	汽车发展动态以及鉴定评估的相关知识	5

（3）岗位职责

①遵守"二手车鉴定评估从业人员操作守则"，认真履行岗位职责。

②接待二手车交易客户，受理客户鉴定评估的委托。

③接受客户对二手车交易的咨询，引导客户合法交易。

④负责检查二手车交易的各项证件。

⑤负责收集二手车鉴定评估的政策法规资料、车辆技术资料和市场价格信息资料。

⑥负责二手车的技术鉴定、估算价格。

⑦不准盗抢、走私、非法拼装和报废车辆进场交易。

⑧负责报告鉴定评估结果，与客户商定确认评估价格。

⑨填写鉴定评估报告，指导资料员存档。

⑩协助领导做好有关鉴定评估的其他工作。

4．二手车鉴定评估师等级考核实施办法

（1）二手车鉴定评估师的申报条件

1）文化程度具备以下条件之一：

① 高中毕业，从事本行业工作五年以上。

② 中等专科学校毕业，非汽车专业，从事本行业工作四年以上；汽车专业，从事本行业工作两年以上。

③ 大专以上，非汽车专业，从事本行业工作两年以上；汽车专业，从事本行业工作一年以上。

2）会驾驶汽车并考取汽车驾驶证。

3）具有一定的车辆性能判断能力。

4）具有一定的汽车营销知识。

（2）高级二手车鉴定评估师的申报条件

1）文化程度具备以下条件之一：

① 高中毕业，从事本行业工作八年以上。

② 中等专科学校毕业，非汽车专业，从事本行业工作六年以上；汽车专业，从事本行业工作四年以上。

③ 大专以上，非汽车专业，从事本行业工作五年以上；汽车专业，从事本行业工作三年以上。

2）具有汽车驾驶证，驾龄不低于三年。

3）具有较强的汽车性能判别能力。

4）具有丰富的汽车营销知识和经验。

5. 二手车鉴定评估师注册登记管理办法

2017年随着商务部发文删去了《办法》（商务部、公安部、工商总局、税务总局令〔2005〕第2号）第九条、第十条、第十一条，以及2018年新的废止部分规范性文件《关于规范旧机动车鉴定评估工作的通知》（国经贸贸易〔2002〕第825号），二手车市场活力得到了进一步解放，二手车人才也得到了进一步的激发。

2017年国务院新闻发布中人社部相关负责人表示，取消职业资格并不是取消岗位和职业标准，也不是取消二手车鉴定评估师注册认证管理制度；而是改由企业、行业组织按照岗位条件要求和职业标准进行管理，行业自主实施水平评价管理制度。前置审批解除后，要规范管理市场，提高从业人员的执业能力水平，那么二手车鉴定评估师登记注册管理制度就不但不会取消，反而会更加严格执行。

从2002年开始中国经贸委和劳动保障部门就委托中国汽车流通协会参与二手车鉴定评估师职业资格的制定、教材的编写、题库建设；授权由人社部门职业技能鉴定中心和中国汽车流通协会实施二手车评估师职业的鉴定认证工作。另外授权批准中国汽车流通协会负责对二手车鉴定评估师职业的注册登记管理，拟定《旧机动车鉴定估价师注册登记管理办法》，未经注册登记的二手车鉴定评估师不得执业法定评估业务。

在2017年《中华人民共和国资产评估法》权威解读中，也明确表示了，准入资格解除后，二手车鉴定评估师相关考试的组织和注册管理的单位为中国汽车流通协会。

2017年2月24日，中国汽车流通协会发布了《二手车鉴定评估师管理办法》（试行），对二手车鉴定评估师的注册管理进行了具体的规定：

1）初级、中级、高级二手车鉴定评估师的备案或者注册条件：

初级二手车鉴定评估师实行备案管理，需要在实际工作中实习一年后，方可报考中级二手车鉴定评估师；

取得中级二手车鉴定评估师岗位技能水平一年以上；

参加协会组织的注册考试，成绩合格；

遵守《资产评估法》等与二手车鉴定评估有关的法律、法规与标准，未出现重大过错和不良记录的人员。

2）中级二手车鉴定评估师应申请初始注册，将申请材料加盖所在工作单位公章后报送协会。提交材料如下：

中级二手车鉴定评估师注册纸质与电子申请表；

中级二手车鉴定评估师岗位技能证书原件与电子扫描件；

本人身份证和驾驶证扫描件电子版；

近期免冠2寸蓝底彩色照片一张及同版电子照片。

3）符合前款规定条件的人员申请执业注册的，协会准予注册。有下列情形之一的除外：

有《资产评估法》第十四条、四十四条、四十五条规定所指情形的；

因故意犯罪或者在从事二手车鉴定评估工作中因过失犯罪而受刑事处罚，自刑罚执行完毕之日起至申请注册之日止不满五年的；

在从事评估车辆活动中因违法行为而受行政处罚，自处罚决定做出之日起至申请注册之日止不满五年的；

被开除公职，自处分决定做出之日起至申请注册之日止不满五年的；

被吊销二手车鉴定评估师注册证书的；

以欺骗、贿赂等不正当手段取得二手车鉴定评估师注册证书，被撤销注册的；

法律、行政法规规定的其他不予注册的情形。

4）中级二手车鉴定评估师岗位技能证注册有效期为两年。有效期满前三个月内，持证人应按本管理办法的规定，参加由协会组织的继续教育课程，考试通过后提交相关审核资料，申请办理年审手续。注册证超过注册有效期六个月未办理年审手续的，视为自动放弃年审，注册证书失效。

5）中级二手车鉴定评估师应依法接受继续教育，进行知识更新，以保持专业素养。每一注册期内，应接受不少于16课时的继续教育，未参与或未达到规定学时者，不予办理年审。

需提交的年审材料包括：

申请人注册有效期内达到继续教育合格的证明材料；

中级二手车鉴定评估师年审申请表电子表格；

中级二手车鉴定评估师岗位技能证书的扫描件；

本人身份证和驾驶证复印件扫描件；

如需换证，还需提供近期免冠2寸蓝底彩色照片一张及同版电子照片。

6）协会每年分两次集中受理注册证年审工作，分别为每年的3月1日至3月31日和9月1日至9月30日。其余时间段只接受注册证的变更及补办。

三、实施与考核

（一）技能学习

1）通过资料阅读和二手车市场调查，描述业务洽谈的方法。

2）根据二手车鉴定评估业务洽谈的相关要求，每组以表格的形式设计洽谈工作单，小组分角色扮演，分别饰演二手车鉴定评估师和车主，完成业务洽谈任务。

（二）任务实施与考核

1. 实施步骤

准备二手车一辆，小组成员分工协作，利用二手车鉴定评估与交易学习资料，依据工作任务制订工作计划，并通过小组自评或互评检查工作计划。

2. 考核

各小组完成二手车鉴定评估业务洽谈模拟。需要完成的内容如下：

1）了解车主基本信息。

①委托者是否是原车主。只有原车主才有车辆处置权，其他人是没有车辆处置权的。

②车辆所有权是否属于单位，如果属于单位，应进一步了解单位名称、隶属关系和所在地等信息。

2）了解车辆基本信息。

①车辆使用类型，是私家车、公务用车、商业用车，还是专业运输车、出租车等。

②车辆配置情况，是否有 ABS、电动车窗、电动天窗、安全气囊及发动机配置情况和变速器类型（手动档、自动档）等。

③车辆名称、型号、生产厂家及出厂日期。

④车辆初次注册登记日期和行驶里程。

⑤车辆手续是否齐全，是否进行了年检、尾气检验，是否有保险。

⑥车辆户籍所在地。

⑦车辆来历，是购买车，还是走私罚没处理车、捐赠免税车。

3. 了解车辆评估目的

对于同一辆车，评估目的不同，其评估出来的结果会有所不同。在接受车辆评估委托时，明确车辆评估的目的十分重要。车辆的鉴定评估是一种市场价格的评估，需要针对客户的委托目的，采用不同的评估方法。由于走私车、盗抢车、非法拼装车、报废车和手续不全的车等，严禁在二手车交易市场上交易，在业务洽谈时要详细了解是否属于上述情况，以防出现重大失误。

4. 实地考察核实相关信息

需要实地考察核实的相关信息如下：

1）对于存在疑问或评估数量较大的业务，在签订评估委托书之前，应实地核实相关信息，确定车辆和车主相关信息的真实性。

2）对于长期停驶的车辆，为了解评估工作量，应实地考察车辆的情况，检查油、水、电等基本情况，督促车主恢复车辆使用功能，为下一步现场鉴定做好准备。

5. 评估总结

1）回答老师的提问并接受老师的相关考核。

2）完成本次工作任务，并对本次任务完成过程及效果进行自我评价和小组互评。

3）清洁工作场所，清点归还相关工具设备。

任务二　拟订鉴定评估作业方案

一、任务分析

二手车鉴定评估方案是二手车鉴定评估机构根据二手车鉴定评估委托书的要求，制订的规划和安排，其主要内容包括：评估目的、评估对象和范围、评估基准日、安排具有鉴定评估资格的评估人员及其他人员、现场工作计划、评估程序、评估具体工作和时间安排、拟采用的评估方法及其具体步骤等。

在二手车鉴定评估中，必须根据评估的目的，选择使用的评估方法和价格计量标准。对于同一辆二手车，采用不同的价格计量标准，会产生不同的评估价格，这些价格从不同角度反映了二手车的价值特征。本任务要求能区分不同的价格计量标准，根据评估目的选定评估方法，拟订鉴定评估作业方案。

二、相关知识

（一）二手车价格评估的前提条件

二手车的价格评估运用资产评估的理论和方法，是建立在一定的假设条件之上的。二手车价格评估的假设前提有继续使用假设、公开市场假设和破产清算（偿）假设。

上述三种不同假设，形成三种不同的评估结果。在继续使用假设前提下，要求评估二手车的继续使用价格；在公开市场假设前提下，要求评估二手车的市场价格；在清算假设前提下，要求评估二手车的清算价格。因此，二手车鉴定估价人员在业务活动中要充分分析了解、判断被评估二手车最可能的效用，以便得出公平的价格。

（二）二手车价格评估的计价标准

我国资产评估中有四种价格计量标准，即重置成本标准、现行市价标准、收益现值标准和清算价格标准。二手车评估属于资产评估，因此，二手车评估也遵守这四种价格计量标准。

（1）**重置成本标准** 重置成本标准是指按照被评估资产的重置成本或更新成本减去其有形损耗、无形损耗和经济性损耗，来确定资产重估价值的一种计价标准。也就是按资产在全新情况下的市场价格或重置成本，减去按重置成本计算的已使用年限的累计折旧额，考虑资产功能变化等因素，确定重置价值。

重置成本的构成与历史成本一样，都是反映车辆在购置、运输和注册登记等过程中所支出的全部费用，但重置成本是按现有技术条件和价格水平计算的。重置成本标准适用的前提是车辆处于在用状态，一方面反映车辆已经投入使用；另一方面反映车辆能够继续使用，对所有者具有使用价值。决定重置成本的两个因素是重置完全成本及其损耗（或称为贬值）。

重置成本标准是资产评估具体操作中最为重要和有效的计价标准，其核心是通过一系列运算得出被评估资产的现实成本。由于重置成本标准考虑到币值的变化和技术进步等因素，因此在物价波动幅度较大和币值不稳定的情况下，重置成本标准具有很强的真实性和公平性。

（2）**现行市价标准** 现行市价标准是以资产在全新情况下的市场变现价格为基础，减去按现行市价计算的折旧额，来计算被评估资产价值的一种计价标准。

这种计价标准主要适用于单项资产变卖时的资产评估。现行市价是指车辆在公平市场上的销售价格。现行市价标准的使用前提：有充分的市场竞争，交易双方都没有垄断及强制，双方的交易行为都是自愿的，都有足够的时间与能力了解市场行情。

（3）**收益现值标准** 收益现值标准也称为资本现值标准，是以资产未来收益的现值作为评估资产价格的计价基础和准则的一种资产评估计价标准。

在收益现值标准下，名牌资产的价格不取决于创建或购买名牌资产时投入了多少资金，而是取决于名牌资产预期的获利能力、获利时间以及与之相应的风险大小。

由于这种标准是将被评估对象作为一种获利能力而确定其现行价格的一种计价标准，因而它主要适用于那些未来增加收益能被计量出来名牌资产的评估，如以企业整体品牌为评估对象名牌资产的评估。

适用收益现值标准的资产业务主要有两类：一类是企业产权变动，另一类是土地及其使用权、无形资产等特殊生产要素转让的评估。

（4）**清算价格标准** 清算价格是指企业由于破产和其他原因，被要求在一定期限内将特定资产快速变现的价格，在非正常市场上限制拍卖的价格。清算资产变现的方式，可以是一项完整的资产出售，也可拆零出售。清算价格法适用于企业破产、抵押和停业清理等情况下的资产价格评估。

它与现行市价相比，两者的根本区别在于：现行市价是公平市场价格；而清算价格是非正常市场上的拍卖价格，这种价格由于受到期限限制和买主限制，一般大大低于现行市价。

由于资产清偿变现的原因不同，变现时限不同，资产变现的自身条件也不同，从而使清算价格又有了强制清算价格、有序清算价格和续用清算价格三种不同的形式。

① 强制清算价格。强制清算价格是指资产所有者在短期内就会失去对资产的控制和支配权，按快速迫售变现的办法清偿债务。这种强制既有来自法律和合同的强制约束力要求变现清偿的压力，又有快速变现的时间压力。在快速变现条件下，资产公平市场是不存在的，因而，强制清算价格与现行市价有很大的数量差距。

② 有序清算价格。有序清算价格是指资产所有者允许有一个适当的时限，将资产进行清算整理、宣传推销、选择买主变现的价格，因此，其资产价格可能比强制迫售条件下的清算价格略高些。但同样低于资产公平市场的现行市价。

③ 续用清算价格。续用清算价格是指整体资产完整保存下来，作为生产盈利能力出售的清算价格。这是由于整体资产本身具有继续使用的价值，清算出售的原因并不是因为整体资产不具有适当的盈利潜力，而是由于其他原因引起的，如因失去融资支持和暂时经济困难而破产，因管理不力造成经营失败等。这时的清算价格实际上是整体资产处于本金市场的价格，因而在本质上与收益现值概念有一致之处。但是由于清算本身具有某种强制性，本金流动的公平市场条件不具备，因而续用清算价格明显低于收益现值，但通常高于有序清算价格。

（三）二手车价格评估的基本方法

根据评估目的的不同，二手车价格评估可分为鉴定估价和收购估价两种。二手车鉴定估价服务是一种第三方中介资产评估，其价格评估方法和资产评估的方法一样，按照国家规定的重置成本法、收益现值法、现行市价法和清算价格法四种方法进行，评估价格具有约束性。二手车收购估价是二手车经营企业为了自身发展需要开展的业务，收购估算价格由买卖双方自由确定，具有灵活性。

三、实施与考核

（一）技能学习

1) 通过对二手车鉴定评估资料的学习，描述二手车鉴定评估作业方案的内容和要求。

2) 模拟二手车评估机构前台接待人员（或负责人员）在委托人签订委托书后，即编制评估作业方案，并将编制好的评估作业方案及委托书交给拟定的负责二手车鉴定评估师。

（二）任务实施与考核

1. 实施步骤

准备二手车一辆，小组成员分工协作，利用二手车鉴定评估与交易学习资料，依据工作任务制订工作计划，并通过小组自评或互评检查工作计划。

2．考核

1）各小组模拟编制二手车鉴定评估作业方案。
2）编制二手车鉴定评估方案可参考如下样例进行。
3）拟订鉴定评估方案。

鉴定评估方案是二手车鉴定评估人员进行二手车鉴定评估工作的规划和安排，其主要内容包括评估目的、评估对象和范围、评估基准日，协助评估人员的其他人员安排，现场工作计划、评估程序、评估具体工作和时间安排，拟采用的评估方法及其具体步骤等。二手车鉴定评估方案如下：

二手车鉴定评估方案

一、委托方与车辆所有方简介

委托方 刘××

委托方联系人 刘×× ，联系电话 ××

二、评估目的

根据委托方的要求，本项目评估目的（在□处填√）：

☑交易　□转籍　□拍卖　□置换　□抵押　□担保　□咨询　□司法裁决

三、评估对象

评估车辆的厂牌型号：（×××），号牌号码：（×××）。

四、鉴定评估基准日

鉴定评估基准日：＿＿＿年＿＿＿月＿＿＿日

五、拟定评估方法（在□处填√）

□重置成本法　□现行市价法　□收益现值法　□其他

六、拟定评估人员

负责评估人员：＿×××＿

协助评估人员：＿×××＿

七、现场工作计划

负责二手车鉴定评估师组织相关人员，于＿＿＿年＿＿＿月＿＿＿日＿＿＿时前，完成下列工作。

1）证件核对：＿×＿min。
2）鉴定二手车现时技术状况：静态检查与动态检查：＿×＿min，仪器设置检查：送×××检测站：＿×＿min。
3）车辆拍照：＿×＿min。
4）评定估算：＿×＿min。
5）撰写评估报告：＿×＿min。

八、评估作业程序

按照接受委托、验证、现场查勘、评定估算和提交报告的程序进行。

九、拟定提交评估报告时间：＿＿＿年＿＿＿月＿＿＿日

（三）复习思考题

1. 思考题

（1）什么是二手车？

（2）简要说明二手车评估的目的。

（3）二手车评估的依据有哪些？

（4）说明二手车评估的一般程序。

（5）机动车的法定证件有哪些？各种税费单据有哪些？

（6）请说明重置成本标准、现行市价标准、收益现值标准和清算价格标准适用的前提条件。

（7）对从事二手车评估的人员有哪些要求？

（8）为什么汽车要强制报废？

（9）什么是二手车鉴定评估的公开市场假设？

（10）请解释二手车鉴定评估的中介性。

2. 单项选择题

（1）2005年10月1日，商务部颁布实行了（　　），对二手车交易做出了调整。

A.《旧机动车交易管理办法》　　　　B.《二手车流通管理办法》

C.《机动车登记工作规范》　　　　　D.《机动车强制报废标准规定》

（2）下列（　　）不具有对二手车交易监督管理职能。

A. 商务主管部门　　　　　　　　　B. 工商行政管理部门

C. 交管部门　　　　　　　　　　　D. 税务部门

（3）二手车评估机构对下列（　　）不负法律责任。

A. 评估的价格结果　　　　　　　　B. 评估的车辆技术状况结果

C. 是否为事故车辆　　　　　　　　D. 是否为非法车辆

（4）下列关于二手车鉴定评估的目的与任务的叙述，（　　）不正确。

A. 确定二手车交易的成交额　　　　B. 协助借、贷双方实现抵押贷款

C. 法律诉讼咨询服务　　　　　　　D. 拍卖

（5）在核对二手车来历证明时，下列（　　）不需要《公证书》。

A. 中奖的　　　　B. 法院判决的　　　　C. 赠予的　　　　D. 继承的

（6）二手车的合法手续证明一般不包括（　　）。

A. 车辆来历证明、机动车行驶证

B. 机动车登记证书、车辆号牌、车辆运输证

C. 车辆购置附加费、机动车辆保险费

D. 交通事故处理意见书

（7）下列（　　）不是二手车价格评估人员的岗位职责。

A. 接受客户对二手车交易的咨询，引导客户合法交易

B. 负责收集二手车鉴定估价的市场价格信息

C. 不准走私、非法拼装和报废车辆进场交易

D. 为交易后二手车提供技术服务

(8) 下列（　　）不是二手车鉴定评估的职能。

　A. 评估职能　　　　B. 公证职能　　　　C. 罚没职能　　　　D. 中介职能

(9) 下列对于二手车鉴定评估机构应具备条件的叙述，（　　）不正确。

　A. 经营者必须是独立的中介机构

　B. 有固定的经营场所和从事经营活动的必要设施

　C. 有五名以上从事二手车鉴定评估业务的专业人员（包括本办法实施之前取得职业资格证书的二手车鉴定评估师）

　D. 有规范的规章制度

(10) 下列（　　）不是二手车鉴定评估的计价标准。

　A. 折扣率标准　　　　　　　　　　B. 重置成本标准

　C. 收益现值标准　　　　　　　　　D. 清算价格标准

(11) 二手车鉴定评估师注册登记管理由（　　）负责。

　A. 中国汽车行业协会　　　　　　　B. 中国汽车流通协会

　C. 旧机动车评估委员会　　　　　　D. 各市劳动局

(12) 依照相关法规，下列机构中（　　）不能开具二手车销售统一发票。

　A. 二手车经纪公司　　　　　　　　B. 二手车拍卖公司

　C. 二手车交易公司　　　　　　　　D. 二手车经销公司

(13) 将右置转向盘改为左置转向盘的二手车（　　）交易。

　A. 可以　　　　　　　　　　　　　B. 通过安全排放检测可以

　C. 使用年限满五年可以　　　　　　D. 不可以

(14) 机动车号牌是准予机动车上路行驶的法定标志，其号码要与（　　）上的号牌号码完全一致。

　A. 机动车行驶证　　　　　　　　　B. 车架号

　C. 发动机编号　　　　　　　　　　D. 机动车驾驶证

(15) 二手车鉴定评估以（　　）为基础。

　A. 车内鉴定　　　B. 排放鉴定　　　C. 外观鉴定　　　D. 技术鉴定

(16) 因为二手车的技术状况和市场价格都随时间变化而变动，所以（　　）是非常重要的参数。

　A. 评估基准日　　　　　　　　　　B. 检验日期

　C. 车辆的出厂日期　　　　　　　　D. 初次注册登记日期

(17) 关于二手车鉴定评估的特点，说法错误的是（　　）。

　A. 评估以单台为评估对象　　　　　B. 评估可以有很大的随意性

　C. 二手车评估以技术鉴定为基础　　D. 要考虑附加值

(18) 依照相关法规，二手车评估中发现非法车辆，伪造证明或车牌的，擅自更改发动机号、车架号的，调整里程表的，应当（　　）。
　　A. 照常评估技术状态　　　　　　　　B. 不加过问
　　C. 及时向执法部门举报，配合调查　　D. 不予评估，也不举报
(19) 二手车鉴定评估的主体是（　　）。
　　A. 二手车　　　　　　　　　　　　　B. 评估程序
　　C. 二手车鉴定评估师　　　　　　　　D. 评估方法和标准

3. 判断题

(1) 二手车交易必须按照二手车鉴定评估的结果执行。　　　　　　　　（　　）
(2) 合法改装的二手车，可以交易。　　　　　　　　　　　　　　　　（　　）
(3) 二手车与旧车有一定的差别。　　　　　　　　　　　　　　　　　（　　）
(4) 二手车鉴定评估机构发现盗抢和走私等违法手段获得的车辆，应当向公安机关举报。　　　　　　　　　　　　　　　　　　　　　　　　　　　　　（　　）
(5) 二手车鉴定评估属于单项资产评估。　　　　　　　　　　　　　　（　　）
(6) 资产评估的结果具有公正性。　　　　　　　　　　　　　　　　　（　　）
(7) 因为资产评估的结果不具有法律效力，所以二手车鉴定评估师对评估结果不承担法律责任。　　　　　　　　　　　　　　　　　　　　　　　　　（　　）
(8) 车辆识别代号应尽量置于汽车前半部分，易于观察到，并且能够防止磨损或更换的部位。　　　　　　　　　　　　　　　　　　　　　　　　　　（　　）
(9) 二手车继续使用价值是指二手车作为整车能继续使用而存在的价值。（　　）
(10) 二手车评估的理论依据是资产评估学。　　　　　　　　　　　　（　　）
(11) 二手车的价值包括车辆实体本身的有形价值及各项手续构成的无形价值。（　　）
(12) 同一辆二手车，在同一时间段内，任何地区的评估价值都应是相同的。（　　）
(13) 二手车评估的理论依据是资产评估学。　　　　　　　　　　　　（　　）
(14) 机动车的产权依据应是机动车的车辆登记证书和驾驶证。　　　　（　　）
(15) 碰撞或撞击后，车架大梁弯曲变形和断裂后修复的属于事故车。　（　　）

项目二 现场鉴定

任务一 检查核对证件

一、任务分析

《二手车鉴定评估技术规范》中规定二手车评估机构的评估作业按照以下九个工作流程进行：受理评估（明确评估目的）、查验可交易车辆（对不可交易车辆，除特殊情况外，不需要进行技术鉴定和价格评估）、签订委托书（拟订评估计划，安排评估人员）、登记基本信息（车辆类别、名称、型号、生产厂家、初次登记日期等）、判别事故车（指出事故的状态、用代码表示）、鉴定技术状况（检查车身及重要部件、计算技术状况分值、描述缺陷、评定技术等级）、评估车辆价值、撰写并出具评估报告（向委托方出具鉴定评估报告）、归档工作底稿。

二手车鉴定评估工作的现场鉴定，对于二手车实际业务的开展十分重要：一方面，检查操作的规范性、科学性对于获取车辆准确、完整、真实的信息，正确评估车况，提高工作效率产生直接影响；另一方面，规范的操作流程能够建立良好的公众形象，增加客户的信任度，促进业务的达成。

从工作内容的角度而言，现场鉴定包括核对证件、静态检查、动态检查、仪器检测和车辆拍照五个环节，如图2-1所示。核对证件是现场鉴定的第一个环节内容，该任务要求核查待评估车辆证件和税费，确认待评估二手车的来历凭证、机动车登记证书和机动车行驶证等证件是否齐全、有效，并判定是否属于可交易车辆。

图 2-1 现场查勘流程

二、相关知识

（一）二手车的法定证件

法定证件主要有机动车来历证明、机动车行驶证、机动车登记证书、机动车号牌、道路运输证和机动车检验合格标志等。

1. 机动车来历证明

机动车来历证明是二手车来源的合法证明。机动车来历证明主要包括以下几个方面：

1）在我国购买机动车的来历证明可分为新车来历证明和二手车来历证明，即全国统一的机动车销售发票或者二手车交易发票。在国外购买的机动车，其来历证明是该车销售单位开具的销售发票及其翻译文本，但海关监管的机动车不需提供来历证明。

①新车来历证明。新车来历证明是指经国家工商行政管理机关验证（加盖工商验证章）的机动车销售发票（即原始购车发票），如图 2-2 所示。通常在购买新车时，可在当地的工商行政管理局机动车市场管理分局办理工商验证手续。

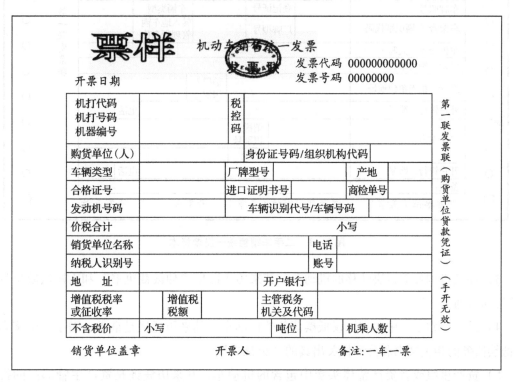

图 2-2 机动车销售统一发票样本

②二手车来历证明。二手车来历证明是指经国家工商行政管理机关验证（加盖工商验证章）的二手车交易发票，如图 2-3 所示。二手车交易发票反映了即将交易的车辆曾是一辆已经交易过的合法使用的二手车。2005 年 10 月《二手车流通管理办法》颁布施行，全国统一了二手车销售发票，目前我国大部分地区都使用了新版的"二手车销售统一发票"。而在统一发票之前，各地的二手车交易发票样式繁多，也造成了管理上的难度。

2）人民法院调解、裁定或者判决转移的机动车，其来历凭证是人民法院出具的已经生效的"调解书""裁定书"或者"判决书"以及相应的"协助执行通知书"。

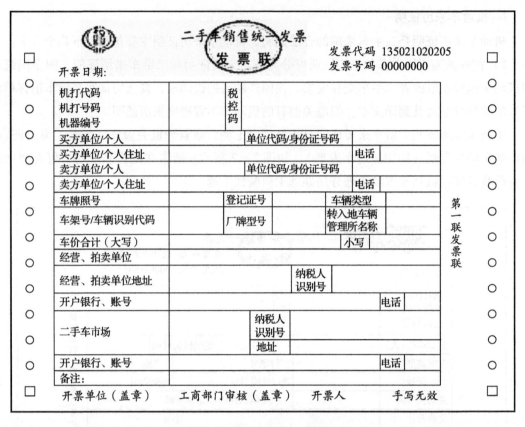

图2-3 二手车销售统一发票样本

3）仲裁机构仲裁裁决转移的机动车，其来历凭证是"仲裁裁决书"和人民法院出具的"协助执行通知书"。

4）继承、赠予、中奖和协议抵偿债务的机动车，其来历凭证是继承、赠予、中奖和协议抵偿债务的相关文书和公证机关出具的"公证书"。

5）资产重组或者资产整体买卖中包含的机动车，其来历凭证是资产主管部门的批准文件。

6）国家机关统一采购并调拨到下属单位未注册登记的机动车，其来历凭证是全国统一的机动车销售发票和该部门出具的调拨证明。

7）国家机关已注册登记并调拨到下属单位的机动车，其来历凭证是该部门出具的调拨证明。

8）经公安机关破案发还的被盗抢且已向原机动车所有人理赔完毕的机动车，其来历凭证是保险公司出具的"权益转让证明书"。

2. 机动车行驶证

1）机动车行驶证是准予机动车上道路行驶的法定证件。《中华人民共和国道路交通安全法》规定："国家对机动车实行登记制度，机动车经公安机关交通管理部门登记后，方可上道路行驶。尚未登记的机动车，需要临时上道路行驶的，应当取得临时通行牌证。驾驶机动车上道路行驶，应当悬挂机动车号牌，放置检验合格标志和保险标志，并随车携带机动车行驶证。"机动车行驶证的样式如图2-4所示。

图2-4　机动车行驶证的样式

2）机动车行驶证识伪办法如下：

①查看识伪标记。

②查看汽车彩照与实物是否相符。

③查看机动车行驶证的纸质、印刷质量、字体和字号，与车辆管理机关核发的机动车行驶证进行比对，对有怀疑的机动车行驶证可以去发证的公安车辆管理机关核实。最常见的伪造是机动车行驶证副页上的检验合格章。

3）二手车鉴定评估师要特别重视机动车行驶证上的号牌号码、品牌型号、发动机号码和汽车识别码等信息与汽车上标有的相关信息是否相符，依次作为识别真伪的一个信息。另外，还要特别重视机动车行驶证上的注册登记日期，这是鉴定汽车使用年限的依据。机动车行驶证上车辆背景一般为白色，从车辆右边45°拍摄，能较为清楚地看到汽车外形、号牌、品牌标志、汽车颜色和车内座位等。《机动车登记规定》规定，汽车所有人改变车身颜色应在10日内向登记地车辆管理所申请变更登记，并重新拍照。

3. 机动车登记证书

机动车登记证书同时也是机动车的"户口本"，将所有机动车的详细信息及机动车所有人的资料都记载在上面，机动车登记证书上所记载的原始信息发生变化时，机动车所有人应到车辆管理机关进行变更登记。二手车交易需要过户，过户记录就会登记在"过户、转入登记摘要信息栏"里。这样，机动车登记证书上就有机动车从"生"到"死"一套完整的记录了。机动车登记证书与机动车行驶证相比，它的内容更为详细。机动车登记证书的样式见表2-1。

表 2-1　机动车登记证书的样式

一	机动车所有人/身份证明名称/号码			
	登记机关	登记日期	机动车登记编号	

过户、转入登记摘要信息栏

二	机动车所有人/身份证明名称/号码			
	登记机关	登记日期	机动车登记编号	
三	机动车所有人/身份证明名称/号码			
	登记机关	登记日期	机动车登记编号	
四	机动车所有人/身份证明名称/号码			
	登记机关	登记日期	机动车登记编号	
五	机动车所有人/身份证明名称/号码			
	登记机关	登记日期	机动车登记编号	
六	机动车所有人/身份证明名称/号码			
	登记机关	登记日期	机动车登记编号	
七	机动车所有人/身份证明名称/号码			
	登记机关	登记日期	机动车登记编号	

第一页

注册登记机动车信息栏

车辆类型		车辆品牌	
车辆型号		车身颜色	
车辆识别代码/车架号		国产/进口	
发动机号		发动机型号	
燃料种类		排量/功率	mL　　　kW
制造厂名称		转向形式	
轮距	前　　　后　　　mm	轮胎数	
轮胎规格		钢板弹簧片数	后轴　　　片
轴距	mm	轴数	
外廓尺寸	长　　　宽　　　高　　　mm		发证机关（章）
货厢内部尺寸	长　　　宽　　　高　　　mm		
总质量	kg	核定载质量	
核定载客	人	准牵引总质量	
驾驶室载客	人	使用性质	发证日期
车辆获得方式		车辆出厂日期	

第二页

4. 机动车号牌

机动车号牌是由公安车辆管理机关依法对机动车辆进行注册登记核发的行驶标志。它和机动车行驶证一同核发，号牌字码和机动车行驶证号牌一致。公安交通管理机关严禁无号牌的机动车辆上路行驶，机动车号牌严禁转借、涂改和伪造。机动车号牌一般在机动车辆的特定位置悬挂，其号码是机动车登记编号。

当办理机动车登记业务时，按规则给机动车确定的编号。机动车登记编号包含：用汉字表示的省、自治区、直辖市简称，用英文字母表示的发牌机关代号，由阿拉伯数字和英文字母组成的序号以及用汉字表示的专用号牌简称。

机动车号牌如图2-5所示，机动车号牌的分类、规格、颜色及适用范围见表2-2。

图2-5 机动车号牌

表2-2 机动车号牌的分类、规格、颜色及适用范围

分类	外廓尺寸/mm	颜色	每副数量	适用范围
大型汽车	前：440×140 后：440×220	黄底黑字黑框线	2	总质量4.5 t（含），乘坐人数20人（含）和车长6m（含）以上的汽车、无轨电车及有轨电车
小型汽车	440×140	黄底白字白框线	2	除大型汽车以外的各型汽车
使馆、领馆汽车	440×140	黑底白字红"使""领"字白框线	2	驻华使馆、领馆的汽车
境外汽车	440×140	黄底白字白框线	2	出入境的境外汽车
		黄底红字红框线		出入境限制行驶区域的境外汽车
外籍汽车	440×140	黄底白字白框线	2	除使馆、领馆外，其他驻华机构、商社外资企业及外籍人员的汽车
挂车	同大型汽车号牌		1	全挂车和不与牵引车固定使用的半挂车
教练汽车	440×140	黄底黑字黑框线	2	教练用的汽车及其他机动车，不含摩托车和轻便摩托车
临时入境汽车	300×165	白底红字黑"临时入境"字红框线（字有金色轮廓）	2	临时入境参加旅游和比赛等活动的汽车
临时行驶车	220×140	白底（有蓝色暗纹）黑字黑框线	1	无牌证需要临时行驶的机动车
新能源汽车	480×140	小型：渐变绿色 大型：黄绿双拼色	2	—

以上机动车号牌，除临时行驶车的机动车号牌为纸质外，其余均为铝质反光。机动车号牌上字的尺寸大小也都有明确的规定。机动车号牌在安装方面设有固封装置，并规定该装置将由发牌机关统一负责装、换，任何单位和个人都无权拆卸，并作为车辆检验的一项内容。

5. 道路运输证

道路运输证是县级以上人民政府交通主管部门设置的道路运输管理机构对从事旅客运输（包括城市出租客运）、货物运输的单位和个人核发的随车携带的证件。当运营车辆转籍过户时，应到运营机构及相关部门办理运营过户手续。道路运输证只有运营车辆才有，非运营车辆没有。图2-6所示为道路运输经营许可证。

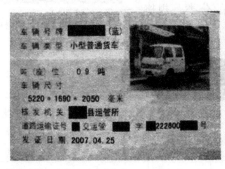

图2-6　道路运输经营许可证
a）正面　b）反面

6. 机动车检验合格标志

机动车必须进行安全技术检验，检验合格后，公安机关发放合格标志。根据《中华人民共和国道路交通安全法实施条例》的规定，机动车检验合格标志应贴在机动车前窗右上角，如图2-7所示。若无合格标志或标志无效，则不能交易。

机动车安全技术检验由机动车安全技术检验机构实施。机动车安全技术检验机构应当按照国家机动车安全技术检验标准对机动车进行检验，对检验结果承担法律责任。机动车应当从注册登记之日起，按照下列期限进行安全技术检验：

1）营运载客汽车5年以内每年检验1次；超过5年的，每6个月检验1次。

2）载货汽车和大型、中型非营运载客汽车10年以内每年检验1次；超过10年的，每6个月检验1次。

3）小型、微型非营运载客汽车6年以内每2年检验1次；超过6年的，每年检验1次；超过15年的，每6个月检验1次。

4）摩托车4年以内每2年检验1次；超过4年的，每年检验1次。

5）拖拉机和其他机动车每年检验1次。

营运机动车在规定检验期限内经安全技术检验合格的，不再重复进行安全技术检验。

图 2-7 机动车检验合格标志

7. 准运证

准运证是广东、福建和海南三省口岸进口并需运出三省以及三省从其他口岸进口需销往外省市的进口新机动车和二手车，必须经国家商务部审批核发的证件。准运证一车一证。

8. 轿车定编证

轿车是国家规定的专项控制商品之一，轿车定编证是各地政府落实国务院关于严格控制社会集团购买力的通知精神，由各地方政府控制社会集团购买力办公室签发的证件。国家为了支持轿车工业的发展，后来又通知决定取消购买车辆控购审批。各地政府根据当地实际情况，所执行控购情况各不相同。

（二）二手车各种税费单据

根据《二手车流通管理办法》规定，二手车交易必须提供车辆购置税、车船税和机动车保险费等税费缴付凭证。

1. 车辆购置税

（1）车辆购置税的计算 车辆购置税是由车辆购置附加费演变而来的，由国家税务局征收，由交通部门按照国家有关规定统一安排使用。其目的是解决发展公路运输事业与国家财力紧张的突出矛盾，筹集交通基础建设资金。车辆购置税的征收标准，按车辆计税价的10%计征，由车辆登记注册地的主管税务机关征收，它是购买车辆后支出的最大一项费用，即

$$车辆购置税应纳税额 = 计税价格 \times 10\%$$

计税价格按照下列情况确定：

①纳税人购买自用应税车辆的计税价格，为纳税人购买应税车辆而支付给销售商的全部价款和价外费用，不包括增值税税款。也就是说按取得的"机动车销售统一发票"上开具的价费合计金额除以（1+17%）作为计税依据，乘以10%即为应缴纳的车购税。应注意国家对该项税收计税标准的调整政策，如2009年1月20日~2009年12月31日期间，排气量

在1.6L及以下的小排量乘用车，车辆购置税税率减半征收（5%），而2010年又提高到7.5%。

②纳税人购买进口自用车辆的应税车辆计税价格计算公式为

$$计税价格 = 关税完税价格 + 关税 + 消费税$$

③纳税人自产、受赠、获奖或者以其他方式取得并自用车辆，计税依据参照国家税务总局核定的应税车辆最低计税价格核定。

购买自用或者进口自用车辆，纳税人申报的计税价格低于同类型应税车辆的最低计税价格，又无正当理由的，计税依据为国家税务总局核定的应税车辆最低计税价格。最低计税价格是指国家税务总局依据车辆生产企业提供的车辆价格信息并参照市场平均交易价格核定的车辆购置税计税价格。

申报的计税价格低于同类型应税车辆的最低计税价格，又无正当理由的，是指纳税人申报的车辆计税价格低于出厂价格或进口自用车辆的计税价格。

④按特殊情况确定的计税依据。对于进口二手车、因不可抗力因素导致受损的车辆、库存超过3年的车辆、行驶8万km以上的试验车辆、国家税务总局规定的其他车辆，主管税务机关根据纳税人提供的"机动车销售统一发票"或有效凭证注明的价格确定计税价格。

(2) 车辆购置税的征收和免征范围　　按照国家规定，车辆购置税的征收和免征范围依照《中华人民共和国车辆购置税暂行条例》所附车辆购置税征收范围表（表2-3）执行。

表2-3　车辆购置税征收范围表

应税车辆	具体范围	注释
汽车	各种汽车	
摩托车	轻便摩托车	最高设计时速不超过50km/h，发动机气缸总排量不大于50mL的两个或者三个车轮的机动车
	两轮摩托车	最高设计时速超过50km/h，或者发动机气缸总排量大于50mL的两个车轮的机动车
	三轮摩托车	最高设计时速超过50km/h，或者发动机气缸总排量大于50mL，空气质量不大于400kg三个车轮的机动车
电车	无轨电车	以电能为动力，由专用输电电缆线供电的轮式公共车辆
	有轨电车	以电能为动力，在轨道上行驶的公共车辆
挂车	全挂车	无动力设备，独立承载，由牵引车辆牵引行驶的车辆
	半挂车	无动力设备，与牵引车辆共同承载，由牵引车辆牵引行驶的车辆
农用运输车	三轮农用运输车	柴油发动机，功率不大于7.4kW，载重量不大于500kg，最高车速不大于40km/h 三个车轮的机动车
	四轮农用运输车	柴油发动机，功率不大于28kW，载重量不大于1500kg，最高车速不大于50km/h 四个车轮的机动车

（3）车辆购置税的免税、减税范围按下列规定执行
①外国驻华使馆、领事馆和国际组织驻华机构及其外交人员自用的车辆免税。
②中国人民解放军和中国人民武装警察部队列入军队武器装备订货计划的车辆免税。
③设有固定装置的非运输车辆免税。
④有国务院规定予以免税或者减税其他情形的，按照规定免税或者减税。
⑤对于挖掘机、平地机、叉车、载装车、起重机和推土机六种车辆免税。

2. 车船税

车船税征收依据是 2012 年 1 月 1 日起实施的《中华人民共和国车船税法》。根据规定，凡在中华人民共和国境内，车辆、船舶（以下简称车船）的所有人或者管理人为车船税的纳税人，应当依照规定缴纳车船税。

车船税由各地地方税务局征收，客车按座位数分类计征，载货汽车按净吨位计征。车船税的税目税额表见表 2-4。

表 2-4 车船税的税目税额表

税目	计税单位	每年税额（元）	备注
载客汽车	每辆	60～660	包括电车
载货汽车	按自重每吨	16～120	包括半挂牵引车、挂车
三轮汽车、低速载货汽车	按自重每吨	24～120	—
摩托车	每辆	36～180	

注：专项作业车、轮式专用机械车的计税单位及每年税额由国务院财政部门和税务主管部门参照表 2-4 确定。

《中华人民共和国车船税法》规定，下列车船免征车船税：
①捕捞、养殖渔船。
②军队、武警专用的车船。
③警用车船。
④依照法律规定应当予以免税的外国驻华使馆、国际组织驻华机构及其有关人员的车船。

省、自治区、直辖市人民政府可以根据当地实际情况，对公共交通车船、农村车船给予定期减税、免税。

3. 机动车保险费

汽车保险的种类很多，自 2003 年 1 月 1 日起，全国绝大多数地区汽车保险的险种和费率不再统一，一辆汽车根据不同的使用者、不同的驾驶人、不同的保险公司和不同的险种等，保险费差距很大，从数百元至数万元不等。这对汽车的评估值有着一定的影响。

机动车保险是各种机动车在使用过程中发生事故，造成车辆本身以及第三者人身伤亡和财产损失后的一种经济补偿制度。机动车保险费是机动车所有人向保险公司所交付的与保险责任相适应的费用，其目的是在机动车发生意外事故时，转嫁风险，使自己避免发生较大损

失。机动车保险实际上是一种运用社会集体的力量，共同建立规避风险基金进行补偿或给付的经济保障。

我国机动车保险险种分为基本险和附加险两大类。基本险又称为主险，是指不需附加在其他险种之下的，可以独立承保的险种，简单地说，能够独立投保的保险险种称为基本险。附加险是相对于基本险而言的，顾名思义是指附加在基本险合同下的附加合同。它不可以单独投保，要购买附加险必须先购买基本险。基本险和附加险又分别有不同险种。基本险分为车辆损失险（简称车损险）、第三者责任险和车辆盗抢险（车辆盗抢险是从2007年4月1日起由附加险升为基本险的）。

机动车附加险又分为车上人员责任险、无过失责任险、车载货物掉落责任险、玻璃单独破碎险、划痕险、车辆停驶损失险、自燃损失险、新增设备损失险和不计免赔特约险等。如果附加险的条款和基本险条款发生抵触，抵触之处的解释以附加险条款为准；如果附加险条款未做规定，则以基本险条款为准。保险人按照承保险种分别承担保险责任。

（1）车损险　车损险是指保险车辆遭受保险责任范围内的自然灾害（不包括地震）或意外事故，造成保险车辆本身损失，保险人依据保险合同的规定给予赔偿的保险。车损险是一种商业险种，车主自愿购买，不能强制购买。

（2）第三者责任险　第三者责任险是指保险期间内，被保险人或其允许的合法驾驶人在使用被保险机动车过程中发生意外事故，致使第三者遭受人身伤亡或财产直接损毁，承保人依法给予赔偿的经济赔偿责任。保险合同中的第三者是指因被保险机动车发生意外事故遭受人身伤亡或者财产损失的人，但不包括被保险机动车本车上人员、投保人、被保险人和保险人。

第三者责任险是我国绝大多数地区强制实行的保险险种，没有投保第三者责任保险的新车，公安机关交通管理部门不发牌证，每年的汽车检验不能通过。目前，我国机动车第三者责任险分为商业性的第三者责任险（简称三者险）和公益性的机动车交通事故责任强制保险（简称交强险）两种。

交强险是我国首个由国家法律规定实行的强制保险制度。国务院2006年3月21日公布、2012年3月30日修改的《机动车交通事故责任强制保险条例》（以下简称《条例》）规定：交强险是由保险公司对被保险机动车发生道路交通事故造成受害人（不包括本车人员和被保险人）的人身伤亡财产损失，在责任限额内予以赔偿的强制性责任保险。《条例》第二条规定，在中华人民共和国境内道路上行驶的机动车的所有人或者管理人，应当依照《中华人民共和国道路交通安全法》的规定投保交强险。

交强险与三者险的区别主要表现在以下六个方面：

①实行强制性投保和强制性承保。交强险其强制性一方面体现在所有上道路行驶的机动车的所有人或管理人必须依法投保该险种。区别于现行的机动车第三者责任险，《条例》也要求具有经营交强险资格的保险公司不能拒绝承保和随意解除合同。

②赔偿原则发生变化。目前实行的商业机动车第三者责任险，保险公司是根据被保险人在交通事故中所承担的事故责任来确定其赔偿责任。交强险实施后，无论被保险人是否在交通事故中负有责任，保险公司均将按照《条例》以及交强险条款的具体要求在责任限额内

予以赔偿。

③ 保障范围宽。为有效控制风险，减少损失，商业机动车第三者责任险规定有不同的责任免除事项和免赔率（额）；而交强险除被保险人故意造成交通事故等少数几项情况外，其保险责任几乎涵盖了所有道路交通风险，且不设免赔率与免赔额。

④ 按不盈不亏原则制定保险费率。交强险不以赢利为目的，并实行与其他保险业务分开管理单独核算；而商业机动车第三者责任险无须与其他车险险种分开管理、单独核算。

⑤ 实行分项责任限额。商业机动车第三者责任险无论人伤还是物损均在一个限额下进行赔偿，并由保险公司自行制定责任限额水平；交强险由法律规定实行分项责任限额，即分为死亡伤残赔偿限额、医疗费用赔偿限额、财产损失赔偿限额以及被保险人在道路交通事故中无责任的赔偿限额。

⑥ 实行统一条款和基础费率，并且费率与交通违章挂钩。在商业机动车第三者责任险中，不同保险公司的条款费率相互存在差异，交强险实行统一的保险条款和基础费率。《条例》规定，公安机关交通管理部门、农业（农业机械）主管部门（以下统称机动车管理部门）应当依法对机动车参加交强险的情况实施监督检查。对未参加交强险的机动车，机动车管理部门不得予以登记，机动车安全技术检验机构不得予以登记，机动车安全技术检验机构不得予以检验。现行的机动车强制保险的保险标志如图 2-8 所示。

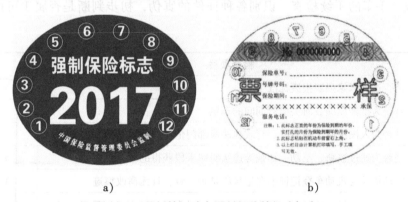

图 2-8 现行的机动车强制保险的保险标志
a) 正面 b) 反面

上路行驶的机动车未放置保险标志的，公安机关交通管理部门应当扣留机动车，通知当事人提供保险标志或者补办相应手续，可以处警告或者 20 元以上 200 元以下罚款。

伪造、变造或者使用伪造、变造的保险标志，或者使用其他机动车的保险标志，由公安机关交通管理部门予以收缴，扣留该机动车，处 200 元以上 2000 元以下罚款；构成犯罪的，依法追究刑事责任。

（3）车辆盗抢险 车辆盗抢险全称是机动车辆全车盗抢险。盗抢险是一种商业险，不是强制性购买的。机动车辆全车盗抢险的保险责任为全车被盗窃、被抢劫和被抢夺造成的车辆损失以及在被盗窃、被抢劫和被抢夺期间受到损坏或车上零部件、附属和设备丢失需要修复的合理费用。

可见，机动车辆全车盗抢险的保险责任包含两部分，一是因被盗窃、被抢劫和被抢夺造成保险车辆的损失，二是因保险车辆被盗窃、被抢劫和被抢夺造成的合理费用支出。对上述两部分费用由保险公司在保险金额内负责赔偿。

4. 客、货运附加费

客、货运附加费是国家本着取之于民、用之于民的原则，向从事客、货营运的单位或个人征收的专项基金。它属于地方建设专项基金，各地征收的名称叫法不一，收取的标准也不尽相同。客运附加费是用于公路汽车客运站点设施建设的专项基金，货运附加费是用于港航、场站、公路和车船技术改造的专项基金。

提示

相关内容的学习，还可以扫码观看视频1《证件检查》进行学习。

证件检查

三、实施与考核

（一）技能学习

1）通过资料阅读和二手车市场调查，描述检查二手车证件和税费的内容和方法。

2）完成二手车的手续检查，识别各种证件的真伪，初步判断是否属于可以交易的二手车。

序号	检查项目	类别
1	是否达到国家强制报废标准	Y 否 N 是
2	是否为抵押期间或海关监管期间的车辆	Y 否 N 是
3	是否为人民法院、检察院、行政执法等部门依法查封、扣押起价的车辆	Y 否 N 是
4	是否为通过盗窃、抢劫、诈骗等违法犯罪手段获得的车辆	Y 否 N 是
5	发动机号与机动车登记证书登记号码是否一致，且无凿改痕迹	Y 否 N 是
6	车辆识别代号（VIN码）或车架号码与发动车登记证书登记号码是否一致，且无凿改痕迹	Y 否 N 是
7	是否为走私、非法拼组装的车辆	Y 否 N 是
8	是否为法律法规禁止经营的车辆	Y 否 N 是

如发现上述法定证明、凭证不全或表中检查项目任何一项判别为"N"的车辆，应告知委托方，不需继续进行技术鉴定和价值评估（司法机关委托等特殊要求的除外）。

发现法定证明、凭证不全，或者表中第1项、第4~8项任意一项判别为"N"的车辆应及时报告公安机关等执法部门。

（二）任务实施与考核

1. 实施步骤

准备二手车一辆，小组成员分工协作，利用二手车鉴定评估与交易学习资料，依据工作任务制订工作计划，并通过小组自评或互评检查工作计划。

2. 考核

各小组完成二手车证件和税费的检查，将检查结果记录在表 2-5 中。

表 2-5 二手车证件和税费检查

检查内容		检查结果
检查车辆基本信息	号牌号码	
	车辆类型	
	所有人	
	住址	
	品牌型号	
	使用性质	
	发动机号码	
	车辆识别代码	
	注册登记日期	
检查车主基本信息	车主姓名	
	保养手册	
检查税费单据	车辆购置税完税凭证	
	车船税凭证	
	车辆保险单	

注意事项：

1）检查汽车识别码是否有改动的迹象。当二手车鉴定评估师对车辆手续检查时，要认真核对机动车行驶证与汽车识别码是否相符，检查汽车识别码是否有改动的迹象，是否有打磨的迹象，是否有新喷涂的迹象。

2）检查车辆保养维修手续是否齐全。车辆进入使用阶段，将会自然进入保养维修过程，记录这些过程的载体，称为保养维修手续。保养维修手续包含三种，第一种是车辆使用说明书，也称为车辆使用手册。第二种是保养手册，独立成册或者与车辆使用说明书同册，它全面记录了车辆历次保养的时间、公里数和保养项目等，是一个非常关键的手续。另外，一些车辆保养机构会将保养记录上传至网上，而不在保养手册上记载，以及年份久远的车不在厂商制订的服务商处进行保养，都会使得保养记录断档。购二手车时，需要多加注意。第三种是车辆附加配置使用说明以及保修卡，如马自达6轿车所使用的音响设备为博世，那么这些设备都会有一些独立的说明以及保修卡等文件，也是车辆必备附件。通过检查车辆保养维修手续，可以发现是否更改了里程表、保养是否及时及维修情况等重要信息。

3）牌证的真假判别。二手车鉴定评估师检查车牌可以通过"望、摸、问、查"四种方法来识别真假牌。

①"望"是观察车牌外形，从形、色、字的角度进行基本判断。正规的车牌经过高科技处理，并采用一次成形技术，给人的视觉感受很好。而伪造的"套牌"在正常阳光下存在颜色偏红或者偏黄、字体较瘦等，只要细加端详就能发现。

②"摸"是用手触摸车牌，尤其是看周边棱角处是否光滑，这是判断一辆车是否存在套牌的重要标志。由于并非一次性成形，"套牌"上的字体边缘会有棱角，即使打磨过也难以掩盖痕迹。拆下车牌，其背面会有敲打过的痕迹。

③"问"是判断是否套牌的重要方法。目前，二手车市场上一些"黄牛党"非法买卖二手车牌，从中牟取暴利。遇上这种情况，购车人只要提出能否过户，"黄牛党"一般会包年检，这时就要立即警觉。

④"查"是最有效的一招。记下车牌号码后，到车辆管理部门上网查询车辆登记档案。挪用牌照的套牌车，有的是"套"不同车型牌照，有的是"套"同种车型牌照，有时还涂改车架号和相关标志。

任务二　二手车技术状况的静态检查

一、任务分析

静态检查是指二手车在静态状态下，根据检查人员的技能和经验，辅以简单的工具/量具，对二手车技术状况进行检查。

汽车技术状况静态检查的目的是快速、全面地了解汽车的大概技术状况。静态检查主要包括身份辨别和外观检查两大部分内容。通过初步的全面检查，评估人员可以发现汽车表面上比较明显的缺陷，如是否拼装车辆、车身锈蚀、交通事故碰撞变形、零部件的损坏和发动机的严重磨损等问题。

二、相关知识

（一）机动车的技术状况

机动车的技术状况是指定量测得的、表征某一时刻汽车的外观和性能参数值的总和。机动车是由机构和总成组成的，而机构和总成又由零件组成，所以零件是机动车的基本组成单元。零件性能下降后，机动车的技术状况将受到影响，因此机动车技术状况的变化取决于组成零件的综合性能。

随着汽车行驶里程的增加，汽车的技术状况将逐渐变坏，致使汽车的动力性下降、经济性变坏、使用方便性下降、行驶安全性和使用可靠性变差，直至最后达到使用极限。

（二）机动车技术状况变化的原因

机动车技术状况的变化是机动车诸多内在原因综合作用的结果，主要原因如下：
①零件之间相互摩擦而产生的磨损。
②零件与有害物质接触而产生的腐蚀。
③零件在交变载荷作用下产生疲劳。
④零件在外载、温度和残余内应力作用下发生变形。
⑤橡胶及塑料等非金属零件和电气元件因长时间使用而老化。
⑥由于偶然事件造成零件损伤等。

这些原因使零件原有尺寸和几何形状及表面质量发生改变，破坏了零件原来的配合特性和正确位置关系，从而引起汽车（或总成）技术状况变坏。磨损是零件的主要损坏形式，磨损现象只发生在零件表面，其磨损速度的快慢既与零件的材料和加工方法有关，又受汽车使用中装载、润滑和车速等条件的影响。疲劳损坏是由于零件承受超过材料疲劳极限的循环应力而产生的损坏。腐蚀损坏产生于与腐蚀性物质接触的零件表面。易于产生腐蚀损坏的主要部件有燃料供给系统和冷却系统的管道、车身和车架等。

零件在制造和加工过程中产生的残余内应力和零件受热不匀而产生的热应力足够大时，会导致零件变形或加剧变形过程。老化是由于零件材料在物理、化学和温度变化的影响下，而逐渐变质或损坏的故障形式。因机动车零件和运行材料性能的变化，而使机动车技术状况逐渐变坏的现象，不仅发生于机动车使用过程中，也发生于储存过程中，如橡胶和塑料等非金属零件因老化而失去弹性、强度下降等。

（三）汽车技术状况变化的外观征兆

汽车在使用过程中，随着行驶里程的增长，各部机件将会由于磨损量的增大和各种损伤，使得原有的尺寸、几何形状、力学性能和配合关系等遭受破坏，从而使汽车技术状况发生变化，汽车失去正常工作的能力，即汽车产生了"故障"。

实践证明，无论是汽车发动机还是底盘部分的故障征兆均因其成因不同而不同。可以通过人们的耳朵（听）、眼睛（看）、鼻子（嗅）、手（摸）、身（受）等来发现外观征兆，并根据这些外观征兆来断定汽车是否存在故障。归纳起来，这些变化多端的故障外观征兆大致可分为以下几类：

1. 技术性能变坏

（1）动力下降　如活塞、活塞环与气缸壁的磨损量超过限度后，则在进气行程中，气缸内吸力不足，以致进气量减少；并且在压缩行程和做功行程中，造成气缸漏气和爆发压力下降，导致发动机功率下降。

（2）可靠性变差　如制动系统的有关机件磨损过度，则汽车的制动性能下降，甚至失去制动性能。

（3）经济性变坏 如发动机燃油供给系统的有关机件磨损过度，造成燃油的雾化不良，燃烧不完全，以致耗油量增加，经济性下降。

2. 声响异常、振动增大

随着机件的磨损，相关的配合间隙增大，同时造成机件的磨损变形，于是在机件运转时，由于冲击负荷产生异响，运转不平衡而产生强烈的振动。

3. 渗漏现象

渗漏指汽车的燃油、润滑油、制动液（或压缩空气）以及其他各种液体的渗漏现象。渗漏容易造成过热、烧损及转向、制动机件失灵等故障，检查渗漏的方法如图2-9所示。

图2-9 检查渗漏的方法

4. 排气烟色异常

当发动机技术状况良好，气缸内可燃混合气燃烧正常时，排气管排出的废气一般呈淡灰色。当气缸出现漏气后，会使燃油雾化不良，燃烧不完全，废气中CO（一氧化碳）量增多，排气呈黑色；当气缸内机油上窜时，排气呈蓝色；当缸套或缸垫破裂，冷却液进入气缸时，大量水蒸气随废气排出，废气呈白色。柴油发动机的排气烟色不正常，通常会有发动机无力或不易发动的伴随现象。

5. 气味异常

当制动出现拖滞，离合器打滑，摩擦片因摩擦温度过高而烧焦时，会散发出糊味；当混合气过浓，部分燃油不能参加燃烧时，会散发出汽油味；电路短路导线烧毁时也有异味。

6. 机件过热

常见的有发动机过热、轮毂过热、后桥过热、变速器过热和离合器过热等，这些是机件运转不正常、润滑不良和散热不好的故障表现。

7. 外观异常

汽车停放在平坦场地上，如有横向或纵向歪斜等现象，即为外观异常。外观异常多由车架、车身、悬架和轮胎等异常造成，并会导致方向不稳、行驶跑偏、质心转移和车轮的非正常磨损等故障。

(四) 机动车外观征兆产生的原因

汽车在各种复杂条件下运行，造成上述各类外观征兆而导致故障的因素是多种多样的。有的是由设计或制造缺陷所致，有的是由使用不当和维修不良所引起的，但大部分是长期运行正常磨损后发生的。

1. 设计制造上的缺陷

汽车在设计制造上的缺陷会给机件带来先天性不良，以致车辆使用不久就出现故障。另外，汽车零部件制造厂家所生产的配件质量不一致，这也是分析和判断故障时不能忽视的因素。

2. 燃料和润料品质的影响

合理选用汽车燃料和润料是汽车正常行驶的必要条件，因此应选用符合各厂牌车型要求的燃料和润料。另外，燃料和润料品质的优劣是引发汽车故障和影响汽车使用寿命的重要因素。如汽油品质差、燃烧热值低、易爆燃，则发动机的动力小，工作不正常，出现异响，机件易损坏；柴油品质差，蒸发性不好，则造成着火延迟期增长，使发动机工作粗暴；润滑脂黏度过高或过低，会使运动机件因润滑不良易磨损等。

3. 外部使用条件复杂

汽车外部使用条件主要是指道路及气温、湿度等环境情况。在不平路面上行驶，汽车悬架部分容易损坏，连接部件易松动；高温易使汽油发动机供油系统的产生气阻；高湿度的使用环境则易使电路产生漏电和短路等故障。经常在市区或山路行车，传动、制动部分由于工况变动次数多和幅度大而易导致早期损坏。

4. 操作不当、保修不善

驾驶人若是技术不熟练，行车中频繁制动，则将使制动系统和行驶系统机件磨损加速；变速换档不熟练，动作粗暴，则将造成齿轮啮合不同步，变速齿轮受损；在使用中经常超载，各机件长时间超负荷工作，将造成早期损伤，导致故障的发生。汽车保修是确保汽车技术状况完好，减少事故发生的重要技术措施。如果不按时、不按标准对汽车进行维护，故障将不可避免地增加。如果不按时加注润滑油，则运动机件的磨损将加快；不按期维护和及时修理，将造成汽车动力下降、起动困难、燃烧不良和异响严重等故障，甚至会发生严重事故。

(五) 汽车的质量参数

1. 整车装备质量

所谓整车装备质量是指汽车按出厂技术条件装备完整（如备胎和工具等安装齐备），包括燃油（燃油箱至少要加注至制造厂家设计容量的90%）、润滑剂、冷却液（需要时）、清洗液、备胎、灭火器、标准备件、标准工具箱和三角垫木等，各种油液添满后的重量，习惯称为空车重量。这是汽车的一个重要设计指标。该指标既要先进又要切实可行。它与汽车的设计水平、制造水平以及工业化水平密切相关。同等车型条件下，设计方法优化，生产水平优越，工业化水平高，则整车装备质量就会下降。

2. 最大装载质量

最大装载质量又称为满载质量，是指汽车在道路上行驶时的最大装载质量。最大装载质量又分为最大设计装载质量和最大允许装载质量。当汽车在碎石路面上行驶时，最大装载质量应有所减少（为良好路面时的75%~80%）。轿车的装载质量用座位数表示。城市客车的装载质量以座位数与站立乘客（员）数之和表示，其中站立乘客（员）数按 $8\sim10$ 人$/m^2$ 计算。

3. 最大总质量

最大总质量是指汽车装备齐全，并按规定装满客（包括驾驶人）和货时的重量，等于整车装备质量与最大装载质量之和。最大总质量又分为最大设计总质量和最大允许总质量。最大设计总质量是指汽车制造厂家规定的最大汽车总质量，最大允许总质量是指行政主管部门根据道路运行条件规定允许运行的最大汽车总质量，最大允许总质量一般比最大设计总质量稍小。

4. 最大轴荷质量

最大轴荷质量（Maximum Axle Load）是指汽车单轴所承载的最大总质量，与道路通过性有关。最大轴荷质量又分为最大设计轴荷质量和最大允许轴荷质量。最大允许轴荷质量一般比最大设计轴荷质量稍小。单个车轴最大轴荷质量除应满足轴荷分配的技术要求外，还应遵循国家对公路运输车辆及其总质量的法规限制。轴荷分配不当，会导致各轴车轮轮胎磨损不均匀，对汽车的操纵稳定性产生不利影响。

（六）汽车主要技术参数

（1）汽车长　汽车长（Motor Vehicle Length）是指垂直于车辆纵向对称平面，并分别抵靠在汽车前、后最外端突出部位两垂面之间的距离，如图2-10所示。

我国公路车辆的极限尺寸规定的汽车总长为：载货汽车（包括越野车）不大于12m，一般客车不大于12m，铰接式客车不大于18m，牵引车拖带半挂车不大于16.5m，汽车拖带挂车不大于20m。

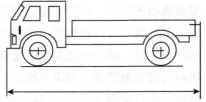

图2-10　汽车长

（2）车宽　车宽（Vehicle Width）是指平行于车辆纵向对称平面，并分别抵靠车辆两侧固定突出部位（除后视镜、侧面标志灯、转向指示灯、挠性挡泥板、折叠式踏板、防滑链及轮胎与地面接触部分的变形外）两平面之间的距离，如图2-11所示。我国公路车辆的极限尺寸规定车辆总宽不大于2.5m。

（3）车高　车高（Vehicle Height）是指车辆没有装载且处于可运行状态时，车辆支撑平面与车辆最高突出部位相抵靠水平面之间

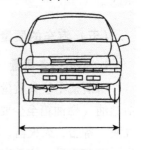

图2-11　车宽

的距离,如图 2-12 所示。我国公路车辆的极限尺寸规定车辆总高不大于 4m。

(4) 轴距 轴距是指通过车辆同一侧相邻两车轮的中点,并垂直于车辆纵向对称平面两垂线之间的距离,对于三轴以上的车辆,其轴距由从最前面至最后面的相邻两车轮之间的轴距分别表示,总轴距则为各轴距之和,如图 2-13 和图 2-14 所示。

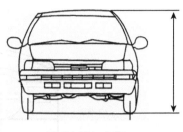

图 2-12 车高

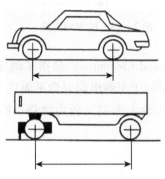

图 2-13 轴距(两轴车辆)

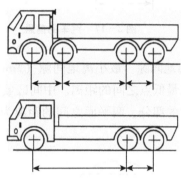

图 2-14 轴距(三轴以上车辆)

(5) 轮距 当汽车车轴的两端为单车轮时,轮距(Tread)为车轮在车辆支撑平面上留下的轨迹中心线之间的距离,如图 2-15 所示。当汽车车轴的两端为双车轮时,轮距为车轮中心平面(双轮车车轮中心平面为外车轮轮辋内缘和内车轮轮辋外缘等距的平面)之间的距离,如图 2-16 所示。

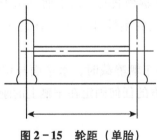

图 2-15 轮距(单胎)

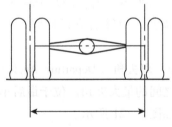

图 2-16 轮距(并装双胎)

(6) 前悬 前悬(Front Overhang)是指通过两前轮中心的垂面与抵靠在车辆最前端(包括前拖钩、车牌及任何固定在车辆前部的刚性件),并且垂直于车辆纵向对称平面的垂面之间的距离,如图 2-17 所示。

(7) 后悬 后悬(Rear Overhang)是指通过车辆最后车轮轴线的垂面与抵靠在车辆最后端(包括牵引装置、车牌及固定在车辆后部的任何刚性部件),且垂直于车辆纵向对称平面的垂面之间的距离,如图 2-18 所示。

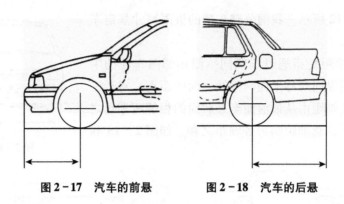

图 2-17 汽车的前悬　　　　图 2-18 汽车的后悬

（8）最小离地间隙　最小离地间隙（Min Ground Clearance）是指车辆支撑平面与车辆上的中间区域内最低点之间的距离。中间区域为平行于车辆纵向对称平面且与其等距离的两平面之间所包含的部分，两平面之间的距离为同一轴上两端车轮内缘最小距离的 80%，如图 2-19 所示。

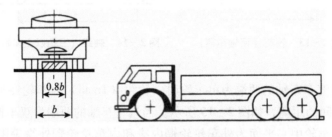

图 2-19　最小离地间隙

（9）接近角　接近角（Approach Angle）是指车辆静载时，水平面与切于前轮轮胎外缘平面之间的最大夹角，前轴前方任何固定在车辆上的刚性部件不得在此平面的下方，如图 2-20 所示。

（10）离去角　离去角（Departure Angle）是指车辆静载时，水平面与切于车辆最后车轮轮胎外缘平面之间的最大夹角。位于最后车轴后方的任何固定在车辆上的刚性部件不得在此平面的下方，如图 2-21 所示。

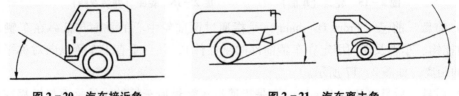

图 2-20　汽车接近角　　　　图 2-21　汽车离去角

（11）转弯半径　车辆的转弯半径是指将车辆的转向盘转到极限位置，外侧转向轮的中心平面轨迹圆半径（mm）。最小转弯半径说明汽车通过狭窄弯曲地带或绕过障碍物的能力。转弯半径越小，车辆的机动性越高，弯道通过性越强，掉头和停车越方便。

(12) 质量

①最大总质量指汽车满载时的质量（kg）。

②整车整备质量指完整的设备和辅助设备（燃料、润滑油、冷却液及随车工具等）的质量之和（kg）。

③最大装载质量指最大总质量和整车整备质量之差（kg）。

④最大轴载质量指汽车单轴所承载的最大总质量（kg）。

（七）事故车检查

1. 事故车的概念

事故车是指在使用中曾发生过严重碰撞或撞击，或长时间泡水，或较严重过火，虽然修复并在使用，但仍存在安全隐患的车辆总称，如图 2-22 所示。事故的等级评定分为 A 级和 B 级两种，见表 2-6。

图 2-22 事故车

表 2-6 事故分级及评价标准

分级	事故分级评价标准
A 级事故	前纵梁、后纵梁和底板梁一处以上受损超过 100mm 或有变形、穿孔和裂痕，以及因此进行修复，但未更换
	前纵梁和后纵梁一处以上受损超过 150mm 或有变形、穿孔和裂痕，以及因此进行修复，但未更换
	前内侧板受损未到达减振支柱，后内侧板受损面积不超过 1/3，后底板受损未到达护轮板后边沿，以及因此而进行修复，但未更换
	前支柱、中支柱、后支柱和车顶支柱一处以上受损超过 50mm 或有变形，以及因此而进行修复，但未更换
B 级事故	前纵梁、后纵梁、底板梁一处以上有更换
	前横梁和后横梁一处以上有更换
	前内侧板受损达到或超过减振支柱，或有更换；后内侧板受损面积超过 1/3，或有更换；后底板受损达到护轮板后边沿，或有更换
	前支柱、中支柱、后支柱和车顶支柱一处以上有更换，车顶盖有更换

注：如有任何一点受损程度超过 A 级标准，即按 B 级评价处理。

> [提示]
> 相关内容的学习，还可以扫码观看视频2《事故汽车的概念与等级评定》进行学习。

事故汽车的概念与等级评定

2. 汽车碰撞损伤的检查

(1) 碰撞损伤分区 当进行事故车辆的损失评估时，评估人员需要掌握一套科学的损伤检查方法，这对于受损严重的事故车来说尤为重要。评估时若不遵循规范的检查程序，很容易遗漏一些受损件或维修项目，或者对同一项目重复估损。

按照碰撞损坏规律将汽车分为以下五个区位：

一区：车辆直接受到碰撞的部位。

二区：受到间接损伤的车身其他部位。

三区：受到损伤的机械零部件。

四区：驾驶室，包括驾驶室内受损的内饰、灯、附件和控制装置等。

五区：车身外部件和装饰件。

在对事故车定损时，应从一个区位到另一个区位逐处检查，同时按照顺序记录损伤情况。

① 一区——直接损伤区。直接损伤情况因车辆结构、碰撞力度及角度的不同而有所不同。多数情况下，直接损伤会造成板件弯折、断裂和部件损坏。直接损伤直观明了，通常不需要测量。检查一区时，首先应检查外部装饰件、塑料件、玻璃、镀铬层和外板下面的金属材料。

对于前部碰撞，应检查的项目一般有前保险杠、格栅、发动机舱盖、翼子板、前照灯、玻璃、前车门、前车轮和油液泄漏等。

对于后部碰撞，应检查的项目一般包括后保险杠、后侧围板、行李箱盖、后车灯、玻璃、后车轮和油液泄漏等。

对于侧面碰撞，应检查的项目一般包括车门、车顶、玻璃、立柱、前车身底板、支撑件和油液泄漏。有时要将事故车举升起来，检查车身底板、发动机支架、横梁及纵梁的损伤情况。为了检查哪些部位受到了损伤，应当查找下列线索或痕迹：缝隙、卷边损坏、裂开的焊点和扭曲的金属板。

② 二区——间接损伤区。当车辆碰撞时，碰撞力会沿着车身各个方向传递，从而引起间接损伤。碰撞力扩展和间接损伤的范围取决于碰撞的力度与角度，以及车身纵梁和横梁吸收碰撞力的能力。一般，承载式车身的吸能区会在碰撞中产生间接损伤。

动力传动系统和后桥也会引起间接损伤。当汽车因为碰撞突然停止时，这些重量很大的零部件在惯性作用下继续前移，对其支座及支撑构件产生一个强大的惯性力，从而造成相邻金属件变形、划伤或焊点开裂。对于比较严重的事故，一定要仔细检查悬架、车桥、发动机以及变速器的支撑点。

③三区——机械损坏区。对于前部碰撞的事故车,需要检查散热器、风扇、动力转向泵、空调器件、发电机、蓄电池、活性炭罐、前风窗玻璃清洗器储液罐以及其他机械和电子元件是否损坏。检查油液是否泄漏,带轮是否与传动带不对正,软管和电线是否错位以及是否有凹坑与裂纹等。

若碰撞比较严重,发动机和变速器也可能受损。若条件允许,应当起动发动机,急速到正常工作温度。举升车辆,使车轮离开地面,在各个档位运转发动机,检查有没有异常的噪声。对于手动档车辆,检查换档是否平顺,离合器工作是否正常。查看节气门拉索、离合器操作机构以及换档拉索是否发卡。

打开空调,保证空调正常运转。查看充电和机油压力等仪表板灯和仪表,若检查发现发动机故障灯点亮,说明发动机存在机械或电控故障。但是,评估人员需判断,故障码是否在事故之前就已经储存在计算机中,对于不是由事故引起的故障码,其维修费用不应当包含在估损单中。

检查发动机、变速器、差速器、转向器和减振器是否泄漏。将转向盘向左和向右转到头,查看是否发卡,是否有异常噪声。转动车轮,检查车轮是否跳动,轮胎是否存在裂口、刮痕和擦伤。降下车辆,使轮胎着地,转动转向盘,使车辆处于正直向前的位置,测量前轮至后轮毂的距离,左右两侧的测量应当相同,否则表明转向或悬架元件有损伤。

④四区——驾驶室。驾驶室损坏可能是因为碰撞力直接引起的(如侧碰时),而内饰和车内附件的损坏可能是由驾驶室内的乘客及物品的碰撞能量引起的。

a. 检查仪表板。若碰撞导致前围板或车门立柱受损,那么仪表板、暖风机芯、管道、音响、电子控制模块及安全气囊等有可能损伤,所有在三区检查中没有被查看的元器件均要进行检查。

b. 检查转向盘是否损坏。查看其安装紧固件、倾斜程度及伸缩性能、喇叭、前照灯和转向信号灯开关、点火钥匙和转向盘锁。转动转向盘,将车轮转到正直向前的位置,查看这时的转向盘是否对中。对于吸能型转向盘,应查看它是否已经发生溃缩。

c. 检查门把手、操纵杆、仪表板玻璃及内饰是否受损,打开、关闭并锁住杂物箱,查看杂物箱是否在碰撞中变形或损坏。检查制动踏板是否变形、发卡或松脱等。掀开地毯,查看底板与踢脚板,看铆钉是否松脱,焊缝是否裂开。

d. 检查座椅是否受损。当汽车在前端受到碰撞时,乘客的身体重量会形成较大的惯性力,由于乘客被安全带固定在座椅上,因此这个惯性力可能会对座椅框架调节器和支撑件产生损害。当汽车在后端受到碰撞时,座椅靠背的铰链点可能受到损坏。将座椅从最前位置移动到最后位置,查看其调节装置是否完好。

e. 检查车门的状况。乘客的惯性力可能损坏内饰板件及车门内板。若发生侧碰,门锁和车窗调节器也可能受损。即使是前端碰撞,也可能导致车窗轨道和调节器受损。将车窗玻璃降到底后再完全升起,检查玻璃是否卡顿或受到干扰。将车窗降下4cm,查看车窗和门锁控制装置以及后视镜的电控装置等所有附件是否正常。

f. 检查乘员约束系统。当代汽车大部分装备了被动式约束系统，应检查安全带是否能正常扣紧和松开，安全带插舌和锁扣是否完好。对于主动式安全带系统，检查其两点式和三点式安全带是否均能轻松地扣紧和解开。查看卷收器、D 形环及固定板是否损坏。有些安全带有张力感知标签。若安全带在碰撞中磨损，或者安全带的张力超过设计极限，张力感知标签撕裂，就必须加以更换。将安全带从卷收器中完全拉出，就可以看到这个张力感知标签。还应当列出车内的非原装附件，如民用无线电装置、磁带播放机和立体声扬声器等。

⑤ 五区——外饰和漆面。在车身、机械件、内饰和附件均检查完毕之后，再围绕车辆检查一圈，查看并列出受损的外饰件、嵌条、车顶板、轮罩、示宽灯以及其他车身附件。

打开灯光开关，检查前照灯、尾灯、转向信号指示灯和危险指示灯。车灯的灯丝一般在碰撞力的作用下会断裂，若碰撞时车灯处于点亮状态，灯丝就更容易断裂。

若在一区和二区检查中没有看保险杠，那么应该对保险杠进行检查。查看杠皮与防尘罩是否开裂，吸能装置是否受损或泄漏，橡胶隔振垫是否开裂。

仔细检查漆面的状况。记录下哪块漆面必须重新喷涂，并要列出那些需要格外注意的事项，如清漆涂层、柔性塑料件和表面锈迹。板件的轻度损坏可能仅需要进行局部喷涂，而有些维修项目需要喷涂整块板件甚至多块板件。不论哪种情况，均需要考虑新漆与原车漆的配色和融合工时。事故前已有的凹痕、裂缝、擦伤和漆面问题不在保险公司理赔范围内，其维修费用由客户自行承担。

（2）事故车的检查步骤

①车辆整体检查。

②发动机舱检查。

③车内检查。

④行李箱检查。

⑤底盘检查。

（八）二手车的技术等级

按照《二手车鉴定评估技术规范》，二手车技术状况的鉴定结果用五个技术等级进行描述，主要采用检测打分的方法对技术状况进行鉴定，然后根据所得的分数评定二手车的技术状况等级。

1. 二手车技术状况的项目及对应分值

按照车身、发动机舱、驾驶舱、起动、路试、底盘等项目顺次检查车辆技术状况，如图 2-23 所示，并按照要求填写"二手车评估作业表"，以得出的综合分数进行评估，见表 2-7。

项目二 现场鉴定

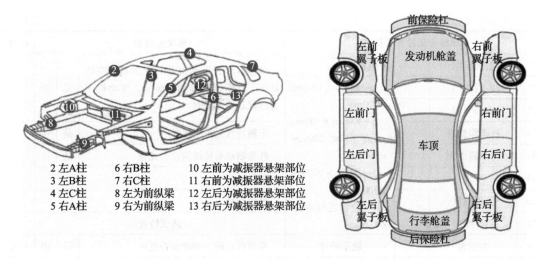

2 左A柱　　6 右B柱　　10 左前为减振器悬架部位
3 左B柱　　7 右C柱　　11 右前为减振器悬架部位
4 左C柱　　8 左为前纵梁　12 左后为减振器悬架部位
5 右A柱　　9 右为前纵梁　13 右后为减振器悬架部位

图2-23　二手车技术状况检查的部位

表2-7　二手车评估作业表（技术状况鉴定部分）

	车体骨架检查项目			驾驶舱检查			扣分
1	车体左右对称性			储物盒是否无裂痕，配件是否无缺失	是	否	
2	左A柱	8	左前纵梁	天窗是否移动灵活、关闭正常	是	否	
3	左B柱	9	右前纵梁	门窗密封条是否良好、无老化	是	否	
4	左C柱	10	左前减振器悬架部位	安全带结构是否完整、功能是否正常	是	否	
5	右A柱	11	右前减振器悬架部位	驻车制动系统是否灵活有效	是	否	
6	右B柱	12	左后减振器悬架部位	玻璃窗升降器、门窗工作是否正常	是	否	
7	右C柱	13	右后减振器悬架部位	左后视镜折叠装置工作是否正常	是	否	
代表字母	BX	NQ	GH	SH	ZZ	其他	
描述	变形	扭曲	更换	烧焊	褶皱	合计扣分	
缺陷描述				起动检查			
事故判定		□ 事故车　□ 正常车		车辆起动是否顺畅（时间少于5s，或一次起动）	是	否	
代码	车身检查	扣分	缺陷描述	仪表板指示灯显示是否正常，无故障报警	是	否	
14	发动机舱盖表面			各类灯光和调节功能是否正常	是	否	
15	左前翼子板		划 痕 HH	泊车辅助系统工作是否正常	是	否	
16	左后翼子板		变 形 BX	制动防抱死系统（ABS）工作是否正常	是	否	
17	右前翼子板		锈 蚀 XS	空调系统风量、方向调节、分区控制、自动控制、制冷工作是否正常	是	否	
18	右后翼子板		裂 纹 LW				
			凹 陷 AX				
19	左前车门		修复痕迹 XF	发动机在冷、热车条件下急速运转是否稳定	是	否	

(续)

车体骨架检查项目			驾驶舱检查			扣分
20	右前车门	缺陷程度 1—面积≤100mm×100mm 2—100mm×100mm<面积≤200mm×300mm 3—面积>200mm×300mm 4—轮胎花纹深度<1.6mm	急速运转时发动机是否无异响，空档状态下逐渐增加发动机转速，发动机声音过渡是否无异响	是	否	
21	左后车门					
22	右后车门					
23	行李箱舱盖		车辆排气是否无异常	是	否	
24	行李箱内侧		驻车制动系统结构是否完整	是	否	
25	车顶		其他			
26	前保险杠		合计扣分			
27	后保险杠		路试检查			
28	左前轮	缺陷描述	发动机运转、加速是否正常	是	否	扣分
29	左后轮		车辆起动前踩下制动踏板，保持5~10s，踏板无向下移动的现象	是	否	
30	右前轮					
31	右后轮		踩住制动踏板起动发动机，踏板是否向下移动	是	否	
32	前照灯		行车制动系统最大制动效能在踏板全行程的4/5以内达到	是	否	
33	后尾灯					
34	前风窗玻璃		行驶是否无跑偏	是	否	
35	后风窗玻璃		制动系统工作是否正常有效、制动不跑偏	是	否	
36	四门风窗玻璃		变速器工作是否正常，无异响	是	否	
37	左后视镜		行驶过程中车辆底盘部位是否无异响	是	否	
38	右后视镜		行驶过程中车辆转向系统是否无异响	是	否	
39	轮胎		其他			
其他项目			合计扣分			
合计扣分			底盘检查			扣分
发动机舱检查	程度	扣分	发动机油底壳是否无渗漏	是	否	
机油有无冷却液混入	无 轻微 严重		变速器箱体是否无渗漏	是	否	
缸盖外是否有机油渗漏	无 轻微 严重		转向节臂球销是否无松动	是	否	
前翼子板内缘、水箱框架、横拉梁有无凹凸或修复痕迹	无 轻微 严重		三角臂球销是否无松动	是	否	
			传动轴十字轴是否无松旷	是	否	
散热器格栅有无破损	无 轻微 渗漏		减振器是否无渗漏	是	否	
蓄电池电极桩柱有无腐蚀	无 轻微 严重		减振弹簧是否无损坏	是	否	

(续)

车体骨架检查项目				驾驶舱检查		扣分
蓄电池电解液有无渗漏、缺少	无	轻微	严重	其他		
发动机传动带有无老化	无	轻微	严重	合计扣分		
油管、水管有无老化、裂痕	无	轻微	裂痕	车辆功能性零部件列表		
线束有无老化、破损	无	轻微	破损	发动机舱盖锁止	仪表板出风管道	
其他				发动机盖液压撑杆	中央集控	
合计扣分				后门液压支撑杆	备胎	
驾驶舱检查			扣分	行李舱液压支撑杆	千斤顶	
车内是否无水泡痕迹		是	否	各车门锁止	轮胎扳手及随车工具	
车内后视镜、座椅是否完整、无破损、功能正常		是	否	前刮水器	三角警示牌	
车内是否整洁、无异味		是	否	后刮水器	灭火器	
转向盘自由行程转角是否小于15°		是	否	立柱密封胶条	全套钥匙	
车顶及周边内饰是否无破损、松动及裂缝和污迹		是	否	排气管及消声器	遥控器及功能	
				车轮轮毂	喇叭高低音色	
仪表台是否无划痕,配件是否无缺失		是	否	车内后视镜	玻璃加热功能	
排档把手柄及护罩是否完好、无破损		是	否	座椅调节与加热		

2. 技术状况的等级

根据表2-7检查的结果确定二手车的技术状况等级。总分值为各个鉴定项目分值累加,即鉴定总分 = ∑ 项目分值,满分100分。根据分值,确定二手车对应的技术等级状况,见表2-8所示。

表2-8 二手车技术状况等级分值对应表

技术状况等级	分值区间
一级	鉴定总分≥90
二级	60≤鉴定总分<90
三级	20≤鉴定总分<60
四级	鉴定总分<20
五级	事故车

> [提示]
> 相关内容的学习，还可以扫码观看视频3《事故碰撞损伤检查要点》进行学习。

事故碰撞损伤检查要点

三、实施与考核

（一）技能学习

1. 识伪检查

二手车的识伪检查有两个含义：对于进口汽车要判别是不是"水货"，对于国产小客车要判断车身是不是纯正的原厂货。

1)"水货"汽车的鉴别。所谓"水货"汽车，是指那些通过走私或非合法渠道进口的汽车。这些汽车有的是整车走私，有的是散件走私境内组装，有的甚至是二手车拼装。

进口正品汽车，即习惯上称大贸进口的汽车，是指通过正常贸易渠道进口的汽车。此类车的前风窗玻璃上有黄色的商检标志，符合《中华人民共和国产品质量法》。进口正品汽车都附有中文使用手册和维修手册，有的还有零部件目录，而"水货"汽车没有。

对于"水货"汽车，还可以从以下几个方面进行识别：

①查看汽车型号，看其是否在我国进口汽车产品目录上。多年从事评估工作的业内人士，对大多数汽车从外观就能看出是否是我国进口汽车产品目录上的车型。

②看外观是否有重新涂装的痕迹，如图2-24所示，尤其是风窗玻璃下框处要特别注意，因为有一种最常见的走私车就是所谓的"割顶"车。走私者在境外通过将轿车的车顶从车顶风窗玻璃下框处将汽车切成两部分，分别作为汽车配件走私或进口，然后在境内再将两部分焊接起来，通过这种方法来达到走私整车的目的。要注意车顶曲线部分的线条是否流畅，大面是否平整。在现有的技术条件下，"割顶"车要想做得天衣无缝还不可能，一般用肉眼仔细观察，用手从车顶部向下触摸，还是能够发现痕迹。

图2-24 涂装后的油漆痕迹

③打开发动机舱盖，如图2-25所示，观察发动机室内电路和管路布置是否有条理，是否有重新装配和改装的痕迹。

图 2-25　打开发动机舱盖

④我国现有"水货"车中，日本车较多，右转向盘改左转向盘的较多，配置自动变速器的多。根据经验，自动变速器的车右转向盘改左转向盘是很容易识别的。为了适应我国的交通管理，走私者将右转向盘改为左转向盘，而为了降低改装成本，走私者不可能更换变速器。自动变速器的车右转向盘改左转向盘通过变速杆就可以识别，因为自动变速器变速杆的保险按钮仍在右侧，通过这一点可识别不少"水货"车。

提示

相关内容的学习，还可以扫码观看视频4《涉水车的评估技巧》进行学习。

涉水车的评估技巧

2）小客车车身防伪检查。现代小客车车身基本上是承载式车身，车架号在车身上，如图2-26所示。车身是小客车最重要的基础件，同时又是小客车上最贵的一个零部件。根据根据《机动车登记规定》第九条，申请改变机动车车身颜色、更换车身或者车架的，应当填写"机动车变更登记申请表"，提交法定证明和凭证。

 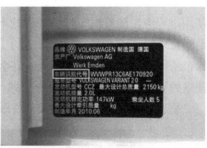

图 2-26　车架号位置之一

属于更换车身或者车架的，还应当核对车辆识别代码（车架号码）的拓印膜，收存车身或者车架的来历凭证。根据《机动车登记规定》第十条，更换发动机的，机动车所有人应当于变更后十日内向车辆管理所申请变更登记，填写"机动车变更登记申请表"，提交法定证明和凭证，并交验机动车。车辆管理所应当自受理之日起一日内确认机动车，收回原机动车行驶证，重新核发机动车行驶证，收存发动机的来历凭证。

①国产车。为了防止不法分子造假，许多汽车制造厂对汽车车身实行专营，只对特约维修站供应，一般的汽车修理厂是购不到汽车车身的，并且正厂的汽车车身比仿制的汽车车身

价格要贵得多。一些修理厂的"高手"采用将原车上的车架号割下,再焊在假车身上的方法,试图混过汽车检验关。二手车评估鉴定人员只要通过仔细观察和触摸,就能发现造假者留下的痕迹,识别假汽车车身。

②进口车。进口汽车的车身如果要进口,它的手续与进口一辆汽车的手续一样。对于老旧车型,一些进口汽车配件供应商采用将报废车的车身拆下后翻新,再卖给汽车修理厂,从中牟取暴利。汽车修理厂同样采用上述办法制假。二手车鉴定估价人员必须高度重视和警惕,识别假汽车车身。

2. 外观检查

外观检查是了解二手车整体技术状况和故障情况的重要手段之一。外观检查项目基本上可分为以下两大类:

①是仅做定性规定的检查项目,可用直观检测,即目测检查。

②是做定量规定的检查项目,需采用仪器设备和客观检查方法做定量分析。

外观检查项目中,需在底盘下面进行的项目,最好在设有检测地沟及千斤顶或汽车举升器的工位上进行,如图2-27所示。二手车在进行外观检查前,应进行外部清洗。

图2-27 千斤顶举升器

汽车在使用过程中,随着汽车行驶里程的不断增加,有关零部件将会产生磨损、腐蚀、变形、老化或受到意外损伤等,如图2-28所示,结果导致汽车技术状况不断变坏、动力性降低、油耗增加、工作可靠性及安全性降低,并会以种种外观征兆表现出来,如车体不周正、漆面脱落、驾驶室的覆盖件开裂,有些外观征兆(如前后桥、传动轴、车架和悬架等装置)有明显的弯、扭、裂、断等损伤,以及相关部件联接螺栓松动或脱落、球销磨损松旷等。

图2-28 出现老化的电路

这些征兆小则影响车容车貌，大则影响汽车性能和人身安全。尽管现在检测诊断技术非常发达，检测仪器非常先进，但影响汽车性能的很多外部征兆仍难以用仪器设备检测出来，而需要用人工进行观察检验，或辅以简单仪表进行直观性的检测。通过外观检查可以帮助检测人员确定检测重点，其检验结果也有助于对汽车各部的真实技术状况、故障部位及其原因做出正确判断。

汽车外观检查各项目中，有些可以依靠检验人员的技能和经验，通过感受和观察进行定性的直观检测，如车辆外部损伤、漏水、漏气、渗油和连接件松动、脱落等，如图 2 - 29 所示；有些项目却需要用仪表进行检测，如转向盘自由转动量、踏板行程，以及漆层厚度、硬度和光泽度等。因此汽车外观检查有人工经验法、仪器仪表测量法以及两种方法的综合运用。

图 2 - 29　车辆外部损伤、漏水、渗油

（1）目测检查　二手车鉴定评估中目测检查的内容大致如下：

1）车辆标志检查。车辆标志包括车辆的商标、铭牌、发动机型号和出厂编号、底盘型号及出厂编号，如图 2 - 30 所示。

图 2 - 30　车辆标志的检查

车辆铭牌应置于车辆前部易于观看之处，客车铭牌应置于车内前门的上方，车辆的铭牌应标明厂牌、型号、发动机功率、总质量、载重质量或载客人数、出厂编号、出厂年月日及厂名等。发动机的型号和出厂编号应打印在发动机气缸体侧平面上，而底盘的型号和出厂编号应打印在金属车架的易见部位。相关法规条款如下：

①《机动车登记规定》第十七条规定，发动机号码和车辆识别代码因磨损、锈蚀和事故等原因辨认不清或者损坏的可以向登记地车辆管理所申请备案。机动车所有人应当提交身份证明、机动车登记证书和机动车行驶证。车辆管理所应当自受理之日起一日内，在发动机、车身或者车架上打刻原发动机号码或者原车辆识别代码，在机动车登记证书上签注备案事项。

②《机动车登记规定》第四十八条规定,机动车在被盗抢期间,发动机号码、车辆识别代码或者车身颜色被改变的,车辆管理所应当凭有关技术鉴定证明办理变更备案。

2)车身的技术状况检查。轿车和客车的车身在整车中价值权重最大,维修费用也高,故检查车身是车辆技术状况鉴定的重要一环。检查顺序从车的前部开始,一般按以下方法进行:

①检查车身是否发生碰撞受损,如图 2-31 所示。站在车的前部一角往尾部观察车身各接缝,如出现不直、缝隙、大小不一、线条弯曲、装饰条有脱落或新旧不一,说明该车可能出现过事故或修理过。

图 2-31 车身碰撞受损

②检查车门。

a. 观察 A 柱、B 柱和 C 柱处的车门边缘是否为平直流畅的线条,若无波浪,表示此车车身正常,如图 2-32 所示。

图 2-32 门缝边缘的检查

b. 在未打开车门时,可先看车门接缝处是否平整,即使接合的密合度自然平整,也不能就此断定此车没问题,可以再打开车门来详细查看 A 柱、B 柱和 C 柱,也就是观看车门框线条是否规整流畅,如果有类似波浪的情形,表示此车经过钣金修理。

c. 将车门洞密封条揭开,观察门框周边线条是否流畅和平整,车门附近是否留有原车接合时的铆钉(焊点)痕迹,如果留有痕迹,则表示此车为原厂车;没有痕迹,则表示此修补过。

d. 来回开关车门,检视车门开启的顺畅度,无杂音或开启时极为顺手,表示此车框架无大问题。

> **提示**
>
> 相关内容的学习,还可以扫码观看视频5《汽车车门、后部的评估技巧》进行学习。

③ 检查保险杠有无明显变形、损坏,有无校正、重新补漆的痕迹。道路交通事故中,汽车保险杠是最容易损坏的零部件,通过对保险杠的认真检查,能够判定被检查车辆是否有过碰撞或发生过交通事故,如图2-33所示。

汽车车门、后部的评估技巧

> **提示**
>
> 相关内容的学习,还可以扫码观看视频6《汽车的外部评估技巧一》进行学习。

汽车外部评估技巧一

图2-33 保险杠的检查

④ 检查车窗。车窗应启闭灵活、关闭严密、锁止可靠、缝隙均匀不松旷;密封胶条应无破损、老化,否则车门和车窗处会漏水,如图2-34所示。

> **提示**
>
> 相关内容的学习,还可以扫码观看视频7《汽车玻璃的评估技巧》进行学习。

汽车玻璃的评估技巧

图2-34 车窗的检查

⑤ 检查车身金属零部件锈蚀情况。主要检查车门、车窗、排水槽、底板和各接缝处,如锈蚀严重,说明该车使用状况恶劣,使用年限长。注意检查挡泥板、减振器、车灯周围、车门底下和轮舱内是否生锈。

⑥ 检查车身油漆。

a. 查看密封胶条、窗框四周、轮胎和排气管等处是否有多余油漆,如果有,说明该车车身修补过。

b. 用一块磁铁沿钢板件表面移动,如果遇到磁力减小,表明该处局部修补过。

c. 当用手敲击车身时，如果某部位的敲击声明显比其他部位沉闷，表明该处修补过。

d. 查看漆面情况。如果漆膜丰满度不足，漆面有流痕、不规则的小麻坑、小麻点、凹凸不平、有明显色差等，均表示修补过。

通过上述检查，可以判断一辆车是否发生过碰撞，以及车身可能受过多大的损伤。未发生过事故的车辆，如果漆面有龟裂现象，则说明此车使用时间较长。

提示

相关内容的学习，还可以扫码观看视频8《汽车外部评估技巧二》进行学习。

汽车外部评估技巧二

⑦ 检查后视镜、下视镜和车窗玻璃。汽车必须在左、右各设置一面后视镜，安装、调节及视野范围应符合规定。车长大于6m的平头客车和平头载货汽车车前应设置一面下视镜，下视镜应完好。车窗玻璃应完好，前风窗玻璃应使用安全玻璃。如前风窗玻璃没有国家安全玻璃认证标志，表明该车前风窗玻璃曾经更换过。

⑧ 检查灯光是否齐全、有效，光色、光强是否符合国家标准有关规定。二手车的配光性能好坏能反映车主是否认真进行车辆维护。

3）驾驶室和车厢内部检查。

① 检查驾驶人座椅和乘员座椅的安装是否牢固可靠。驾驶人座椅和副驾驶人座椅的调节功能是否有效。各座椅配备的安全带应齐全、有效。

② 查看座椅的新旧程度，座椅表面应平整、清洁和无破损。若座椅松动和严重磨损、凹陷，说明车经常载人，可推断该车经常行驶在高负荷的工况下，如图2-35所示。

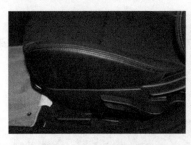 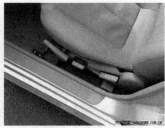

图2-35 座椅的检查

③ 车顶的内篷是否破裂，车辆内部是否有污秽、发霉。车内如有发霉的味道，表明车子可能有油、液泄漏的情况，如图2-36所示。

图2-36 车里内饰的检查

④ 检查地毯或底板胶是否残旧，从地毯磨痕可推断该车使用频繁程度。

⑤ 揭开地毯或底板胶，查看车厢底板是否有潮湿或生锈的痕迹，是否有焊接的痕迹。

⑥ 检查行李箱。检查行李箱盖防水胶条是否完好，行李箱是否锈蚀；查看行李箱开口处左右两边的钣金件与后保险杠的接合处时，可先翻开行李箱下的地毯，检视该处有无焊接过的痕迹。查看仪表盘是否为原装，检查仪表盘底部有没有更改线束的痕迹。要求安装汽车行驶记录仪的车辆有无按要求安装，行驶记录仪能否正常工作。

⑦ 检查里程表。已经行驶的里程数是车辆行驶年龄的参照，一般的家用车每年约行驶 1900~24000km。

⑧ 检查离合器踏板、制动踏板和加速踏板有无弯曲变形及干涉现象，如图 2-37 所示。离合器踏板和制动踏板的踏脚胶是否磨损过度，通常，一块踏脚胶的寿命是行驶里程 30000km 左右，如果踏脚胶换了新的，则此车可能已行驶 30000km 以上。

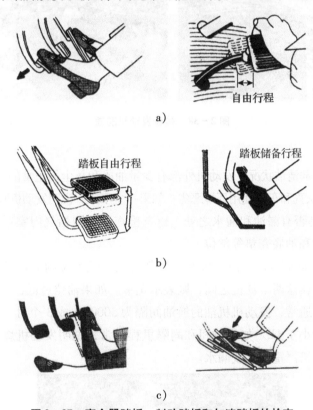

图 2-37 离合器踏板、制动踏板和加速踏板的检查
a) 检查离合器踏板自由行程　b) 检查制动踏板自由行程
c) 踩下加速踏板，检查加速踏板运动情况

⑨ 坐在车上试试所有踏板有没有弹性，离合器踏板应该有少许空间，同时留心听踏下踏板有没有异声发出。

提示

车身内饰和衬里评估技巧

相关内容的学习，还可以扫码观看视频 9《车身内饰和衬里评估技巧》进行学习。

4）发动机舱的检查。

①检查发动机舱盖。如图2-38所示，仔细查看发动机舱盖与翼子板的密合度或缝隙是否一致（不要有大小不一的情形），发动机舱盖与风窗玻璃之间的间隙是否一致或留有原车的胶漆，这些都是检查的重点。发动机舱盖内的检查更是重点中的重点。当打开发动机舱盖时，先检查一下其内侧，如果有修补过的痕迹，表示发动机舱盖碰撞过。然后可从发动机上方横梁（散热器安装上横梁）及发动机本体下方的两条纵梁或俗称"内归"的两内侧副梁等处查看，这些地方如无意外，都应留有圆形点焊的痕迹；若点焊形状大小不一，有可能遭受过撞击而经过钣金修理。另外，防水胶条是否平顺，也是判断此车有无发生过碰撞的依据。

图2-38　检查发动机舱盖

② 检查发动机。

a. 检查发动机外部清洁状况。发动机外部有少量油迹和灰尘是正常的，如果灰尘过多，表明车主对车辆维护不认真和车辆使用环境恶劣；如果一尘不染，说明发动机刚刚经过清洁处理。

b. 检查发动机是否有漏油和漏水之处。重点检查部位包括气门室罩盖垫、曲轴前后油封、凸轮轴前后油封和油底壳垫等部位。

c. 检查机油油平面高度。一般，机油尺上都有高、低油位的显示标记，如图2-39所示，如果机油油平面在这两个油位之间，则表示正常。如果油位过低，应了解上次更换机油的时间和间隔里程，通常，发动机机油的换油间隔为5000km或3个月，正常的机油消耗是在换油间隔内消耗量小于1L。如果时间和间隔里程正常，说明发动机烧机油；如果机油油平面过高，说明发动机严重窜气或漏水。

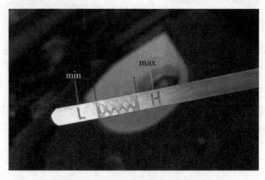

图2-39　检查机油油平面高度

d. 检查机油颜色。可以拿出一张白纸，拔出机油尺在纸上擦拭，观察机油颜色和杂质的情况。机油在使用一段时间后，颜色会变黑，这是正常的；如果机油显现其他颜色则是不正常的现象。如果发现机油的颜色变灰、变白或有乳化现象，说明机油中混入水，可能是发动机冷却系统和燃烧系统有连通、泄漏情况。

e. 检查机油盖口。如图 2-40 所示，拧下机油加油盖，将它翻过来观察底部，这样可以在加油盖底部看到旧油甚至脏油的痕迹。如果加油盖底面有一层具有黏稠度的深色乳状物，还有与油污混合的小水滴，可能是缸垫、缸盖或缸体有损坏，导致冷却液渗入机油中造成的。如果有这种情况发生，被污染的机油有可能对发动机内部造成损害，发动机可能需要大修。

图 2-40 检查机油、加机油

f. 检查发动机冷却液及散热器。如图 2-41 所示，打开发动机舱盖，首先检查散热器部分，但检查的前提是冷车状态，否则很容易被溅出的水烫伤。打开散热器盖后，注意观察冷却液面上是否有异物飘浮，如锈蚀的粉屑和不明的油污等。如果发现有油污，表示可能有机油渗入到冷却液内；如果发现浮起的异物是锈蚀的粉屑，表示散热器内的锈蚀情况已经很严重。如果冷却液已水化严重，首先应了解其原因，并分析二手车可能存在的事故，如发动机温度高、发动机漏水和发动机烧水等；如果冷却液内有油污，一般可认为气缸垫处漏气；如果冷却液混浊，要向车主询问原因，并特别注意发动机温度。

图 2-41 冷却液的检查

g. 检查蓄电池。现代汽车蓄电池一般为免维护蓄电池，可以直接通过观察窗观看孔中颜色，如图2-42所示，仍以铅酸蓄电池为主，其寿命一般为两年多一点，蓄电池两接线柱不应有大量白色粉末（硫酸盐）附贴在上面，蓄电池各单格液面高度应一致，并在规定的上下线之间，蓄电池身应干爽，没有裂痕。对于透明壳体的蓄电池，可以观察到蓄电池内电解液液面与上、下刻线的关系，如图2-43所示。如果液面过低，一般为发动机充电电流过大。液面经常处于过低状态，将大大缩短蓄电池的寿命。如果有个别格液面过低，一般为个别格漏液。从蓄电池托盘上能够观察到漏液的痕迹。

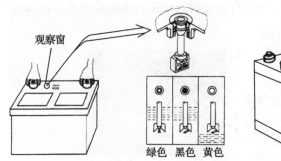

图2-42 从观察孔图形法确认蓄电池状态　　图2-43 液面高度指示线

h. 检查空气滤清器。打开空气滤清器的盒盖，看里面的清洁程度如何。如果灰尘很多，滤芯很脏，则表示这辆车的使用时间很长，而且该车的车主对车的保养也较差，没有定期更换滤芯，由此可设想，一辆车的保养情况差，车况也不会太好。空气滤清器的检查如图2-44所示。

图2-44 空气滤清器的检查

i. 检查发电机主要附件是否完好。包括发电机、起动机、分电器、空调压缩机和转向助力泵等外观是否正常，是否有漏油、漏水、漏气和漏电现象，是否有松动现象。

j. 检查发电机传动带和空调传动带。检查其是否有撕裂、磨光、浸油、裂缝、缺齿及老化现象，检查传动带的松紧度。检查正时传动带的张紧装置和支架等是否松动，螺栓是否丢失或有裂纹，运转时是否有噪声等现象。

k. 检查发动机冷却液软管、进气软管及真空软管等是否有老化现象。冷却系统软管损坏的几种情况如图 2-45 所示。

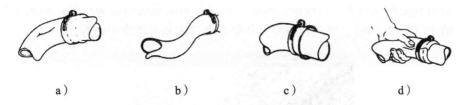

图 2-45 冷却系统软管损坏的几种情况
a）擦破或烧蚀 b）变形 c）密封连接处失效 d）局部隆起

l. 检查点火高压线。高压线应清洁、布线整齐、无切割口、无擦伤部位、无裂纹和烧焦处。

m. 检查火花塞。用火花塞套筒扳手任意拆下一个火花塞，检查火花塞的技术状况。如果火花电极呈灰色，且没有积炭，则表示火花塞工作正常；如果火花塞严重积炭、电极严重烧蚀、绝缘体破裂、漏气和侧电极开裂等，表明点火性能下降，一旦买回这种的车辆，需成组更换火花塞。

n. 检查点火线圈。检查点火线圈外壳有无破裂、漏油和发热等现象。

o. 检查喷油器技术状况。检查喷油器插头安装、喷油器密封圈、油压调节器及真空管路是否良好。

③检查蓄电池。

a. 蓄电池表面应清洁，无裂纹及电解液渗漏现象。接线柱表面无严重磨损，无明显酸蚀现象。

b. 检查蓄电池标牌。通常，标牌固定在蓄电池上部，标牌上标有首次售出日期、品牌和型号等信息。售出日期以编号打点的形式标注，前面部分表示年，后面部分表示售出的月份。将售出日期与蓄电池寿命（一般为 2~3 年）进行比较，可算出蓄电池剩余寿命。

c. 检查蓄电池电解液液面高度。对于透明的蓄电池，可以观察到蓄电池内电解液液面位置，应在壳体上的上、下标线之间。对于免维护蓄电池，可以直接通过观察孔观看孔中的颜色。如果为黄色，说明电解液过少；如果为绿色，表示电解液合适；如果为黑色，表明电解液合适，但电量不足，需充电。

d. 检查前纵梁。检查前纵梁是否有新喷漆的痕迹，前纵梁与挡泥板、减振器支座等处的焊点是否规则和均匀。如果有新喷漆的痕迹或焊点不均匀或大小不一，说明车辆出过较严重的事故。

e. 检查变速器油。变速器油的检查大多是通过油尺来进行，油尺有最高油位和最低油位刻度，如果油量在这两个刻度之间就是正常的。如果油位过低，则表示应该加油了，但也可能表示这辆车已有漏油的情况发生。检查变速器油最重要的是查看油是否变色。一般来说，变速器油呈现红色，如果发现变成棕色，则表示该车的变速器可能发生了故障。如果闻到煳味，表示变速器磨损情况严重，一旦买回此类车，可能需花一笔不小的大修费用。

f. 附属装置检查。检查如刮水器、收音机、仪表、反光镜、加热器、灯具、转向信号灯、喷水装置和空调设备等是否破损、残缺，并对附属装置进行动态检验，如刮水器动作、喷水装置喷水（图 2-46）、空调器制冷、各灯光和仪表是否正常工作等。

图 2-46　检查刮水器动作、喷水装置

g. 车辆底盘检查。车辆底盘检查要将车辆开进地沟或上举升器的工位进行，如图 2-47 所示。

图 2-47　车辆底盘的检查

Ⅰ. 检查发动机固定是否可靠，检查发动机与传动系统的连接情况；燃油箱及燃油管路应固定可靠，不得有渗油、漏油现象；燃油管路与其他部件不应有磨损现象；软管不得老化开裂和磨损异常等现象。

Ⅱ. 检查传动轴中间支承轴承及支架、万向节等有无裂纹和松旷现象。

Ⅲ. 检查万向节臂、转向横直拉杆有无裂纹和损伤，有无拼焊现象。检查转向横直拉杆球销是否松旷、连接是否可靠；各运动部件在运动中有无干涉和摩擦现象。

Ⅳ. 检查车架是否有裂纹和影响车辆正常行驶的变形，螺栓和铆钉不得缺少和松动，车架不得进行焊接加工。

Ⅴ. 检查前桥、后桥是否有变形和裂纹。检查钢板弹簧有无裂纹、断片、缺片和多片现象，中心螺栓和 U 形螺栓是否紧固，减振器是否漏油，车架与悬架之间的各拉杆和导杆应无松旷和移位现象。

Ⅵ. 检查排气管和消声器是否齐全及固定情况,有无破损和漏气现象。

Ⅶ. 检查制动总泵、分泵和制动管路,不得漏气和漏油;软管不得有老化开裂和磨损异常等现象。

Ⅷ. 检查电器电路,所有电器导线均应捆扎成束、布置整齐、固定卡紧、插头牢固并有绝缘套,在导线穿越孔洞时需装设绝缘套管。

Ⅸ. 检查减振器及悬架系统,可用手在汽车前后左右角分别用力下压,如放松后汽车车身能回弹,并能自由跳动2~3次,说明该系统正常。如出现异响或不能自动跳动,则说明该减振器或悬架系统的弹簧等部件工作不良,舒适性自然就会变差。

h. 车内电气设备状况检查。检查音响设备、仪表和空调设备等是否齐全和有效。高档客车和轿车电气设备在整车中价值权重较大,维修费用较高,因此,在检查过程中应认真慎重。冷气不足,可能是因为制冷剂不足,也可能需要清洗冷凝器或更换压缩机。

(2) 常用量具检查

1) 车体周正检查。通常要求车体应周正,左右对称部位高度差不得大于40mm。在进行车体周正检测时,首先用眼睛进行观察,可以检查汽车是否有严重的横向或纵向歪斜现象;然后用高度尺或钢卷尺、水平尺检测左右对称部位高度差是否超过规定值;最后检查车架和车身是否有较大变形,悬架是否裂断或刚度下降,左右轮胎气压搭配是否正常等。

2) 轮胎的检查。汽车轮胎的检查主要是轮胎磨损情况。轮胎在汽车的使用过程中,是仅次于燃料的一项重要运行消耗材料。胎面磨损严重是车辆需要调校的信号,否则很有可能损坏悬架系统。确保备胎是可以使用的,并没有损坏或过度磨损。轮胎的磨损、破裂和割伤无须仪器检测,凭简单的深度尺和钢直尺加外观检测便可,轮胎不应有异常磨损,当轮胎出现非正常磨损时,表明该车的车轮定位参数不准确或是车辆长期超载运行。

当测量轮胎花纹深度时,需要使用轮胎花纹深度尺。轮胎花纹深度尺有机械式和电子式两种。

机械式轮胎花纹深度尺外侧粗一点固定的标尺,是辅助测量尺;而中间细长可以移动的,就是主测量尺。当主测量尺的探头与尺身处于同一平面时,辅助测量尺与主测量尺的"0"刻度对齐,此时就是深度尺归"0"状态。

当实际测量时,可将辅助测量尺"0"刻度所处位置的左侧主测量尺刻度读为整数;辅助测量尺的刻度与主测量尺对齐的那一刻度(或最接近对齐的那一刻度),则作为小数点后读数,如辅助测量尺的"0"刻度位于主测量尺"18m"与"21mm"刻度之间,读为18mm。辅助测量尺的"9"刻度与主测量尺的某一刻度对齐,则读为0.9mm。主测量尺读数与辅助测量尺读数相加为总读数,即18.9mm。

将它的尖端,伸入轮胎胎面的同一横截面几个主花纹沟中,测量它的深度,得出一组数值,从中得出平均数。进行实际测量时,要注意几个细节:应测量轮胎的主花纹沟；使深度尺垂直于胎面；主测量尺探头避开花纹沟内的磨损极限标志；如果是新胎，注意尺身避开胎面上凸起的胶瓣。电子式轮胎花纹深度尺测量时从液晶显示窗上直接读数即可。对在用车辆进行轮胎花纹深度测量时，应选在胎面中部的花纹进行测量，如图2-48所示。

图 2-48 测量轮胎花纹深度

需要说明一点，现在大多数轮胎设有磨损标记，一般以花纹中布置的凸点为标记。检查时，如果发现磨损标记已被磨损，则表明轮胎需要更换。GB 7258—2017 规定，轮胎的磨损：轿车轮胎冠上花纹深度在磨损后应不小于 1.6mm，其他车辆轮胎冠上花纹深度不得小于 3.2mm；轮胎的胎面和胎壁上不得有长度超过 25mm、深度足以暴露出轮胎帘布层的破裂和割伤。

3）车轮的横向和径向摆动量的检查。车轮横向和径向摆动量规定：总质量小于或等于 4.5t 的汽车不得大于 5mm，摩托车和轻便摩托车不得大于 3mm，其他车辆不大于 8mm。检测时用举升器或千斤顶等顶起前桥，用百分表测头水平触到轮胎前端胎冠外侧，用手前后摆动轮胎，测其横向摆动量；再将百分表移至轮胎上方，使测头触到胎冠中部，然后用撬杠往上撬动轮胎，测量其径向摆动量。当汽车车轮横向和径向摆动量超过规定值时，汽车行驶时将会引起转向盘抖动，因此应及时进行检修和调整。

4）轴距与轴距差检查。测量时车辆应处于直行状态，测量左右轴距差时应使用铅锤在地面找到轴头中心点，用钢卷尺测量各轴头中心之间的距离或用轴距尺测量。

① 对于两轴车可分别在左右两侧前后轴头中心测量其轴距，并取其差值。

② 对于三轴车或多轴车，可依次测量相邻轴的轴距，其各段的轴距差都应符合标准限值的要求。

③ 对于半挂车和多轴车，其测量点为半挂牵引销轴线和半挂车车轮中心，又垂直于车辆纵向对称平面和水平平面两平面之间的距离。

④ 左右轴距差值比（%）的计算公式为

$$差值比(\%) = 左右绝对轴距差 / 左右平距轴距 \times 1000\%$$

左右轴距差的存在，意味着汽车各轴之间不平行或车轴对车架纵轴线不垂直，这样会引起车辆直线行驶时，前后轴中心的连线与行驶轨迹的中心线不一致，并造成直线行驶跑偏和制动跑偏。

将同一车轴左右两侧测得的轴距取平均值,即可作为所测两车轴的轴距。如果所测轴距与机动车行驶证或机动车登记证书记录不符,则说明车辆可能做过擅自改装。

5)外廓尺寸检测。对车辆外廓尺寸的检测主要是检查车辆长、宽、高及后悬等,不得超过规定的汽车外廓尺寸界限。

我国对汽车外廓尺寸界限规定见表2-9。

表2-9 我国对汽车外廓尺寸界限规定

车辆类型	长/m	宽/m	高/m
载货汽车(包括载货越野汽车)	≤12	≤2.5	≤4
整体式客车	≤12		
半挂汽车列车	≤16.5		
全挂汽车列车	≤20		

GB 1589—2016规定,客车及封闭式车厢(或罐体)的机动车后悬不允许超过轴距的65%。对于专项作业车和轮式专用机械车,在保证安全的情况下,其后悬可按客车后悬要求核算,其他机动车后悬不允许超过轴距的55%。对于车长小于16m的发动机后置的铰接客车,在确保安全的情况下,其后悬可不超过轴距的70%。机动车的后悬均不应大于3.5m。

对车辆长、宽、高及前后悬的测量比较简单,采用高度尺或钢卷尺进行测量,然后看是否超过规定值。

如果外尺寸与机动车行驶证或机动车登记证书记录不符,则说明车辆可能做过擅自改装。

(3)相关法律条款

1)《机动车登记规定》第十条规定,已注册登记的机动车有下列情形之一的,机动车所有人应当向登记地车辆管理所申请变更登记。

① 改变车身颜色的。
② 更换发动机的。
③ 更换车身或者车架的。
④ 因质量问题更换整车的。
⑤ 营运机动车改为非营运机动车或者非营运机动车改为营运机动车等使用性质改变的。
⑥ 机动车所有人的住所迁出或者迁入车辆管理所管辖区域的。

2)《机动车登记规定》第十六条规定,有下列情形之一的,在不影响安全和识别号牌的情况下,机动车所有人不需要办理变更登记。

① 小型、微型载客汽车加装前后防撞装置。
② 货运机动车加装防风罩、散热器、工具箱和备胎架等。
③ 增加机动车车内装饰。

3)《机动车登记规定》第五十六条规定，有下列情形之一的，由公安机关交通管理部门处警告或者二百元以下罚款。

① 重型、中型载货汽车及其挂车的车身或者车厢后部未按照规定喷涂放大的牌号或者放大的牌号不清晰的。
② 机动车喷涂、粘贴标识或者车身广告，影响安全驾驶的。
③ 载货汽车和挂车未按照规定安装侧面及后下部防护装置，未粘贴车身反光标识的。
④ 机动车未按照规定期限进行安全技术检验的。
⑤ 改变车身颜色，更换发动机、车身或者车架，未按照规定的时限办理变更登记的。
⑥ 机动车所有权转移后，现机动车所有人未按照规定的时限办理转移登记的。
⑦ 机动车所有人办理变更登记和转移登记，机动车档案转出登记地车辆管理所后，未按照规定的时限到住所地车辆管理所申请机动车转入的。

4)《机动车登记规定》第五十七条规定，除该规定第十条和第十六条规定的情形外，擅自改变机动车外形和已登记的有关技术数据的，由公安机关交通管理部门责令恢复原状，并处警告或者五百元以下罚款。

（二）任务实施与考核

1) 老师为每组学生准备一台二手车、钢卷尺（5m）、皮尺（20m）、铅锤、轴重台、磁铁、轮胎花纹深度尺、千分表及高度尺等。

2) 学生结合本任务的知识与技能学习，利用现有的工具和设备等，对指定的二手车进行静态检查，并完成表 2-10 的工作单。

表 2-10 技能学习工作单

实训项目：静态检查

班级学号		姓名	
1. 请描述所检查二手车的基本情况 ①二手车的类别：_____ ②二手车名称：_____、_____ 型号：_____ ③二手车生产厂家：_____、_____ 生产日期：_____ ④二手车初次注册登记日期：_____、_____ 行驶里程：_____ ⑤汽车识别代码为：_____ 2. 识伪检查 (1) 所检查的汽车是"水货车"吗？　　　　　　　　　　　　　　　□是　□否 做出上述判断的理由是_____ (2) 所检查的汽车车身是否为更换件？　　　　　　　　　　　　　□是　□否 做出上述判断的理由是_____ 3. 目测检查 (1) 所检查车辆的标志是否合格？　　　　　　　　　　　　　　　□是　□否 做出上述判断的理由是_____			

（续）

班级学号		姓名	

（2）将对车身技术状况检查的结果记录在下面

_____
_____
_____

通过对记录结果的分析，得出的结论是_____
_____
_____

（3）将对驾驶室和车厢内部状况检查的结果记录在下面

_____
_____
_____

通过对记录结果的分析，得出的结论是_____
_____
_____

（4）将对发动机状况检查的结果记录在下面

_____
_____
_____

通过对记录结果的分析，得出的结论是_____
_____
_____

（5）将对附属装置检查的结果记录在下面

_____
_____
_____

通过对记录结果的分析，得出的结论是_____
_____
_____

（6）将对车辆底盘检查的结果记录在下面

_____
_____
_____

通过对记录结果的分析，得出的结论是_____
_____
_____

（续）

班级学号		姓名	

（7）将对电气设备检查的结果记录在下面

通过对记录结果的分析，得出的结论是

4. 常用量具检查

（1）将对车身周正性检查的结果记录在下面

通过对记录结果的分析，得出的结论是

（2）将对轮胎检查的结果记录在下面

通过对记录结果的分析，得出的结论是

（3）将对车轮摆动量检查的结果记录在下面

通过对记录结果的分析，得出的结论是

（4）将对车辆外廓尺寸检查的结果记录在下面

通过对记录结果的分析，得出的结论是

(续)

班级学号		姓名	

5. 请总结对车辆静态检查的结论

_____
_____
_____

6. 自我评价（个人技能掌握程度）：□非常熟练　□比较熟练　□一般熟练　□不熟练

_____
_____
_____

教师评语：（包括工作单填写情况、检查方法和熟练程度等，并按等级制给出成绩）

　　　　　　　　实训记录成绩_____ 教师签字：_____ ____年____月____日

任务三　二手车技术状况的动态检查

一、任务分析

二手车动态检查是指汽车在工作状态下进行的各项检查，又称为车辆路试检查。动态检查主要目的是，在一定条件下，通过对汽车各种工况，如发动机起动、急速、起步、加速、匀速、滑行、强制减速、紧急制动、从低速档到高速档、从高速档到低速档的行驶，检查汽车的操纵性能、制动性能、滑行性能、加速性能、噪声和废气排放情况，以鉴定二手车的技术状况。

在动态情况下，根据检查人员的经验和技能，辅以简单的量器具，对二手车的技术状况进行动态检查鉴定。检查过程中，起动发动机，需对二手车进行路试，故二手车的动态检查包括无负荷检查和路试检查。

二、相关知识

（一）无负荷时的工况检查

（1）发动机起动状况的检查　在正常情况下，用起动机起动发动机时，需在3次内起动成功。起动时，每次时间不超过5s，再次起动时间要间隔15s以上。如果发动机不能正常起动，说明发动机的起动性能不好。

若由于发动机曲轴不能转动而导致发动机无法起动，其原因可能是蓄电池电量不足或起动机工作不良，也可能是发动机运转阻力过大。检查发动机起动阻力时，需拆下全部火花塞或喷油器，人工运转曲轴，检查转动阻力。

若起动时曲轴能正常转动，但发动机起动仍很困难，对于汽油发动机，其原因可能是点火系统点火不正时、火花塞火弱或无火；燃油系统工作不良，使得混合气过稀或过浓；气缸压缩压力过低等。对于柴油发动机，除了气缸压缩压力过低外，燃油中有水或空气，输油泵、喷油泵和喷油器工作不良，燃油系统管路堵塞等，均可能导致发动机起动困难。

(2) 发动机无负荷时的检查

1) 检查发动机怠速运转情况。发动机起动后，使其怠速运转，此时发动机应在规定的怠速范围内平稳地运转，转速波动应小于 50 r/min。当发动机怠速时，若出现转速过高、过低和发动机抖动严重等现象，均表明发动机怠速不良，引起发动机怠速不良的原因很多。

对于汽油机，怠速不良的原因主要有点火正时、气门间隙、配气正时和怠速阀调整不当，真空漏气。曲轴箱通风系统（单向阀不密封或卡阻、怠速时不能关闭等）、废气再循环系统、点火系统和供油系统等均可能引起怠速不良。有的汽车怠速不良是顽症，可能生产厂家都无法解决，二手车鉴定评估人员应予以重视。对于柴油机，怠速不良的原因主要有供油正时、气门间隙、配气正时或怠速调整不当；燃油中有水、空气或黏度不符合要求；各缸的柱塞、出油阀偶件和喷油器工况不一致，或者是调速器松旷、锈蚀和弹簧疲劳失效等因素导致各缸的喷油量不一样，如图 2-49 所示；或者各缸的压缩力不一致等。当发动机怠速运转时，同时检查各仪表的工作状况和电源系统充电情况。

图 2-49 锈蚀和松旷等的检查

2) 检查急加速性。等到冷却液温度和油温正常后，通过改变节气门开度，检查发动机在各种转速下运转是否平稳，改变转速时过渡应圆滑。快速踩下加速踏板，发动机由怠速状态猛加速，观察发动机转速是否可以迅速由低速到高速灵活反应，发动机应无"回火""放炮"现象。当加速踏板踩至底时，立即释放加速踏板，发动机转速是否能迅速由高速到低速灵活反应，发动机不得怠速熄火。发动机加速运转过程中，检查发动机有无"敲缸"及气门运动噪声。在规定转速下，发动机机油压力应符合有关规定。

3) 检查尾气颜色。如果发动机技术状况良好，气缸内的混合气体能够充分燃烧，汽油发动机排出的尾气应该是无色的，在冬季能够看见白色的水汽；柴油机工作时排出的气体一般是淡灰色的，当负荷较大时，灰色加深。无论是汽油机还是柴油机，如果排气颜色呈现蓝色,说明机油窜入了燃烧室;最常见的原因是活塞、活塞环与气缸之间的密封不良,即因活塞、活塞环与气缸磨损严重导致间隙过大。如果排气管冒黑烟,说明混合气过浓,发动机技术状况欠佳,如图2-50所示。如果排气管冒白烟,可能是气缸垫损坏或者缸体有裂缝等原因造成冷却液进入气缸。

图2-50 排气管的检查

4)检查发动机熄火情况。对于汽油机,关闭点火开关后,发动机正常熄火;对于柴油机,停机装置应灵活有效。

5)检查发动机窜油、窜气。打开机油加油盖,缓缓踩下加速踏板,如果窜气严重,肉眼可以观察到油雾气。若窜气不严重,可用一张白纸,放在离机油加注口50mm左右处,然后加速,若有窜油、窜气,白纸上会有油迹,严重时油迹面积大。

(3)检查转向系统

1)转向盘自由行程检查。将车辆停放在平坦路面上,使车辆处于直线行驶方向,左右转动转向盘,从中间位置向左或向右时,转向盘游动间隙不应该超过15°。如果是带转向助力的车辆,最好在起动发动机后做检查。如果转向盘的间隙过大,就需要对转向系统各部分间隙进行调整,这是需要到修理厂进行的工作。

2)转向系统传动间隙检查。可以用两手握住转向盘,采用上、下、左、右方向摇动,此时应该没有很松旷之感,如果很松,就需要调整转向轴承、横拉杆和直拉杆等,看有无松旷或螺母脱落等现象。

(二)路试检查

路试需要检查的内容很多,主要包括离合器工况的检测、变速器检查、传动轴检查、制动性能检查、转向操纵性检查、行驶性能的检测和滑行能力的检测等。通过对这些内容的检测,可以直观感受汽车的整体性能。汽车路试一般在20km左右。通过一定里程的路试检查汽车的工况。路试检查的内容如下:

(1)检查离合器 正常的离合器应该是接合平稳,分离彻底,工作时不得有异响、抖动和不正常打滑现象。踏板自由行程应符合机动车技术条件的有关规定。自由行程过小,一般说明离合器摩擦片磨损严重。踏板力应与该型号车辆的踏板力相适应。各种车辆的踏板力应不大于300N。

离合器常出现的故障为打滑和分离不彻底,有的还有异响。这些故障会导致起步困难、行驶无力、爬坡困难、变速器齿轮发出刺耳的撞击声和起步时车身发抖等现象。

1) 离合器分离不彻底检查。在发动机怠速状态时,踩下离合器踏板几乎触底时,才能切断离合器;或是踩下离合器踏板,感到挂档困难或变速器齿轮出现刺耳的撞击声;或挂档后不抬离合器踏板,车子开始行驶,表明该车的离合器分离不彻底。其原因是:离合器踏板自由行程过大,离合器压盘限位螺钉调整不当,或是更换了过厚的离合器摩擦片,离合器分离杠杆不在同一平面上等。

2) 离合器打滑检查。如果离合器打滑,会出现起步困难、加速无力、重载上坡时有明显打滑甚至发出难闻气味等现象,如在挂上一档后,慢抬离合器车子没反应,发动机也不熄火,就是离合器打滑的表现。其原因是:离合器踏板自由行程太小,分离轴承经常压在膜片弹簧上,使压盘总是处于半分离状态;离合器压盘弹簧过软或有折断;离合器与飞轮联接的螺钉松动等。

3) 离合器异响检查。如果在使用离合器过程中出现异响也是不正常的。形成响声的原因大部分都是离合器内部的零件有损坏,这肯定需要维修。其故障原因是:分离轴承磨损严重、轴承回位弹簧过软或折断、膜片弹簧支架有故障等。

4) 离合器自由行程检查。当踩下离合器踏板到 3/4 时,离合器就应该彻底分离。检查离合器自由行程是否合适,可以用钢直尺在踏板处测量,先测出踏板最高位置高度,再测出踩下踏板感到有阻力时的高度,两个数值的差就是该车离合器自由行程数值,如果不符合要求就需要及时调整。

(2) 检查变速器　从起步档加速到高速档,再由高速档减至低速档,检查变速器是否轻便灵活,是否有异响,互锁和自锁装置是否有效,是否有乱档现象,加减车速是否有跳档现象,同时,换档时变速杆不得与其他部件干涉。自动变速器的车辆在平坦的路面起步一般不要踩加速踏板,如果需要踩加速踏板才能起步,说明自动变速器保养不好,或已到保修里程;检查自动变速器是否有换档迟滞现象,自动变速的车辆换档时应该无明显的感觉,如果感觉车辆在加减速时有明显的发"冲"现象,说明自动变速器保养不好,或已到大修里程。

(3) 检查传动轴　传动轴及中间轴承应正常工作,无松旷和异响。路试中,将汽车加速至 40~60km/h 迅速抬起加速踏板,检查有无明显的金属撞击声。如果有,说明传动间隙大。

(4) 检查驱动桥　差速器和主减速器应工作正常、无异响。

(5) 检查制动性能

1) 制动性能检测的技术要求。GB 7258—2017 规定,汽车制动性能和应急制动性能的路试应在平坦、硬实、清洁、干燥且轮胎与地面间附着系数不小于 0.7 的水泥或沥青路面上进行,检验时发动机与传动系统分离。汽车在规定初速度下的制动距离和制动稳定性要求应符合的规定见表 2-11。紧急制动性能要求应符合的规定见表 2-12。

表 2-11 汽车在规定初速度下的制动距离和制动稳定性要求应符合的规定

汽车类型	制动初速度/(km/h)	满载检验制动距离要求/m	空载检验制动距离要求/m	试验通道宽度/m
三轮汽车	20	≤5.0		2.5
乘用车	50	≤20.0	≤19.0	2.5
总质量不大于 3500kg 的低速汽车	30	≤9.0	≤8.0	2.5
其他质量不大于 3500kg 的低速汽车	50	≤22.0	≤21.0	2.5
其他汽车、汽车列车	30	≤10.0	≤9.0	3.0
两轮摩托车	30	≤7.0		—
边三轮摩托车	30	≤8.0		2.5
正三轮摩托车	30	≤7.5		2.3
轻便摩托车	20	≤4.0		—
轮式拖拉机运输机组	20	≤6.5	≤6.0	3.0
手扶变型运输机	20	≤6.5		2.3

表 2-12 紧急制动性能要求应符合的规定

汽车类型	制动初速度/(m/s)	制动距离/m	充分发出的平均减速度/(m/s^2)	允许操纵力（不应大于)/N	
				手操纵	脚操纵
三轮汽车	50	≤38.0	≥2.9	400	500
乘用车	30	≤18.0	≥2.5	600	700
其他汽车（三轮汽车除外）	30	≤20.0	≥2.2	600	700

2）制动性能检查。

①检查行车制动。如果制动跑偏，很可能是同一车桥上的两个车轮制动力不等，或者是制动力不能同时作用在两个车轮上导致的。其原因可能由于轮胎气压不一致，或是制动鼓（盘）与摩擦片间隙不均匀，或是摩擦片有油污，或是制动蹄片弹簧损坏等，应根据形成原因在修理厂加以维修。

汽车起步后，先做一下点制动，检查是否有制动能力；将车加速至 20km/h 做一次紧急制动，检查制动是否可靠，有无跑偏和甩尾现象；再将车加速至 50km/h，先用点制动的方法检查汽车是否立即减速和跑偏，再用紧急制动的方法检查制动距离和跑偏量。

②检查制动效能。如果在行车时进行制动，减速度很小，行车距离又很长，说明该车的制动效能不佳。其原因可能是摩擦片与制动鼓（盘）的间隙很大，制动踏板自由行程过大，制动油管内有空气，制动总泵或分泵有故障，或是制动油管漏油等造成的，需要到修理厂维修。

③检查制动踏板的自由行程。试车时，发现踏下制动踏板的位置很低，连续踩几脚后，踏板才逐渐升高，但仍感觉比较软，这很可能是制动管路内有空气所导致的；当第一脚踩下

踏板制动失灵,再继续踩踏板时制动良好,就说明是踏板自由行程过大,或是摩擦片与制动鼓(盘)的间隙过大。制动效能不佳的车辆必须进行修理,也必然影响车辆的身价。

④检查制动失效。指在行车中出现制动失效,不能使车辆减速或停止,该车一定需要大修。其原因可能是制动液渗漏,制动总泵和分泵有严重故障造成的。

⑤检查驻车制动操纵杆。如图2-51所示,如果在坡路上拉紧驻车制动操纵杆后出现溜车,说明驻车制动有故障。其原因可能是驻车制动操纵杆调整过长,或是摩擦片与制动鼓(盘)间隙过大或有油污,摩擦片磨损严重或打滑,制动鼓(盘)与摩擦片接触不良等造成的。这些故障也是需要在修理厂解决的,施加于驻车制动操纵装置的力:手操纵时,座位数小于或等于9座的载客汽车应不大于400N,其他车辆应不大于600N。脚操纵时,座位数小于或等于9座的载客汽车应不大于500N,其他车辆应不大于700N。

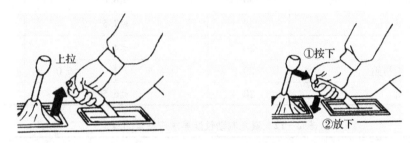

图2-51 检查驻车制动操纵杆

驻车制动控制装置的安装位置应适当,其操纵装置应有足够的储备行程(开关类操作装置除外),一般应在操纵装置全行程的2/3以内产生规定的制动效能;当驻车制动机构装有自动调节装置时,允许在全行程的3/4以内,达到规定的制动效能。棘轮式制动操纵装置,应保证在达到规定的驻车制动效能时,驻车制动操纵杆往复拉动次数不允许超过3次。

⑥检查制动系统辅助装置。对于气压制动系统的二手车,当制动系统的气压低于400kPa时,气压报警装置应发出报警信号。对于装备有弹簧储能制动器的二手车,当制动系统的气压低于400kPa时,弹簧储能制动器自锁装置应正常有效。

(6)转向操纵性检查 在宽敞路段,在行驶过程中检查二手车的操纵稳定性。以15km/h的速度行驶,左、右转动转向盘,看转向是否灵活、轻便,有无回正力矩;手松开转向盘,看是否跑偏;高速行驶时,是否有跑偏和摆振现象。一般,转向系统的路试检查有以下几项:

①转向盘沉重检查。在路试二手车时,做几次转弯测试,检查在转动转向盘时是否感到很沉重。如果有,则可能是横拉杆、前车轴和车架有弯曲变形,前轮的定位不准确,轮胎气压不足,万向节轴承缺油。对于有助力装置的二手车,在路试中如果感到转向沉重,其原因有可能是油路中有空气,或是油泵压力不足,或是驱动传动带打滑,或是动力缸和安全阀等漏油导致的。

②摆振检查。当路试二手车时,发现前轮摆动和转向盘抖动,这种现象称为摆振,可能的原因是转向系统的轴承过松、横拉杆球头磨损松旷、轮毂轴承松旷、车架变形,或者是前束过大。

③跑偏检查。如果在路试中,挂空档松开转向盘,出现跑偏问题,有可能是以下原因导致的:悬架系统故障,其中一侧的减振器漏油,或是螺旋弹簧故障;前轮定位不佳,或是两边的轴距不准确;还可能是车架受过碰撞事故而变形;或是车轮胎压不等。

④转向噪声检查。转向时如果动力转向系统出现噪声,很可能是以下故障造成的:油路中有空气,储油罐油面过低需要补充,油路堵塞,或是油泵噪声。

(7) 汽车的动力性检查　通过道路试验分析汽车动力性能,其结果接近于实际情况。在道路试验中的检测项目一般有高档加速时间、起步加速时间、最高车速、陡坡爬坡车速和长坡爬坡车速等。另外,有时为了分析汽车动力的平衡问题,采用高速滑行试验测定滚动阻力系数和空气阻力系数。道路试验会受到道路条件、风向、风速和驾驶技术等因素的影响,且这些因素可控性差,同时还需要按规定条件选用和建造专门的道路等。

小客车动力性能最常见的指标是从静止状态加速至100km/h所需时间和最高车速,其中前者是最具意义的动力性能指标和国际流行的小客车动力性能指标。

汽车起步后,进行加速行驶,猛踩加速踏板,检查汽车的加速性能,各种汽车设计时的加速性能不尽相同。就轿车而言,一般发动机排量越大,加速性能就越好。有经验的二手车鉴定估价人员,能够了解各种常见车型的加速性能,通过路试能够检查出被检汽车的加速性能与正常的该型号汽车加速性能的差距。

(8) 检查汽车的爬坡性能　检查汽车在相应的坡道上,使用相应档位时的动力性能是否与经验值相近,感觉是否正常。检查汽车是否能够达到原设计车速,如果达不到,估计一下差距大小。

(9) 滑行性能检查　在平坦的路面上进行滑行试验,将机动车运行到50km/h时,踩下离合器,将变速器摘入空档滑行,根据经验,通过滑行距离估计汽车底盘传动系统传动效率,以判定传动系统技术状况。

(10) 检查传动系统与行驶系统的动平衡　汽车在任何车速下都不应抖动。如果汽车在某一车速范围内抖动,说明汽车的传动系统或行驶系统动平衡有问题,应检查轮胎、传动轴、悬架和间隙等。

(三) 动态试验后的检查

(1) 检查各部件温度　检查机油和冷却液温度,冷却液温度不应超过90℃,发动机机油温度不应高于95℃,齿轮油温度不应高于85℃;检查运动机件过热情况,查看轮毂、制动鼓、变速器壳、传动轴、中间轴承和驱动桥壳等的温度,不应有过热现象。

(2) 检查渗漏现象　在发动机运转及停车时,散热器、水泵、缸体、缸盖、暖风装置及所有连接部位不得有明显渗水和漏水现象。汽车连续行驶距离不小于10km,停车5min后观察，不得有明显渗油和漏油现象，如图 2-52 所示。气压制动汽车在气压升至 600kPa 且不使用制动的情况下，停止空气压缩机 3min 后，气压的降低值不应大于 10kPa。在气压为 600kPa 的情况下，将制动踏板踩到底，待气压稳定后观察 3min，气压的降低值不应大于 20kPa。液压制动二手车在保持踏板力 700N 时达到 1min，踏板不允许有缓慢向前移动的现象。

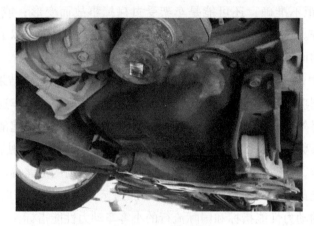

图 2-52 漏油现象

提示

相关内容的学习，还可以扫码观看视频10《二手车动态监测》进行学习。

二手车动态监测

三、实施与考核

（一）技能学习

整车技术性能是衡量一辆汽车质量高低的重要依据。汽车性能评价指标包括动力性、燃油经济性、操纵稳定性、操纵轻便性、行驶平顺性、通过性、机动性、污染物排放特性、安全性、噪声和其他使用性能等。

1. 汽车的动力性

动力性是汽车首要的使用性能指标。汽车必须要有足够的牵引力才能克服各种行驶阻力，保证车辆能够以尽可能高的平均速度正常行驶。

如果汽车提速慢，最高车速与原车设计值差距较大，上坡无力，则说明车辆动力性能差。

2. 汽车燃油经济性

燃油经济性（Fuel Economy）是指在一定的使用条件下，汽车以最少的燃油消耗量完成单位运输工作量的能力。汽车的燃油经济性是衡量汽车性能的一个重要技术指标，在燃油越来越贵的高油价时代，它也是二手车消费者最关心的指标之一。评价汽车燃油经济性的指标为单位运输工作量的耗油量及消耗单位燃油所行驶的里程。

①耗油量。耗油量（Specific Fuel Consumption）是指汽车满载行驶单位里程所消耗的燃油量。我国和欧洲都用等速百公里油耗来衡量汽车的耗油量，即汽车等速行驶百公里消耗的燃油量（L/100km）。由于实际用车过程与"等速"要求有偏差，等速百公里油耗并不能准确反映实际的耗油量，因此人们还引入了循环油耗指标。耗油量数值越小，汽车的燃油经济性就越好。

在实际使用过程中，汽车的燃油经济性与发动机的技术状况、汽车自重、车速、各种行驶阻力（如空气阻力、滚动阻力和爬坡阻力等）、传动效率和减速比等因素直接相关，因而实际的耗油量比使用手册上标称的大些。

②等速百公里油耗。等速百公里油耗（Fuel Consumption Per 100 km in Constant – speed）是指在平坦硬实的路面上，车以最高档分别以不同车速等速行驶这段路程，往返一次取平均值，记录下耗油量即可获得不同车速下汽车的等速百公里耗油量。

③循环油耗。循环油耗（Circulation Fuel Consumption）是指在一段指定的典型路段内汽车以等速、加速和减速三种工况行驶时的耗油量。有些厂家还计入了起动和怠速等工况的耗油量，再折算成百公里耗油量。一般来说，将循环油耗与等速百公里油耗加权平均得到的综合油耗参数，更能比较准确地反映汽车的实际耗油量。因此，欧洲车的耗油量测定分为三种情形，即模拟城市内行驶工况的城市行驶循环以及以 90km/h 和 120km/h 等速行驶的工况，前者常称作城市油耗，后两者称作等速油耗。在欧洲车耗油量指标中一般都列有这三个参数。

3. 汽车的操纵稳定性

操纵稳定性（Driveability and Stability Performance）反映汽车的两个相互紧密联系的性能，即汽车的操纵性和稳定性。汽车的操纵稳定性直接影响着汽车在转向或受到各种意外干扰时的行车安全性。

①操纵性。操纵性（Driveability Performance）是指汽车对驾驶人的转向指令能够及时且准确地转向的能力。轮胎的气压和弹性、悬架装置的刚度以及汽车的重心位置都会对汽车的操纵性产生显著的正面或负面影响。

②稳定性。稳定性（Stability Performance）是指汽车在受到外界扰动（如路面碎石或突然阵风的扰动）后不发生失控，自行迅速恢复原来的行驶状态和方向，抑制发生倾覆和侧滑的能力。汽车行驶稳定性又可分为纵向稳定性和横向稳定性，前者反映汽车受扰动后的方向保持能力，后者则反映汽车在横向坡道上行驶、转弯或受到其他侧向力作用时抵抗侧翻的能力。汽车的重心高度越低，稳定性越好。正确的前轮定位值使汽车具有自动回正和保持直线行驶的能力，提高了汽车直线行驶的稳定性。如果装载超高、超载，转弯时车速过快，横向坡道角过大以及偏载等，都容易造成汽车侧滑及侧翻。

4. 汽车的操纵轻便性

操纵轻便性（Driveability Handiness）是指对汽车进行操作或驾驶时的难易和方便程度，可以根据操作次数、操作时所需要的力、操作时的容易程度以及视野、照明和信号效果等来评价。具有良好操纵轻便性的汽车，不但可以减轻驾驶人的劳动强度和紧张程度，也是安全行驶的保证。采用动力转向、倒车雷达、电动门车窗、中控门锁、制动助力装置和自动变速器等，都能够改善汽车的操纵轻便性。

5. 汽车的行驶平顺性

将汽车开到粗糙、有凸起的路面上行驶，或通过铁轨、公路有接缝处，感受汽车的平顺性和乘坐舒适性。通常，汽车排量越大，行驶越平顺，但燃油消耗也越多。

当汽车转弯或通过不平的路面时，倾听是否有从汽车前端发出忽大忽小的"嘎吱"声或低沉噪声，这可能是滑柱或减振器紧固装置松了，或轴衬磨损严重。当汽车转弯时，若车身侧倾过大，则可能横向稳定杆衬套或减振器磨损严重。在前轮驱动汽车上，前面发出"咯嗒"声、沉闷金属声、"滴答"声，可能是等速万向节已磨损，需要维修，等速万向节维修费用昂贵，和变速器大修费用差不多。

6. 汽车的通过性

通过性（Passing Ability）是指汽车在一定的载荷质量下，能以较高的平均速度通过各种不平路段和无路地带，克服各种障碍（陡坡、侧坡、台阶和壕沟等）的运行能力。各种汽车的通过能力是不一样的。轿车和客车由于经常在市内行驶，通过能力比较差，而越野汽车、军用车辆、自卸汽车和载货汽车，就必须有较强的通过能力。

采用宽断面轮胎和多轮胎可以提高汽车在松软土壤、雪地、冰面、沙漠和光滑路面上的运行能力；较深的轮胎花纹可以增加附着系数而不容易打滑；全轮驱动方式可使汽车的动力性得以充分的发挥；结构参数的合理选择，可以使汽车具有良好的克服障碍运行能力，如较大的最小离地间隙、接近角、离去角和车轮半径等，都可提高汽车的通过性。

7. 汽车的机动性

机动性（Maneuverability）是指汽车能够应对狭窄多弯的道路，"见缝插针"地停车并灵活地驶出的能力。机动性主要用最小转弯半径来评价。转弯半径越小，机动性越好。一般来说，汽车越小，机动性也越好，这也是经常在市区内用车的客户选择小型轿车的原因之一。

8. 汽车的污染物排放特性

汽车排气污染物主要是CO、碳氢化合物（HC）、氮氧化合物（NO_x）、硫化物、碳烟及其他一些有害物质。

汽车污染物中，CO、HC、NO_x和碳烟主要来源于汽车尾气的排放，少部分来自曲轴箱窜气，其中，部分HC还来自于燃油箱和整个供油系统的蒸发与滴漏，如图2-53所示。

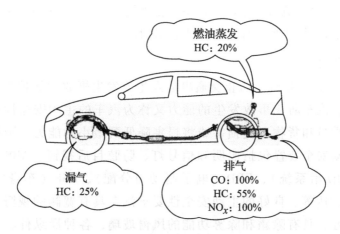

图2-53 汽车排气污染物及来源

汽车排气常有以下几种不正常的烟雾：

1) 冒黑烟。冒黑烟意味着燃油系统输出的燃油太多。换句话说，空气和燃油的混合气太浓，发动机不能将它们完全燃烧。当发动机运行在浓混合气时，排气中的燃油使三元催化转化器变成一个催化反应炉。混合气过浓情况是由于几个火花塞不点火，还是由于几个喷油器漏油引起的，很难区分。无论哪种情况，燃油都会被送进三元催化转化器中。这样就把三元催化转化器的工作温度升高到了一个危险温度。经过一段时间后，更高的工作温度可能导致三元催化转化器破裂或熔化。

2) 冒蓝烟。冒蓝烟意味着发动机烧机油，即机油窜入燃烧室。若机油油面不高，最常见的原因是气缸与活塞密封出现问题，即活塞、活塞环因磨损与气缸的间隙过大。这表明此发动机需要大修。

3) 冒白烟。冒白烟意味着发动机燃烧自身冷却系统中的冷却液（防冻液和水）。这可能是气缸垫烧坏，使冷却液从冷却液通道渗到燃烧室中；也可能是缸体有裂纹，冷却液进入气缸内，这种发动机的价值就要大打折扣。白烟的另一个解释是由寒冷和潮湿的外界空气引起的。这种现象类似于在非常寒冷的天气中呼吸时的气体凝结，当呼出的气体比外界空气热得多，而与外界冷空气混杂在一起时热气凝结，产生水蒸气。以同样的方式，热排气与又冷又湿的大气混杂在一起产生白色烟雾，但是当汽车热起来后，因为热排气湿度含量低，水蒸气应当消失。当然，如果在非常寒冷的气候条件下检查一辆汽车，即使在发动机热起来后，它的排气可能继续冷凝，此时要靠二手车鉴定评估人员的判断力。如果在暖和的天气里看到冒白烟，可能表明有某种机械问题。

如果是自动档汽车，行驶时排出大量白烟可能是自动变速器有问题，而不是由冷却液引起的。许多自动变速器有一根通向发动机的真空管。如果这根变速器真空管末端的密封垫或薄膜泄漏，自动变速器油液可能被吸入发动机中，造成排气冒白烟。

4) 排气气流不平稳。将手放在距排气管排气口10cm左右处，感觉发动机怠速时排气气流的冲击。正常排气气流有很小的脉冲感。若排气气流有周期性的打嗝儿或不平稳的喷溅，表明气门、点火或燃油系统有问题而引起间断性失火。

9. 汽车的安全性

安全性（Safety）是指汽车防止交通事故发生或发生事故后保护乘员和货物不受损害的能力。其中，汽车防止事故发生的能力又称为汽车的主动安全性；而不幸发生事故后，汽车保护乘员和货物不受损害或将损害降低到最小的能力，则称为汽车的被动安全性。典型主动安全装置包括照明和信号灯、防眩目后视镜、ABS（防抱死制动系统）、ASR（驱动防滑系统）、EBD（电子制动力分配）、ESP（车身电子稳定系统）、横向和纵向测距雷达等。良好的主动安全性要求汽车具有宽阔的视野，可靠灵敏的转向、加速和制动性，具有除霜和除雾功能的风窗玻璃，各种操纵件、指示器和信号装置的标志要醒目统一，避免驾驶人错误识别或错误操作而导致车祸。被动安全装置主要有安全带、安全气囊（SRS）、安全玻璃、卡车和挂车侧面及后下部防护装置、可溃缩转向柱以及碰撞吸能区域等。

轿车碰撞吸能区域一般由发动机舱担负。当轿车发生意外的正面碰撞时，发动机舱会折曲变形，以吸收碰撞产生的巨大能量，减少碰撞对车内乘员的猛烈冲击，起到保护车内乘员的作用。与发动机舱相反，车身驾驶室结构应坚固、刚性大，遇到碰撞或翻滚的冲击车厢变形小，以防止车门在运动中自行打开甩出乘员，减小乘员因车厢变形挤压致伤的危险，并有利于车祸后乘员顺利地打开车门逃生。另外，现代轿车也设置有侧门防撞杆（钢梁），其平时可减少路面引起的振动和噪声，在发生侧面撞击或翻车事故时，则可防止异物侵入驾驶室。行李箱也担负着降低后车追尾所致伤害的功能。

防火安全性的结构措施包括：内饰选用阻燃材料制作；燃油箱与排气管出口端之间的距离应不小于300mm或设置有效的隔热装置，燃油箱的加油口和通气口距裸露电气插头或电气开关的距离应大于200mm，燃油箱的通气口应保持畅通，且不能导向驾驶室内，安装应足够牢靠，不致由于晃动和冲击而发生损坏及漏油现象；燃油箱应有足够的刚度和强度，防止汽车发生碰撞后燃油箱漏油引起燃烧，造成碰撞的二次危害。

10. 汽车的噪声

逐渐提高车速，使汽车高速行驶，倾听车外风噪声。风噪声过大，说明车门或车窗密封条变质损坏，或车门变形密封不严，尤其是整形后的事故车。通常，车速越高，风噪声越大。对于空气动力性好的汽车，其密封和隔声性能好，风噪声较小。而对于空气动力学较差的汽车或整形后的事故车，风噪声一般较大。

11. 汽车的其他使用性能

（1）乘员上下车的方便性　乘员上下车的方便性（Passenger Get-in and Get-off Convenience）反映轿车和客车适应乘员上下车的能力，它取决于车门的布置形式和车门踏板的结构参数，如踏板的高度、深度、级数和能见度以及车门的宽度。公交车的上下方便性还影响着线路停车时间和乘员安全。

（2）装卸方便性　装卸方便性（Load and Unload Facility）反映汽车对装卸货物的适应能力，装卸操作的容易和便利程度。汽车的装卸方便性与车厢的高度、可翻倒的栏板数目以及车门的数量和尺寸有关。

（3）容量　容量（Capacity）是指汽车一次允许运载的最大货物量或乘员人数。载货汽车用装载质量、容积比（车厢容积和货物重量比）表示，客车用座位数和乘员站立地板面积表示。

（4）耐久性　耐久性（Endurance）是指汽车在到达需要进行大修的极限技术状态之前，只是通过预防性维护保养措施维持其继续工作的能力。主要评价指标包括第一次大修前的平均行驶里程、大修平均间隔里程和技术使用寿命。新车的质保里程或时间期限是评价汽车耐久性的一个实用指标。

（5）易维护性　易维护性（Service Convenience）是指进行维修检测保养工作时，接触、拆卸、装配和更换汽车各总成和零部件的方便性。一般来说，经市场长期考验，保有量大的品牌汽车具有良好的易维护性。

（6）维修性　维修性（Maintainability）是指在规定的条件下，按规定的程序和操作步骤诊断并排除汽车故障，使其保持或恢复规定功能的能力。一般来说，经市场长期考验，客户口碑良好的汽车都具有较好的维修性。

（7）质量利用系数　质量利用系数（Ratio of Kerb Mass to Pay Mass）等于汽车装载质量与整备质量的比值，反映单位整备质量的承载能力。汽车质量利用系数越高，说明设计和制造水平高，使用经济性好，它是反映汽车技术水平的一个重要指标。我国轻型汽车质量利用系数一般为 1.1 左右，中型车在 1.35 左右，重型车为 1.3~1.7。

（二）任务实施与考核

1）老师为每组学生准备一台二手车、钢直尺（300mm）、踏板力计、皮尺（100m）和转向参数测试仪等。

2）学生结合本任务的知识与技能学习，利用现有的工具和设备等，对指定的二手车进行动态检查，并完成表 2-13 所示的工作单。

表 2-13　技能学习工作单

实训项目：动态检查

班级学号		姓名	

一、请描述委托评估二手车的基本情况
①二手车的类别：_____
②二手车名称：_____、_____型号_____
③二手车生产厂家：_____、_____生产日期：_____
④二手车初次注册登记日期：_____、_____行驶里程：_____

(续)

班级学号		姓名	

二、无负荷工况检查

1. 发动机起动状况检查
   能否顺利起动？　　　　　　　　　　　　　　　　　　　　□能　□否
   如果不能顺利起动，请描述检查诊断过程及得出的结论_____
   _____
   _____

2. 发动机怠速运转检查
   （1）怠速运转是否平稳？　　　　　　　　　　　　　　　□是　□否
   如果不平稳，请说明现象，并分析可能存在的故障原因_____
   _____
   _____

   （2）怠速时，各仪表指示是否正常？　　　　　　　　　　□是　□否
   如果不正常，请说明故障仪表的名称，并分析可能存在的故障_____
   _____
   _____

3. 发动机加速和减速检查
   故障现象描述及可能存在的故障分析
   _____
   _____
   _____

4. 是否有发动机窜油、窜气的现象？　　　　　　　　　　　　□是　□否
   如果有窜油、窜气现象，请分析可能存在的故障
   _____
   _____
   _____

5. 发动机排气烟色为_____色，说明_____
6. 发动机熄火是否正常？　　　　　　　　　　　　　　　　　□是　□否
7. 转向系统检查
   （1）转向盘自由行程是否正常？　　　　　　　　　　　　□是　□否
   如果不正常，可能存在的故障有：
   _____
   _____

   （2）转向系统间隙是否正常？　　　　　　　　　　　　　□是　□否
   如果不正常，可能存在的故障有：
   _____
   _____
   _____

（续）

班级学号		姓名	

三、路试检查

1. 离合器的检查

   （1）记录离合器检查结果
   _____
   _____
   _____

   （2）可能存在的故障 _____

2. 变速器的检查

   （1）记录变速器检查结果
   _____
   _____
   _____

   （2）可能存在的故障 _____

3. 传动轴及驱动桥的检查

   （1）记录传动轴及驱动桥的检查结果
   _____
   _____
   _____

   （2）可能存在的故障 _____

4. 制动性的检查

   （1）记录制动性的检查结果
   _____
   _____
   _____

   （2）可能存在的故障 _____

5. 转向操纵性的检查

   （1）记录转向操纵性的检查结果
   _____
   _____
   _____

   （2）可能存在的故障 _____

6. 动力性的检查

   （1）记录动力性的检查结果
   _____
   _____
   _____

(续)

班级学号		姓名	

（2）可能存在的故障_____

7. 其他检查

（1）记录检查结果

_____

_____

_____

（2）可能存在的故障_____

自我评价（个人技能掌握程度）：□非常熟练　□比较熟练　□一般熟练　□不熟练

教师评语：（包括工作单填写情况、检查方法、检查全面性和判断的准确性等方面，并按等级制给出成绩）

实训记录成绩_____教师签字：_____ _____年_____月_____日

任务四　二手车技术状况的仪器检查

一、任务分析

二手车技术状况的仪器检查在二手车鉴定评估中主要用于对被评估二手车用动态检查性能把握不准和不熟悉，并且对评估准确性要求较高的情况，常用于较高档的车型和司法鉴定评估。

二手车的技术状况好坏是由汽车的各种性能参数决定的。这些性能参数反映了汽车在特定性能方面的情况。它涉及汽车的行驶安全性、能源消耗情况和对环境的影响情况等，采用特定的检测仪器和特定的试验方法，获得这些参数的具体值，然后对比相应的国家法规和标准，评定二手车性能。

良好的技术状况是保障二手车行驶安全的根本，同时也是正确评估二手车价格的基本依据。如何获得二手车的技术状况，评判二手车的技术状况是否达到要求，是每一个二手车鉴定评估师必须掌握的知识。由于二手车鉴定评估机构很难拥有自己的检测线，所以二手车技术状况的仪器检查一般需依托汽车综合性能检测站按规定的技术要求进行作业。二手车技术鉴定评估人员，并不需要十分清楚地了解具体项目的检测设备和检测方法有，但必须能够对检测结果进行合理的技术分析，以对车辆技术状况给出准确的评价。

二、相关知识

（一）汽车检测站的任务及类型

汽车检测站是综合运用现代检测技术，对汽车实施不解体检测诊断的机构。它具有现代的检测设备和检测方法，能在室内检测出车辆的各种性能参数，并能诊断出各种故障，为全面、准确评价汽车的使用性能和技术状况提供可靠依据。

1. 检测站任务

按照《汽车运输业车辆综合性能检测站管理办法》的规定，汽车检测站的主要任务如下：

1）对在用运输车辆的技术状况进行检测诊断。

2）对汽车维修行业的维修车辆进行质量检测。

3）接受委托，对车辆改装、改造、报废及其有关新工艺、新技术、新产品和科研成果等项目进行检测，提供检测结果。

4）接受公安、环保、商检、计量和保险等部门的委托，为其进行有关项目的检测，提供检测结果。

2. 检测站类型

按不同的分类方法，汽车检测站可以分为不同的类型。

（1）按服务功能分类　按服务功能检测站可分为安全检测站、维修检测站和综合检测站三种类型。

1）安全检测站是国家的执法机构，不是营利性企业。它按照国家规定的车检法规，定期检测车辆中与安全和环保有关的项目，以保证汽车安全行驶，并将污染降低到允许的限度。这种检测站对检测结果只显示"合格""不合格"两种，而不做具体数据显示和故障分析，因而检测速度快，检测效率高。如果自动化程度比较高，其年度检车量可达数万辆次。检测合格的车辆凭检测结果报告单办理年审签证，在有效期内准予车辆行驶。这种检测站一般由车辆管理机关直接建立或由车辆管理机关认可的汽车运输企业和汽车维修企业等企业单位或事业单位建立，也可多方联合建立。

2）维修检测站主要是从车辆使用和维修的角度，担负车辆维修前、后的技术状况检测。它能检测出车辆的主要使用性能，并能进行故障分析与诊断。它一般由汽车运输企业或汽车维修企业建立。

3）综合检测站既能担负交通运输管理部门的综合性能检测、公安机关交通管理部门的安全性检测及环保部门的环保性能检测，又能担负车辆使用和维修企业的技术状况检测与诊断，还能承接科研或教学方面的性能试验和参数测试。这种检测站检测设备多，自动化程度高，数据处理迅速准确，因而功能齐全，检测项目广且深度大，可为合理制定诊断参数标准、诊断周期以及为科研、教学、设计、制造和维修等部门或单位提供可靠依据，并能担负对检测设备的精度测试等工作。

（2）按规模大小分类　按规模大小，检测站可分为大、中、小三种类型。其中，大型检测站检测线多，自动化程度高，年检能力大，且能检测多种车型。大型综合检测站可成为一定地区范围内的检测中心。中型检测站至少有两条检测线，目前我国地市级及以上的城市建成或正在筹建的检测站多为这种类型。小型检测站主要指那些服务对象单一的检测站，如规模不大的安全检测站和维修检测站就属于这种类型，它不能担负更多的检测任务。这种检测站设有一条或两条作用相同的检测线。如果是一条检测线时，它能兼顾大、小型汽车的检测；如果是两条检测线时，其中一条线是专检小型汽车，而另一条线大小型汽车兼顾。这种规模的检测站，在国外较为常见。有些检测站虽然服务对象单一，但站内设置的检测线较多，因而不应再称为小型检测站，如国外把拥有四条安全环保检测线的检测站视为中型检测站。

（3）按自动化程度分类　按检测线的自动化程度，检测站可分为手动式、半自动式和全自动式三种类型。手动式检测站的各检测设备，由人工手动控制检测过程，从各单机配备的指示装置上读数，笔录检测结果或由单机配备的打印机打印检测结果，因而占用人员多、检测效率低和读数误差大，多适用于维修检测站。全自动式检测站利用微机控制系统将检测线上各检测设备连接起来，除车辆上部和下部的检查工位仍需人工检查外，能自动控制其他所有工位上的检测过程，使设备的起动与运转、数据采集、分析判断、储存、显示和集中打印报表等全过程实现自动化。检测线负责人可坐在主控制室内通过闭路电视观察各工位的检测情况，并通过检测程序向各工位受检车辆的引车员和检测员发出各种操作指令。每一项检测结果均能在主控制室内的微机显示器和各工位上的检验程序指示器上同时显示，因而检测线负责人、各工位检测员和引车员均能随时了解每一项检测结果。

由于全自动式检测站自动化程度高，检测效率高，能避免人为的判断错误，因而获得广泛应用，目前国内外的安全检测站和综合性能检测站全部为这种形式。半自动式检测站的自动化程度和范围介于手动式和全自动式检测站之间，一般是在原手动式检测站的基础上将部分检测设备（如侧滑检测台、制动检测台和车速表检测台等）与微机联网，以实现自动控制，而另一部分检测设备（如烟度计、废气分析仪、前照灯检测仪和声级计等）仍然手动操作，当微机联网的检测设备因故不能进行自动控制时，各检测设备仍可手动使用。

（4）按站内检测线数分类　按站内检测线数，检测站可分为单线检测站、双线检测站和三线检测站等多种类型。总之，站内有几条检测线，就可以称为几线检测站。

（5）按所有制分类　按所有制，检测站可分为全民所有（国家经营）检测站、集体所有（集体经营）检测站和个体所有（私人经营）检测站三种类型。

（6）综合检测站按职能分类　如果按职能分类，综合检测站可分为A级站、B级站和C

级站三种类型,其职能如下:

1) A级站能全面承担检测站的任务,即能检测车辆的制动、侧滑、灯光、转向、前轮定位、车速表、车轮动平衡、底盘输出功率、燃料消耗、发动机功率和点火系统状况以及异响、磨损、变形、裂纹、噪声和废气排放等状况。

2) B级站能承担在用车辆技术状况和车辆维修质量的检测,即能检测车辆的制动、侧滑、灯光、转向、车轮动平衡、燃料消耗、发动机功率和点火系统状况以及异响、变形、噪声和废气排放等状况。

3) C级站能承担在用车辆技术状况的检测,即能检测车辆的制动、侧滑、灯光、转向、车轮动平衡、燃料消耗、发动机功率以及异响、噪声和废气排放等状况。

(二)汽车检测站的组成及工位布置

1. 检测站的组成

检测站主要由一条至数条检测线组成。对于独立而完整的检测站,除检测线外,还应包括停车场、清洗站、泵气站、维修车间、办公区和生活区等设施。

1) 安全检测站,一般由一条至数条安全环保检测线组成。即使较小规模也有两条安全环保检测线,其中,一条为大、小型汽车通用自动检测线,另一条为小型汽车(轴质量500kg或以下)的专用自动检测线。除此以外,还配备一条新规检测线,以对新车登记和检测之用。

2) 维修检测站。一般由一条至数条综合检测线组成。

3) 综合检测站。一般由安全环保检测线和综合检测线组成,可以各为一条,也可以各为数条。

我国交通系统建成的检测站大多属于综合检测站,一般由一条安全环保检测线和一条综合检测线组成,如图2-54所示。

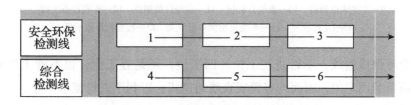

图2-54 双线综合检测线平面布置示意图
1—外观检查工位 2—侧滑制动车速表工位 3—灯光尾气工位
4—外观检查及车轮定位工位 5—制动工位 6—底盘测功工位

由于对环境保护的日益重视,环保管理部门要求对机动车的排放性进行单独检测,所以一些综合性能检测站也单独设置了一条到数条环保检测线,主要用于机动车尾气排放性能的检测。此时,原安全环保检测线上的相应检测项目不应再进行检测。

2. 检测线工位布置

不管是安全环保检测线，还是综合检测线，它们都由多个检测工位组成，布置形式多为直线通道式，检测工位则是按一定顺序分布在直线通道上。

（1）安全环保检测线　手动式和半自动式的安全环保检测线一般由外观检查（人工检查）工位、侧滑制动车速表工位和灯光尾气工位三个工位组成，其中，外观检查工位带有地沟。全自动式安全环保检测线既可以由上述三工位组成，也可以由四工位或五工位组成。五工位一般是汽车资料输入及安全装置检查工位、侧滑制动车速表工位、灯光尾气工位、车底检查工位（带有地沟）综合判定及主控制室工位，如图 2-55 所示。

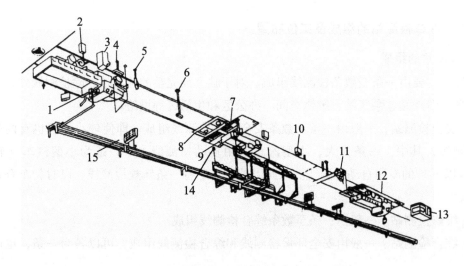

图 2-55　国产五工位全自动安全环保检测线

1—进线指示灯　2—烟度计　3—汽车资料登录计算机　4—安全装置检查不合格项目输入键盘
5—烟度计检验程序指示器　6—电视摄像机　7—制动试验台　8—侧滑检验台
9—车速表试验台　10—废气分析仪　11—前照灯检测仪　12—车底检查工位
13—主控制室　14—车速表检测申报开关　15—检验程序指示器

对于安全环保检测线，不管是三工位、四工位，还是五工位，也不管工位顺序如何编排，其检测项目是固定的，因而均布置成直线通道式，以利于进行流水作业。

（2）综合检测线　A 级站的综合检测线一般有两种类型：一种是全能综合检测线，另一种是一般综合检测线。全能综合检测线设有包括安全环保检测线主要检测设备在内的比较齐全的工位，而一般综合检测线设置的工位不包括安全环保检测线的主要检测设备。

图 2-56 所示的综合检测线是一种接近全能的综合检测线。它由发动机测试及车轮平衡工位、底盘测功工位、车轮定位及车底检查工位组成，除路试制动性能不能检测外，安全环保检测线上的其他检测项目均能在该线上检测。

项目二 现场鉴定

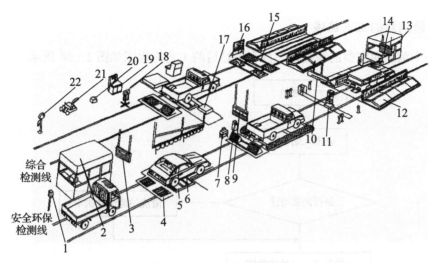

图 2-56 双线综合检测站

1—进线指示灯 2—进线控制室 3—L 工位检验程序指示器 4、15—侧滑试验台
5—测试台 6—车速表试验台 7—烟度计 8—排气分析仪 9—ABS 工位检验程序指示器
10—HX 工位检验程序指示器 11—前照灯检测仪 12—地沟系统 13—主控制室
14—P 工位检验程序指示器 16—前轮定位检测仪 17—底盘测功工位 18、19—发动机综合测试仪
20—机油清净性分析仪 21—就车式车轮平衡机 22—轮胎自动充气机

A 级站的一般综合检测线主要由底盘测功工位组成，能承担除安全环保检测项目以外项目的检测诊断，必要时车辆需开到安全环保检测线上才能完成有关项目的检测，我国已建成的综合检测站有相当多是属于这种类型的，与全能综合检测线相比，一般综合检测线设备少，建站费用低，但检测效率也低。

B 级综合检测站和 C 级综合检测站的综合检测线不包括底盘测功工位。

随着汽车技术的不断发展，汽车检测技术也不断更新，新的检测设备逐渐被研发，检测线的工位布置及各工位配备的仪器设备和功能也不断改进，如最新设计的六工位双线综合性能检测线设计如图 2-57 所示。

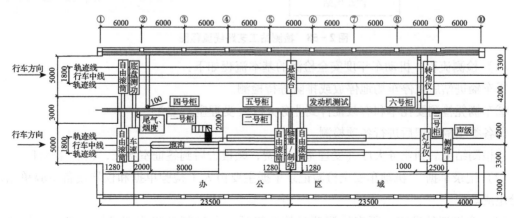

图 2-57 最新设计的六工位双线综合性能检测线设计

101

(三) 检测站的工艺路线

对于一个独立而完整的检测站，汽车进站后的工艺流程图如图 2-58 所示。

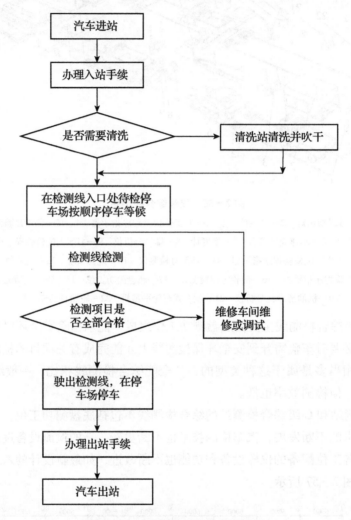

图 2-58 检测站工艺路线流程图

(1) 检测流程　机动车年度安全检测的基本流程如下：

①车辆进站后在停车场地停放或排队等待检测。

②车辆凭检测委托单和有效证件到业务大厅（受理室）登记。

③各类车辆登记后进行各项检测。

④检测结束后到业务大厅（受理室）交费，领报告后到签证室签证，领取合格证。

(2) 记录单据　机动车安全检验记录单据主要由人工检验单据和仪器设备检验单据两部分组成。

(3) 合格证的发放　所有检测项目均合格后，车辆管理机构即可核发机动车年度安全检验合格证。

三、实施与考核

(一) 技能学习

汽车主要检测内容及其采用的仪器设备见表 2-14。

表 2-14 汽车主要检测内容及其采用的仪器设备

检测项目			检测仪器设备
整车性能	动力性	底盘输出功率	底盘测功机
		汽车直接加速时间	底盘测功机（装有模拟质量）
		滑行性能	底盘测功机
	燃油经济性	等速百公里油耗	底盘测功机、油耗仪
	制动性	制动力	制动检测台、轮重仪
		制动力平衡	制动检测台、轮重仪
		制动协调时间	制动检测台、轮重仪
		车轮阻滞力	制动检测台、轮重仪
		驻车制动力	制动检测台、轮重仪
	转向操作性	转向轮横向侧滑量	侧滑检验台
		转向盘最大自由转动量	转向力-转向角检测仪
		转向操纵力	转向力-转向角检测仪
		悬架特性	底盘测功机
	前照灯	发光强度	前照灯检测仪
		光束照射位置	前照灯检测仪
	排放污染物	汽油车怠速污染物排放	废弃分析仪
		汽油车双速污染物排放	废弃分析仪
		柴油车排气可污染物	不透光仪
	喇叭声级		声级仪
	车辆防雨密封性		淋雨测试台
	车速表指示误差		车速表测试台
发动机部分	发动机功率		无负荷测功仪
			发动机综合测试仪
	气缸密封性	气缸压力	气缸压力表
		曲轴箱窜气量	曲轴箱窜气量检测仪
		气缸漏气率	气缸漏气量检测仪
		进气管真空度	真空表

(续)

检测项目		检测仪器设备
发动机部分	起动系统	起动电流 蓄电池起动电压 起动转速	发动机综合测试仪 汽车电气万能测试台
	点火系统	点火波形 点火提前角	专用示波器 发动机综合测试仪
	燃油系统	燃油压力	燃油压力表
	润滑系统	机油压力 机油品质	机油压力表 机油品质检测仪
	异响		发动机异响诊断仪
底盘部分		离合器打滑	离合器打滑测定仪
		传动系统游动角度	游动角度检测仪
行驶系统		车轮定位	四轮定位仪
		车轮不平衡	车轮平衡仪
空调系统		系统压力	空调压力表
		空调密封性	转向盘最大自由转动量	转向力-转向角检测仪
电子设备			微机故障诊断仪

检测汽车性能指标需要的设备有很多,其中,最主要的有底盘测功机、制动检验台、油耗仪、侧滑试验台、前照灯检测仪、车速表试验台、发动机综合测试仪、示波器、四轮定位仪和车胎平衡仪等设备,这些设备一般在汽车的综合性能检测中心(站)或汽车修理厂采用,操作难度较大,二手车鉴定评估人员不需要掌握这些设备的使用,但对于一些常规的和小型检测设备应能掌握,以迅速快捷地判断汽车常见故障。这些设备仪器主要有气缸压力表、真空表、万用表、正时枪、燃油压力表、废气分析仪、烟度计、声级计和微机故障诊断仪(俗称解码仪)等。

1. 汽车主要性能的检测

(1) 车速表检测 按照《机动车运行安全技术条件》(GB 7258—2017)的有关规定,车速表指示误差的检验宜在滚筒式车速表检验台上进行。对于无法在车速表检验台上检验车速表指示误差的机动车(如全时四轮驱动汽车和具有驱动防滑控制装置的汽车等),可路试检验车速表指示误差。

车速表指示车速 v_1(km/h) 与实际车速 v_2(km/h) 之间应符合下列关系式

$$0 \leq v_1 - v_2 \leq \frac{v_2}{10} + 4 \text{km/h}$$

将被测机动车驶上车速表检验台的滚筒上并使车轮旋转,当该机动车车速表的指示值 v_1 为 40km/h 时,车速表检验台速度指示仪表的指示值 v_2 在 32.8~40km/h 范围内为合格。

当车速表检验台速度指示仪表的指示值 v_2 为 40km/h 时，读取该机动车车速表的指示值 v_1，当 v_1 的读数在 40~48km/h 范围内时为合格。

（2）侧滑检测标准　《机动车运行安全技术条件》（GB 7258—2017）规定：汽车的车轮定位应符合该车有关技术条件。车轮定位值应在产品使用说明书中标明。对前轴采用非独立悬架的汽车，其转向轮的横向滑移量用侧滑台检测时其值应在 -5~+5m/km 范围内。规定侧滑量方向为外正内负。

（3）汽车制动性能检测

①制动力要求。前轴制动力与前轴轴荷之比大于或等于 60%；制动力总和与整车质量之比，空载大于或等于 60%，满载大于或等于 50%；乘用车和总质量不大于 3500kg 的载货汽车后轴制动力与后轴轴荷之比大于或等于 20%。

②制动平衡要求。在制动力增长的全过程中同时测得的左右轮制动力差的最大值，与全过程中测得的该轴左右轮最大制动力中较大者之比，前轴不应大于 20%；对后轴（及其他轴）在轴制动力不小于该轴轴荷的 60% 时，不应大于 24%；当后轴（及其他轴）轴制动力小于该轴轴荷的 60% 时，在制动力增长的全过程中同时测得的左右轮制动力差的最大值不应大于该轴轴荷的 8%。

③协调时间要求。《机动车运行安全技术条件》规定：对采用液压制动系统的车辆，协调时间不得大于 0.35s；对采用气压制动系统的车辆，协调时间不得大于 0.60s；汽车、列车、铰接客车、铰接式无轨电车的制动协调时间不应大于 0.80s。

④进行制动检测时车辆各轮的阻滞力均不得大于该轴轴荷的 5%。

⑤驻车制动力总和应不小于该车在测试状态下整车质量的 20%，对质量为整备质量 1.2 倍以下的车辆，此值为 15%。

⑥汽车制动完全释放时间（从松开制动踏板到制动消除所需要的时间）不应大于 0.80s。

⑦进行制动性能检测时的制动踏板力或制动气压应符合以下要求：

满载检验时：

a. 气压制动系统。气压表的指示气压小于或等于额定工作气压。

b. 液压制动系统。乘用车踏板力小于或等于 500N，其他机动车踏板力小于或等于 700N。

空载检验时：

c. 气压制动系统。气压表的指示气压小于或等于 600kPa。

d. 液压制动系统。乘用车踏板力小于或等于 400N，其他机动车踏板力小于或等于 450N。

（4）前照灯检测标准　前照灯光束偏移量的检测标准如下：

①在检验前照灯近光光束照射位置时，前照灯照射在距离 10m 的屏幕上，乘用车前照灯近光光束明暗截止线转角或中点的高度应为 (0.7~0.9)H（H 为前照灯基准中心高度），其他机动车（拖拉机除外）应为 (0.6~0.8)H。机动车（装有一只前照灯的机动

车除外）前照灯近光光束水平方向位置向左偏不允许超过170mm，向右偏不允许超过350mm。

②按照上述方法检查轮式拖拉机运输机组装用的前照灯近光光束照射位置时，要求在屏幕上光束中点的离地高度不允许大于0.7H；水平位置要求向右偏不允许超过350mm，不允许向左偏移。

③在检验前照灯远光光束及远光单光束照射位置时，前照灯照射在距离10m的屏幕上，要求乘用车光束中心离地高度为（0.9~1.0）H，其他机动车为（0.8~0.95）H；机动车（装有一只前照灯的机动车除外）前照灯远光光束水平方向位置，左灯向左偏不允许超过170mm，向右偏不允许超过350mm；右灯向左或向右偏均不允许超过350mm。

(5) 汽车动力性检测　动力性是汽车重要的基本性能之一，它直接影响汽车运输效率的高低，动力性的高低直接取决于发动机的性能。汽车使用一段时间之后，其技术状况会发生改变，动力性也会发生改变。汽车动力性的检测方法有道路试验和室内台架试验两大类。

1) 汽车动力性台架检测。汽车动力性台架试验主要是用无外载测功仪（或无负荷测功仪）检测发动机功率，底盘测功机检测汽车的最大输出功率、最高车速和加速能力。室内台架试验不受气候和驾驶人技术条件等客观因素的影响，只受测试仪本身精度的影响，测试易于控制，所以在汽车检测站广泛应用。

为了使测量结果更为精确，底盘测功机的生产厂家都在说明书中给出了底盘测功机本身在测试过程中随转速变化机械摩擦所消耗的功率，对风冷式测功机还会给出冷却风扇随转速变化所消耗的功率。此外，底盘测功机的结构不同，对汽车在滚筒上模拟道路行驶时的滚动阻力也不同，在说明书中还会给出不同尺寸的车轮在不同转速下滚动阻力系数。

2) 汽车底盘输出功率的检测方法。通过底盘测功机可以检测车辆的最大底盘驱动功率，从而评定车辆的技术状况等级。底盘测功机又叫作底盘测功试验台，是一种不解体汽车而测量驱动轮输出功率的台架检测装置，是汽车动力性能测试的重要设备。通过在室内台架上模拟汽车道路行驶工况的方法不仅可检测汽车的动力性，还可以测量汽车多工况排放指标及油耗。此外，底盘测功机还能方便地进行汽车的加载调试和诊断汽车在负载条件下出现的故障等。在汽车底盘测功机上进行试验时，可以对试验条件进行控制，从而使周围环境条件的影响降到最小；同时，通过功率吸收加载装置来模拟道路行驶的阻力，控制行驶状况，因此可以进行某些模拟实际行驶状况的复杂循环试验。

底盘测功机分为两类，一是单滚筒底盘测功机，其滚筒直径大（1500~2500mm），制造和安装费用大，但其测试精度高，一般用于汽车生产厂家和科研单位；二是双滚筒式底盘测功机，其滚筒直径小（180~500mm），设备成本低，使用方便，测试精度稍差，一般用于汽车使用、维修行业及汽车检测线和检测站。底盘测功机通常由滚筒装置、加载装置、惯性模拟装置、测量和辅助装置四大部分组成，如图2-59所示。

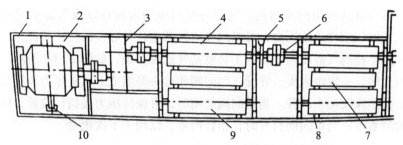

图 2-59 普通型底盘测功机道路模拟结构示意图
1—机架 2—功能吸收装置 3—变速器 4—滚筒 5—速度传感器
6—万向节 7—举升器 8—制动器 9—滚筒 10—力传感器

①在动力性检测之前,必须按汽车底盘测功机说明书的规定进行试验前的准备。台架举升器处于举升状态,无举升器者滚筒必须锁定;车轮轮胎表面不得夹有小石子或坚硬物。

②汽车底盘测功机控制系统、道路模拟系统、引导系统和安全保障系统等必须工作正常。

③在动力性检测过程中,控制方式处于恒速控制,当车速达到设定车速(误差±2km/h)并稳定5s后,通过计算机读取车速与驱动力数值,计算汽车底盘输出功率。

④输出检测结果。

3)发动机功率的检测方法。发动机输出的有效功率是发动机的综合性能评价指标。该指标直接描述了发动机的技术状况,定量地说明了发动机的动力性。目前,发动机功率的检测方法有无负荷测功法和有负荷测功法两种。其中,有负荷测功法需要将发动机从汽车上卸下,不便于就车检测,其测量的功率精度较高;无负荷测功法又称为动态测功法,它是利用发动机无外载测功仪检测发动机功率,使用方便,检测快捷。具体做法是,当发动机在怠速或空载某一低速下运转时,突然全开节气门,使发动机克服惯性和内摩擦阻力而加速运转,其加速性能的好坏可以直接反映出发动机功率的大小。

4)数据处理。目前,不同厂家生产的底盘测功机显示内容不尽相同,有的显示功率吸收装置吸收功率的数值,有的显示驱动轮输出的最大底盘输出功率的数值。对于显示功率吸收装置所吸收功率数值的,在数据处理时,必须增加汽车在滚筒上滚动阻力消耗的功率、台架机械阻力消耗的功率及风冷式功率吸收装置风扇所消耗的功率。

用发动机无外载测功仪测得的发动机功率为净功率。若检测车辆发动机的额定功率为总功率,那么,测得的功率应加上发动机附件消耗的功率,才能与额定功率进行比较。

5)发动机气缸密封性检测。发动机气缸密封性是由气缸活塞组、气门与气门座以及气缸盖、气缸体、气缸垫和相关零件的配合保证的。发动机在长期使用过程中气缸活塞组零件逐渐磨损、气门与气门座磨损、烧蚀,以及缸体和缸盖密封面变形,导致气缸漏气,密封性降低,从而导致发动机功率下降,油耗增加。因此,为了使发动机保持良好的工作状态,需对发动机的密封性进行检测。通常,通过检测气缸压缩压力来评价气缸的密封性。

气缸压缩终了时刻的压力与发动机的热效率和平均指示压力有密切的关系。影响气缸压缩压力的因素有气缸活塞组的密封性、气门与气门座的密封性以及气缸垫的密封性等。因此，通过测量气缸压缩终了的压力，可以间接地判断上述各部位的技术状况。

①检测工具。检测气缸压缩压力的工具就是气缸压力表，如图2-60所示。气缸压力表是一种专用压力表，一般由表头、导管、单向阀和接头等组成。气缸压力表接头有螺纹管接头和锥形或阶梯形橡胶接头两种。当单向阀关闭时，可保持压力表指针位置，便于读出气缸压缩压力的检测数值；当单向阀打开时，指针回零，以用于下次测量。

图2-60 气缸压力表

②检测方法。

a. 发动机运转直到正常工作温度，用压缩空气吹净火花塞周围的脏物。

b. 拆下全部火花塞或喷油器（柴油机），并按气缸顺序依次放置。从点火线圈上卸下次级线圈插头，拆下空气滤清器。

c. 把气缸压力表的橡胶接头放在被测气缸的火花塞孔内，扶正压紧；或把螺纹管接头拧在火花塞孔上。

d. 节气门置于全开位置。

e. 用起动机带动曲轴旋转3~5圈，在压力表表头指针指示最大压力时停止转动，记录读数，然后按下单向阀使指针归零。

f. 按上述方法依次测量各缸，每缸的测量次数不少于两次，每缸测量结果取算数平均数，按相反顺序依次装回火花塞、分缸线和空气滤清器。

③检测结果分析。发动机气缸压缩压力的技术标准按GB/T 15746—2011《汽车修理质量检查评定标准发动机大修》的标准要求，大修后气缸压力值应符合原设计要求，各缸压力差汽油机小于5%，柴油机小于8%。

测完气缸压力后，与标准进行比较，可以做出以下几种情况的判断：

a. 有的气缸在2~3次测量中，检测结果差异较大，说明气门有时关闭不严。

b. 相邻两缸压力读数偏低或很低，是由于相邻两缸间气缸衬垫烧蚀导致漏气或缸盖螺栓未拧紧所致。

c. 若气缸压力检测结果偏低，可向该火花塞孔内注入20~30mL机油，然后重新检测。若第二次检测结果比第一次高，接近标准压力，表明由于气缸、活塞环和活塞磨损严重或活塞环对口、卡死、断裂或缸壁拉伤等原因而导致气缸密封性不良；若第二次检测结果与第一次近似，表明气缸密封性不良的原因在于进、排气门或气缸衬垫密封性不好。

d. 如果一缸或数缸压力偏高，汽车行驶中又出现过热或爆燃现象，表明积炭过多或经过大修后缸径增大而改变了压缩比。

2. 进气歧管真空度检测

进气歧管真空度指进气管内的进气压力与外界大气压力之差。通过检测发动机进气歧管真空度来评价发动机的气缸密封性，主要是针对汽油机而言。

进气歧管真空度与发动机技术状况有关，可以反映气缸活塞组和进气歧管的密封性。若进气管垫和真空点火提前机构等处密封不良，气缸活塞组和配气机构因磨损或故障间隙增大，以及点火系统和供油系统的调整等都会影响发动机进气歧管的真空度。因此，通过对进气歧管真空度的检测也可发现这些部位的故障。

(1) 检测工具　进气歧管真空度检测采用真空表。真空表由表头和软管构成，软管一头固定在真空表上，另一头可方便地连接在进气歧管的接头上。

(2) 检测方法　检测步骤如下：

①发动机预热至正常工作温度。

②把真空表软管与进气歧管上的检测孔连接。

③变速器置于空档，发动机在急速下稳定运转。

④在真空表上读取真空度读数。

(3) 检测标准　当汽油发动机在急速时，进气歧管真空度应在50~70kPa范围内。进气歧管真空度波动：六缸汽油机不超过3kPa，四缸汽油机不超过51kPa（大气压力以海平面为准）。

进气歧管真空度随海拔升高而降低。海拔每升高1000m，真空度将降低10kPa左右。因此，检测发动机进气歧管真空度时，应根据当地海拔修正检测标准。

(4) 检测结果分析

①发动机密封性正常。真空表指针的指示应稳定在50~70kPa范围内。海拔每增加304.8m，真空表读数相应降低3.38kPa。发动机密封性正常时，真空表读数如图2-61a所示（白针表示稳定，黑针表示假想漂移）。

②气门与气门座不密封。该气门处于关闭时，真空表指针跌落3~23kPa，而且指针有规律地波动，如图2-61b所示。

③气门与导管卡滞。当气门处于关闭时，真空表指针为有规律地迅速跌落10~16kPa，如图2-61c所示。

④气门弹簧折断或弹力不足。发动机在200r/min下运转，真空表指针在33~74kPa范围内迅速摆动。某一根气门弹簧折断，指针将相应地快速波动，如图2-61d所示。

⑤气门导管磨损。真空表读数较正常值低10~13kPa，且缓慢地在47~60kPa范围内摆动，如图2-61e所示。

⑥活塞环磨损。当发动机转速升至2000r/min时，突然关闭节气门，真空表指针迅速跌落至6~16kPa；当节气门关闭时，指针不能恢复到83kPa，如图2-61f所示。当迅速开启节气门时，指针低于6kPa，则活塞环工作良好。

⑦气缸衬垫窜气。真空表读数从正常值突然跌落至33kPa,当泄漏气缸在工作行程时,指针又恢复正常值,如图2-61g所示。

⑧混合气过稀或过浓。当混合气过稀时,指针不规则跌落;当混合气过浓时,指针缓慢摆动,如图2-61h所示。

⑨进气歧管衬垫漏气与排气系统堵塞。当进气歧管漏气时,真空表指示值比正常值低10~30kPa;当排气系统堵塞时,发动机转速升至2000r/min。突然关闭节气门,真空表指针从83kPa跌落至61kPa以下,并迅速回至正常,如图2-61i所示。

⑩点火过迟。真空表指针稳定地指示在47~57kPa范围内,如图2-61j所示。

⑪气门开启过迟。真空表指针稳定地指示在27~50kPa范围内,如图2-61k所示。

⑫火花塞电极间隙太小,断电器触点接触不良。真空表指针缓慢地摆动在47~54kPa范围内,如图2-61l所示。

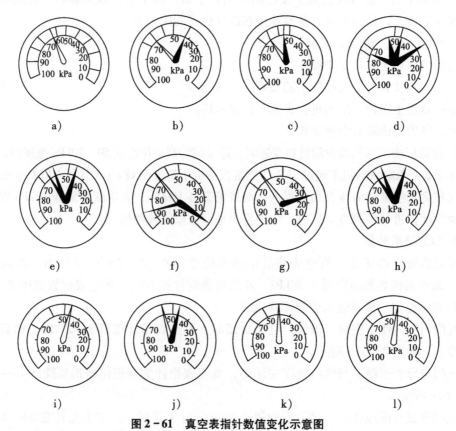

图2-61 真空表指针数值变化示意图

3. 排放污染物检测

汽车排气污染物的成分及其危害随着汽车工业的迅速发展,汽车保有量快速增加,汽车排放的污染物造成的环境污染情况也日趋严重。汽车排放造成的污染对社会、环境和人类的健康已经成为严重的社会问题,因此,对汽车排放污染物的监控与防治,已到刻不容缓的地步。为了控制汽车的排放污染,世界各国都将汽车排放作为一项很重要的汽车检测项目。我国也逐步完善了控制汽车排放物的标准。要做好汽车排放污染物的监控与防治，首先要做好汽车排放的检测工作。

汽车排放的污染物由汽车的排气管、曲轴箱和燃油系统排出，分别称为排气污染物（又称为尾气）、曲轴箱污染物和燃油蒸发污染物。此外，还有含氯氟烃（CFCs）和二氧化碳（CO_2）等各种有害成分，直接或间接危害人类的健康。

（1）检测设备　检测仪器为废气分析仪，检测汽油车排放污染物的方法是怠速法和双怠速法。废气分析仪有两气体、四气体和五气体之分。两气体分析仪只检测汽车排气中CO和HC两种气体，四气体分析仪能检测汽车排气中CO、HC、CO_2和O_2（氧气）四种气体，五气体分析仪可检测CO、HC、CO_2、O_2和NO_x五种气体。目前广泛采用的仍是不分光红外线两气体分析仪。

不分光红外线两气体分析仪是一种能从汽车排气管中采集气样，并对其中所含CO和HC的含量进行连续测量的仪器。它由废气取样装置、废气分析装置含量指示装置、校准装置和校准气样校准装置等组成，如图2-62a所示。

1）废气取样装置。废气取样装置是由取样头、滤清器、导管、水分离器和泵等组成的。先由取样头、导管和泵从汽车的排气管里采集废气，再用滤清器和水分离器把废气中的炭渣、灰尘和水分除掉，只将废气送入分析装置。

2）废气分析装置。废气分析装置由红外线光源、气样室、旋转扇轮和传感器等组成。该装置是按着不分光红外线分析法，从来自取样装置混有多种成分的废气中，测量出CO和HC的含量，并以电信号的形式输送给含量指示装置。

3）含量指示装置。综合式分析仪的含量指示装置主要由CO指示装置和HC指示装置组成，如图2-62b所示。从废气分析装置送来的电信号，在CO指示仪表上CO含量以体积分数（%）指示出来，在HC指示仪表上HC含量以正己烷当量体积分数（10^6）指示出来。仪表的指示可利用零点调整旋钮、标准调整旋钮和读数档位转换开关等进行控制。此外，还可以通过气流通道一端设置的空气流量传感器，得知废气通道是否有滤清器脏污等异常情况。

4）校准装置。校准装置是为了保证分析仪指示精度，使之能经常显示正确指示值的一种装置。在分析仪上通常设有加入标准气样进行校准的校准装置和机械的简易校准装置。

5）标准气样校准装置。标准气样校准装置是把标准气样从分析仪单设的一个标准气样注入口直接送到废气分析装置，再通过比较标准气样含量值和仪表指示值的方法来校准的装置。简易校准装置是用遮光板把废气分析装置中通过测量气样室的红外线挡住一部分，用减少一定量红外线的方法进行简单校准的装置。

（2）烟度计　对装配压燃式发动机的汽车，我国现行的在用车排放检测方法主要是自由加速试验排气可见污染物测量（用不透光度计）或自由加速试验烟度测量（用滤纸式烟度计），其中滤纸式烟度计使用较广。

从测量原理上来说，滤纸式烟度计是一种非直接测量的计量仪器，它通过检测测量介质被所测量烟度污染的程度大小，来间接得出烟度的大小。仪器的取样系统通过抽气泵和取样探头从柴油车的排气管内取样,在规定时间中,抽取一个规定面积的烟斑,然后通过测量系统的光电测量探头对烟斑的污染程度进行检测,转化为电信号,经过放大和处理,再将测试结果通过显示装置显示出来。

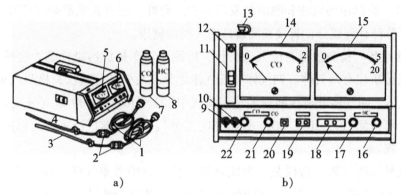

图 2-62 不分光红外线两气体分析仪
a) 外形 b) 面板

1—导管 2—滤清器 3—低含量取样探头 4—高含量取样探头 5、14—CO 指示仪表 6、15—HC 指示仪表
7—标准 CO 气样瓶 8—标准 HC 气样瓶 9—电源开关 10—泵开关 11—空气流量传感器
12—电源指示灯 13—标准气样注入口 16—HC 标准调整旋钮 17—HC 零点调整旋钮 18—HC 读数转换开关
19—CO 读数转换开关 20—简易校准开关 21—CO 标准调整旋钮 22—CO 零点调整旋钮

滤纸式烟度计由采样器和检测器两部分组成。采样抽气系统由抽气气缸、抽气电动机、取样探头以及气路管道系统和控制电路组成。采样时,在控制电路的控制下,电动机带动气缸运动,气缸通过气路管道系统,取样枪从柴油车的排气管内抽取规定容积的废气,并通过测试过滤纸过滤,完成采样过程。

测量系统主要由走纸机构、压纸机构、光电测量探头以及测量电路和结果显示电路组成。测量时,压纸机构张开,走纸电动机带动走纸机构,将被采样系统污染后的测试过滤纸带到光电测量探头下,光电测量探头对其进行测量,通过其内部的测量装置将滤纸污染程度转化为电信号,进行测量电路放大和处理,最后通过显示电路在数字表上将测量结果显示出来。

(3) 急速尾气排放检测
1) 检验前仪器及车辆准备。
①装上长度等于 5.0m 的取样软管和长度不小于 0.6m 并有插深定位装置的取样探头。
②仪器的取样系统不得有泄漏。
③受检车辆发动机进入系统应装有空气滤清器,排气系统应装有排气消声器,并不得有泄漏。
④测量时发动机冷却液和机油温度应达到汽车使用说明书所规定的热状态。
2) 检验程序。
①必要时在发动机上安装转速计。
②发动机由急速工况加速至额定转速的 0.7 倍,维持 60s 后降至急速状态。
③发动机降至急速状态后,将取样探头插入排气管中,深度等于 0.4m,并固定于排气管上。

④发动机在急速状态维持 15s 后开始读数,读取 30s 内的最高值和最低值,其平均值即为测量结果;若为多排气管时,取各排气管测量结果的算术平均值。

(4) 双急速尾气排放检测

1) 检验前仪器及车辆准备。

①装上长度等于 5.0m 的取样软管和长度不小于 0.6m 并有插深定位装置的取样探头。检查取样软管和探头内残留的 HC 含量(体积分数)不得大于 20×10^6。

②仪器的取样系统不得有泄漏。

③受检车辆发动机进入系统应装有空气滤清器,排气系统应装有排气消声器,并不得有泄漏。

④测量时发动机冷却液和机油温度应达到汽车使用说明书所规定的热状态。

2) 检验程序。

①必要时在发动机上安装转速计。

②发动机由急速工况加速至额定转速的 0.7 倍,维持 60s 后降至高急速(即额定转速的 0.5 倍)。

③发动机降至高急速状态维持 15s 后开始读数,读取 30s 内的最高值和最低值,其平均值即为高急速排放测量结果。

④发动机从高急速状态降至急速状态,在急速状态维持 15s 后开始读数,读取 30s 内的最高值和最低值,其平均值即为急速排放测量结果;若为多排气管时,分别取各排气管高、低急速排放测量结果的平均值。

(5) 柴油机烟度检测

1) 检验前仪器及车辆准备。

①抽气开关与抽气泵动作应同步,滤纸洁白均匀、无受潮变质,取样进气管路畅通。

②受检车辆发动机达到规定的热状态,排气系统不得有泄漏现象。

2) 检验程序。

①吹除积存物。由急速工况将加速踏板迅速踩到底,4s 后放开,反复三次,以清除排气系统中的积存物。

②安装取样探头。将取样探头固定于排气管内,插入深度等于 0.3m,并使其中心线与排气管轴线平行。

③将踏板开关固定在加速踏板上方。

④测量取样。由急速工况将踏板开关和加速踏板一并迅速踩到底,保持 4s 后松开,完成第一次检验。

⑤读取示值(自动)或取样(手动)。

⑥相隔 11s 以后,进行第二次检验。

⑦重复检验三次,取三次检验的算术平均值为排气烟度的检验结果。

(6) 柴油机自由加速试验排气污染物检测

1) 检验前仪器及车辆准备。

①车辆进气系统应装配空气滤清器，排气系统应装配消声器并且不得有遗漏。

②测量时发动机的冷却液和机油温度应达到汽车使用说明书所规定的热状态。

③试验前车辆不应长时间怠速运转。如车辆长时间怠速运转，测试前应增加自由加速工况操作次数，以便扫尽排气管积存的排放污染物。

④燃料应使用柴油，不得加消烟添加剂，柴油应符合 GB 252—2011《轻柴油》的规定。

2）检验程序。

①车辆在发动机怠速下，插入不透光仪取样探头。

②迅速但不猛烈地踏下加速踏板，使喷油泵供给最大油量，在发动机达到调整器允许的最大转速前，保持其位置。一旦达到最大转速，立即松开加速踏板，使发动机恢复至怠速，不透光仪恢复到相应状态。

③重复②操作过程至少 6 次，记录不透光仪的最大读数值。如果读数值连续 4 次均在 0.25×10^6（质量分数）的带宽内，并且没有连续下降的趋势，则记录值有效。

④计算连续 4 次测量结果的算术平均值，并将测量结果记录下来。

（7）注意事项

①检验时，发动机怠速应符合规定。

②检验结束后，抽出取样探头，待废气分析仪回零后再检查下一台车。

③取样探头不用时要吊挂，防止污染受损。

④左右排烟口的风扇有故障时严禁继续使用，否则将污染废气分析仪的光学器件，造成废气分析仪损坏。

4. 噪声检测

（1）检测设备　噪声是汽车对环境污染的第二公害，检测汽车噪声的设备是声级计。按供电电源种类可以分为交流式和直流式两种，其中直流式声级计因操作携带方便，所以比较常用。图 2-63 所示为声级计。

声级计一般都由传声器、放大器、衰减器、计权网络、检波器和指示装置组成。

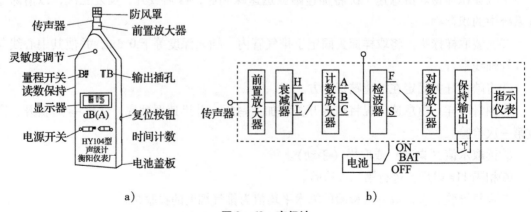

图 2-63　声级计
a）外形　b）原理框图

由于电容式传声器输出信号很小，输出阻抗很高，所以需要通过前置放大器将信号放大和实现阻抗匹配。

衰减器用于调整输出信号的大小，使得显示仪表指示到适当的位置。根据量程的选择衰减程度分为 H、M、L 三个档。

计权网络是将声音信号的低频段进行适当衰减的电路，以便使仪器的频率特征更好地适应人耳的听觉特性。计权网络分 A、B、C 三种，有的声级计只有 A、C 两种计权。

在检波器之前的信号是包含着声音频率成分的交流信号。为了便于仪表指示，信号需经检波器处理（实质上就是整流和滤波），以便将快速变化的交流信号转换成变换比较慢的直流电压信号。检波器的输出一般分为快、慢两档。

根据 GB 7258—2017《机动车运行安全技术条件》的规定，机动车喇叭声级在距车前 2m、离地高 1.2m 测量时，其值对发动机最大净功率为 7kW 以下的摩托车和轻便摩托车为 80~112dB（A），其他机动车为 90~115dB（A）。

（2）检测方法

1）喇叭声级的测量。喇叭声级检验方法如下：

①将声级计置于车前 2m、离地高 1.2m 处，且传声器指向被检车辆驾驶人位置。

②按使用说明书要求，调整网络开关到 A 级计权和快档位置。

③检测环境噪声应小于 80dB（A）。

④按喇叭连续发声 3s 以上，读取检测数据。

2）排气噪声的测量。

①将声级计的传声器与排气管的排气口端等高。

②传声器的参考轴应与地面平行，并和通过排气口气流方向且垂直地面的平面成（45°±10°）的夹角。传声器朝向排气口，距排气口端 0.5m，存放车辆外侧。

③车辆装有两个或更多排气管，且排气管之间的间隔不大于 0.3m，并连接一个消声器时，只需取一个测量。传声器应选择位于最靠近车辆外侧的那个排气管。如果两个或两个以上的排气管同时在垂直于地面的直线上，则选择离地面最高的一个排气管。

④装有多个排气管，并且各排气管间的间隔大于 0.3m 的车辆对每一个排气管都要测量。

⑤排气管垂直向上的车辆，传声器放置高度应与排气管口等高，传声器朝上，其参考轴应垂直地面。传声器应放在离排气管较近的车辆一侧，并距排气口 0.5m。

⑥将发动机转速稳定在 $(3/4 n_r \pm 50)$ r/min 范围内（n_r 为发动机额定转速）。

⑦由稳定转速迅速降低至急速转速，测量排气噪声的最高等级。

3）发动机噪声的测量。

①传声器位置。传声器放置高度距地面 0.5m，并朝向车辆，放在没有驾驶人的车辆一侧。距车辆外廓 0.5m，传声器参考轴平行地面，位于一垂直平面内，该垂直平面的位置取决于发动机的位置。前置发动机，垂直平面通过前轴；后置发动机，垂直平面通过后轴；中置发动机，垂直平面通过前后轴距的中点。

②发动机运转条件。测量时，发动机从急速尽可能快地加速到前面所规定的转速，并用

一种合适的装置保持必要长的时间。测量由怠速加速到稳定转速过程的噪声，然后记录下最高噪声。

(3) 车内噪声的测量

1) 车内噪声的测量条件。

①测量跑道应有足够试验所需的长度。应是平直和干燥的沥青路面或混凝土路面。

②测量时风速（指相对于地面）应不大于3m/s。

③测量时车辆门窗应关闭。车内带有其他辅助设备是噪声源，测量时是否开动，应按正常使用情况而定。

④周围环境噪声比所测噪声至少低10dB（A），并保证测量不被偶然的其他声源所干扰。

⑤车内除驾驶人和测量人员外，不应有其他人员。

2) 车内噪声测点位置。

①车内噪声测量通常在人耳附近布置测点。话筒朝车辆前进方向。

②驾驶室车内噪声测量位置为驾驶人座位上方（750±10）mm，靠背前方（200±50）mm。

③载客车室内噪声测点可选在车厢中部及最后排座的中间位置，测量高度为座位上方（750±10）mm。

3) 车内噪声测量方法。

①车辆以常用档位、50km/h以上不同车速均匀行驶，分别进行测量。

②用声级计慢档测量A、C计权声级。分别读取表头指针最大读数的平均值。

③做车内噪声频谱分析时，应包括中心频率为31.5Hz、63Hz、125Hz、250Hz、500Hz、1000Hz、2000Hz、4000Hz、8000Hz的倍频带。

4) 驾驶人耳旁噪声的测量。

①汽车空载，处于静止状态且置变速器于空档，发动机应处于额定转速状态，门窗紧闭。

②测量位置应符合GB/T 18697—2002的规定。

③环境噪声应低于被检噪声至少10dB（A）。

④声级计置于A计权、快档。

使用声级计测量汽车噪声应注意如下事项：

①当声级计使用蓄电池供电时，使用完毕后应立即将蓄电池取出，以免电池漏液而损坏机件。

②声级计应存放于干燥和温暖的场所，如有可能，最好置于干燥皿中。

③在拆装传声器、蓄电池或外接电源时，应事先将电源开关置于"关"的位置。

④不要随意取下传声器的保护罩，以免损坏膜片。当发现膜片脏时，可用脱脂棉蘸以少许三氯乙烯或丙酮轻轻擦拭干净。

⑤不要用手触摸触头，以免由于人体静电而损坏声级计。

⑥液晶是有机化合物，如果长期暴露于强烈的紫外线辐射下，将会发生光化学反应，因此在使用中应尽量避免日光直接照射在显示器上。

（二）任务实施与考核

1）老师为每名学生准备一张综合性能检测实测报告单。

2）学生结合本任务的知识与技能学习，对给定的二手车综合性能检测报告单进行分析，并完成表 2 - 15 的工作单。

表 2 - 15　技能学习工作单

班级学号		姓名	
项目	是否合格	不合格项目的具体检测数据	可能存在的故障
底盘测功			
燃料经济性			
发动机技术状况			
转向操纵性			
悬架性能			
制动性能			
前照灯			
排气污染性能			
人工检验			
噪声及其他项目			

自我评价（个人技能掌握程度）：□非常熟练　□比较熟练　□一般熟练　□不熟练

教师评语：（包括工作单填写情况、记录与分析的准确性等方面，并按等级制给出成绩）

实训记录成绩＿＿＿＿＿＿　教师签字：＿＿＿＿＿＿＿＿＿＿＿年＿＿＿月＿＿＿日

任务五　二手车拍照

一、任务分析

车辆拍照是评估人员根据车牌号或评估登记号，使用数码照相机拍摄被评估车辆照片，并存入系统档案。

二、相关知识

(一) 二手车拍照的技术要求

(1) 拍摄距离　拍摄距离是指拍摄立足点与被拍照二手车的远近。拍摄距离远,则拍摄范围就大,所拍摄的影像就小,一般要求全车影像尽量充满整个画面。

(2) 拍摄角度　拍摄角度是指拍摄立足点与被拍照二手车的方位关系。拍摄角度方位一般分为上下关系和左右关系。

1) 上下关系。拍摄角度的上下关系可分为俯拍、平拍和仰拍三种。俯拍是指在比被拍摄物高的位置向下拍摄;平拍是指拍摄点在物体的中间位置,镜头平置拍摄,此种拍摄方法效果就是人两眼平视的效果;仰拍是指照相机放置在较低部位,镜头由下向上仰置拍摄,这种拍摄效果易发生变形。

2) 左右关系。拍摄角度的左右关系一般根据拍摄者确定的拍摄方位,分为正面拍摄和侧面拍摄两种。正面拍摄是指面对被拍摄的物体或部位的正面进行拍摄,侧面拍摄是指在被拍摄物体的正侧面所进行的拍摄。

对于二手车拍照宜采用平拍且与车辆左侧成45°方向拍摄。

(3) 光照方向　光照方向是指光线与相机拍摄方向的关系,一般分为正面光、侧面光和逆光三种。对二手车拍照应尽量采用正面光拍照。

(二) 二手车拍照的一般要求

二手车拍照的一般要求如下:
1) 车身要擦洗干净。
2) 前风窗玻璃及仪表盘上无杂物。
3) 机动车号牌无遮挡。
4) 关闭各车门。
5) 转向盘回正,前轮处于直线行驶状态。

(三) 二手车常见拍摄位置

对二手车拍照一般要拍摄前面、侧面和后面三个方向的整体外形照及发动机舱、驾驶室、行李箱、驾驶座位等局部位置的照片。

(1) 整体外形照　采用平拍,其中,前面照(也称为标准照)是在与车左前侧成45°方向拍摄(图2-64),侧面照是正侧面拍摄(图2-65),后面照是在与车右后侧成45°方向拍摄(图2-66)。

(2) 局部位置照　局部位置照采用俯拍,如图2-67所示。

图 2-64　二手车的标准照

图 2-65　二手车的侧面照　　　　　图 2-66　二手车的后面照

图 2-67　二手车的局部照

（3）拍摄注意事项

①光照方向应采用正面光，尽量避免强烈或昏暗光照，不采用侧面光和逆光。

②以平拍方式进行，不要采用俯拍或仰拍。

③所拍车辆要进行认真准备。

④所拍照片要使二手车的轮廓分明、牌照号码清晰和车身颜色真实。

三、实施与考核

（一）技能学习

1）检查车辆是否符合拍照的要求。视需要进行必要的处理。

2）调整好照相机。

3）拍摄二手车的标准、侧面、后面及局部照片。

4）将拍摄的照片整理保存。

（二）任务实施与考核

1）老师为每组学生准备一台二手车和一部照相机。

2）学生结合本任务的知识与技能学习，利用准备的照相机对指定的二手车进行拍照，并完成表 2-16 的工作单。

表 2-16　技能学习工作单

实训项目：二手车拍照

班级学号		姓名	

将所拍摄的二手车照片粘贴在下面：

自我评价（个人技能掌握程度）：□非常熟练　□比较熟练　□一般熟练　□不熟练

教师评语：（包括照相机使用情况和拍摄技巧等方面，并按等级制给出成绩）

实训记录成绩_____ 教师签字：_____ _____年____月____日

（三）复习思考题

1. 思考题

（1）说明补办"机动车登记证书"的一般程序。

（2）在车身的外观检查时，通过哪些现象可判断车辆出过交通事故？

（3）请解释二手车技术状况的静态检查、动态检查和辅助仪器检查的内涵。

（4）请解释整车装备质量、最大装载质量、最大总质量和最大轴荷质量。

（5）请正确描述车辆长、宽、高的准确定义。

（6）说明如何鉴别"水货"汽车。

（7）简单列举汽车发动机运转情况检查的项目。

（8）简单列举汽车技术状况辅助仪器检查的项目。

2. 单项选择题

（1）一辆奔驰牌 WDDKJ4HB 轿跑车，经过 15 步流程检查，只发现左后翼子板存在 AX1、HH1，判定该车的总得分为（　　）。

  A. 100 分   B. 99 分   C. 98 分   D. 97 级

（2）表征汽车（　　）及能达到最高车速能力是汽车的动力性。

  A. 加速、爬坡   B. 最大装载质量

  C. 平顺性   D. 可靠性

（3）二手车鉴定评估的客体是（　　）。

  A. 二手车鉴定评估师   B. 二手车

  C. 评估程序   D. 评估方法和标准

（4）我国二手车质量保证的范围为二手车的发动机系统、转向系统、传动系统、制动系统以及（　　）。

  A. 悬架系统   B. 空调系统

  C. 音响系统   D. 冷却系统

（5）当路试检验制动性能时，GB 7258—2017《机动车运行安全技术条件》中要求发动机应与传动系统（　　）。

  A. 接合   B. 脱开   C. 半离合   D. 没有要求

（6）从办理完注册登记手续到达到国家强制报废标准之前进行交易并转移所有权的汽车是（　　）。

  A. 机动车   B. 乘用车   C. 二手车   D. 在用车

（7）如图 2-68 所示，请注明数字 8 所代表的车体名称是（　　）。

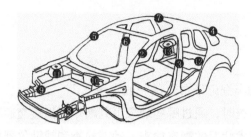

图 2-68 车体结构示意图

A. 左后减振器悬挂部位　　　　　　B. 右后减振器悬挂部位

C. 左纵梁　　　　　　　　　　　　D. 右纵梁

(8) 二手车现场检查操作分为静态检查作业流程、动态检查作业流程和（　　）。

A. 人工经验检查作业流程　　　　　B. 仪器设备检查作业流程

C. 混合检查作业流程　　　　　　　D. 事故车检查作业流程

(9) 主销后倾的主要作用是（　　）。

A. 防止汽车颠簸　　　　　　　　　B. 保持汽车直线行驶的稳定性

C. 便于汽车转向　　　　　　　　　D. 加快汽车行驶速度

(10) 一辆初次登记日期为2008年5月的东风本田思域1.8L自动舒适型三厢车，其根据检查结果确定车辆技术状况的分值为89.5分，请判断该车的技术状况等级为（　　）。

A. 一级　　　　B. 二级　　　　C. 三级　　　　D. 四级

(11)《机动车强制报废标准规定》自2013年5月1日起施行，其中，小型和微型非营运载客汽车达到下列累计行驶里程（　　），其所有人可将车辆交售报废机动车回收拆解企业，并办理注销登记。

A. 30万km　　　B. 40万km　　　C. 50万km　　　D. 60万km

(12) 一辆初次登记日期为2010年9月的五菱荣光1.2-MT面包车，该车在采集车辆覆盖件漆面数据时就发现有比较大的异常。当采集到车辆A柱、B柱和C柱漆面数据时发现A柱、B柱和C柱上端的数据较高。查看A柱、B柱和C柱上端发现有修复痕迹。揭开车顶密封条，发现车顶与柱连接处有明显的修复痕迹。同时查看车顶边缘的情况，发现车顶内、外边缘都有多处焊点修复，因此可以判断该车是（　　）。

A. 泡水车　　　B. 事故车　　　C. 正常车　　　D. 过火车

(13) 二手车鉴定评估以（　　）为基础。

A. 账面原值　　　　　　　　　　　B. 市场价格

C. 技术鉴定　　　　　　　　　　　D. 税费附加值

(14) 二手车鉴定评估的目的，就决定了评估的（　　）。

A. 结论　　　　B. 方法　　　　C. 过程　　　　D. 价值

(15) 对二手车进行技术状况检测和鉴定，确定某一时点价值的过程称为二手车(　　)。

A. 技术状况鉴定　　　　　　　　　B. 价值评估

C. 鉴定评估　　　　　　　　　　　　D. 静态和动态检查

（16）二手车鉴定评估报告所提供的车辆评估结果为评估基准日的（　　）。

A. 价格　　　　　B. 价值　　　　　C. 收购价　　　　　D. 卖出价

（17）GB/T 30323—2013《二手车鉴定评估技术规范》中规定二手车的鉴定评估流程共分为（　　）。

A. 六个流程　　　B. 七个流程　　　C. 八个流程　　　D. 九个流程

（18）二手车市场应该严格按照国家的有关法律法规，审查二手车交易的（　　）。

A. 合理性　　　　B. 合法性　　　　C. 公正性　　　　D. 科学性

（19）过户票要清楚显示买卖双方的姓名、住址以及身份证号、车牌号、车辆类型、车架号、品牌、登记证号、要有过户票出票单位及公章、工商行政管理部门的公章外，还有（　　）。

A. 交易价格　　　B. 新车价格　　　C. 就是等级　　　D. 评估价格

（20）车辆刚刚起步的时候，可以选择猛踩加速踏板一下，这时候车辆如果有问题，会发出（　　）。

A. 加速的响声　　　　　　　　　　　B. 异样的响声
C. 减速的响声　　　　　　　　　　　D. 平稳的响声

3．判断题

（1）在国外购买的机动车，必须有该车销售单位开具的销售发票及其翻译文本。
（　　）

（2）如果没有机动车登记证书，则不能进行鉴定评估。（　　）

（3）二手车来历证明专指新车或二手车购置发票。（　　）

（4）如果车身有焊接的痕迹，说明车辆有可能出过交通事故。（　　）

（5）如果车辆排气带较重的蓝色，可能是气缸磨损较重。（　　）

（6）发动机机油检查的重点是机油的质量。（　　）

（7）蓄电池检查的重点是看使用年限。（　　）

（8）修理单位开具的发票也可以作为机动车的来历证明。（　　）

（9）机动车所有人为自然人办理补领"机动车登记证书"业务的，应本人到场申请，不能委托他人代理。（　　）

（10）机动车号牌、机动车行驶证灭失、丢失或者损毁的，机动车所有人应当向登记地车辆管理所申请补领和换领。（　　）

（11）发动机号码、车辆识别代号因磨损、锈蚀和事故等原因辨认不清或者损坏的，应当更换发动机或报废车辆。（　　）

（12）当目视检查灯光时，重点是看所有的灯光是否齐全和有效。（　　）

（13）变速器换档困难，很有可能与离合器有关。（　　）

（14）如果要对二手车进行整车性能检测，应该借助安全环保检测线进行。（　　）

（15）在检测线上，汽车动力性检测项目是发动机功率。（　　）

项目三　评定估算

任务一　确定二手车成新率

一、任务分析

成新率是反映二手车新旧程度的指标。二手车成新率是表示二手车的功能或使用价值占全新机动车的功能或使用价值的比率，也可以理解为二手车的现时状态与机动车全新状态的比率。成新率是重置成本法的一项重要指标，科学、准确地确定该项指标是二手车鉴定评估师在评定二手车价值中的重点及难点。

二、相关知识

（一）二手车评估的基本方法

根据二手车价格估算目的的不同，二手车价格评估可分为鉴定评估服务和收购评估两种。二手车鉴定评估服务是一种第三方中介资产评估，其价格评估方法和资产评估的方法一样，按照国家规定的重置成本法、收益现值法、现行市价法和清算价格法四种方法进行，评估价格具有约束性。二手车收购评估是二手车经营企业为了自身发展需要开展的业务，收购估算价格由买卖双方自由确定，具有灵活性。

（二）成新率的计算方法

成新率与有形损耗一起反映了同一车辆的两方面。车辆的有形损耗也称为车辆的实体性贬值，它是由于使用磨损和自然损耗形成的。成新率和有形损耗率的关系为

$$成新率 = 1 - 有形损耗率$$

目前，在二手车鉴定评估中，常用成新率的计算方法可分为使用年限法、行驶里程法、部件鉴定法、整车观测法、综合分析法和综合成新率法六种，在实际评估过程中，可根据被评估车辆的客观情况灵活选用不同的成新率计算方法。

（三）成新率计算方法的选择

1. 使用年限法

（1）计算方法　使用年限法是通过确定被评估二手车的尚可使用年限与规定使用年限

的比值,来确定二手车成新率的一种方法,其计算公式为

$$C_Y = \frac{Y_G - Y}{Y_G} \times 100\% = \left(1 - \frac{Y}{Y_G}\right) \times 100\%$$

式中　C_Y——使用年限成新率;

　　　Y——二手车实际已使用年限,单位为年或月;

　　　Y_G——车辆规定的使用年限,单位为年或月;

　　　$Y_G - Y$——被评估二手车的尚可使用年限,单位为年或月。

> 使用年限法估算二手车的成新率是基于这样的假设:
> 　二手车在规定的使用寿命期间实体性损耗与时间呈线性递增关系,二手车价值的降低与其损耗大小成正比。因此,可利用被评估二手车的实际已使用年限与该车型规定使用年限的比值,来判断其实体贬值率,进而估算被评估二手车的成新率。

(2) 已使用年限与规定使用年限

1) 已使用年限。已使用年限是代表汽车运行量和工作量的一种计量方法,这种计量方法是以汽车正常使用为前提的,包括正常的使用时间和使用强度。已使用年限一般取该车从新车在公安交通管理机关注册登记日起至评估基准日所经历的时间。这个时间可以用年或月或日为单位计算。实际计算中,评估基准日并不恰好与注册登记日同日,如果以年为单位计算实际已使用年限,结果误差太大;如果以日为单位计算实际已使用年限,需要精确计算实际已使用天数,结果精确,但工作量较大,比较麻烦;一般以月为单位计算实际已使用年限,即将已使用年限和规定使用年限换算成月数,这样,计算简单,结果误差也较小,比较切合实际。

从理论上讲,综合考虑已使用年限和行驶里程数要符合实际一些,即汽车的已使用年限应采用折算年限,即

$$折算年限 = \frac{总的累计行驶里程}{年平均行驶里程}$$

2) 规定使用年限。车辆规定使用年限是指《机动车强制报废标准规定》中对被评估车辆规定的使用年限。各种类型汽车规定使用年限应按《机动车强制报废标准规定》的规定执行。对于标准中无报废年限规定的车辆,在进行成新率计算时,通常取15年。

根据《关于调整汽车报废标准若干规定的通知》的规定执行,各类汽车规定使用年限见表3-1。

表3-1　各类汽车规定使用年限

车型	使用年限(年)
一般非运营性9座(含9座)以下载客汽车	15
旅游载客汽车和9座以上非运营载客汽车	10
载货汽车(不含微型载货汽车)	10
微型载货汽车和各类出租汽车	8

（3）使用年限法的前提条件　使用年限法计算成新率的前提条件是车辆在正常使用条件下，按正常使用强度（年平均行驶里程）使用。我国各类汽车年平均行驶里程见表3-2。

表3-2　我国各类汽车年平均行驶里程

汽车类别	年平均行驶里程／万km
微型、轻型载货汽车	3~5
中型、重型载货汽车	6~10
私家车	1~3
公务、商务用车	3~6
出租车	10~15
租赁车	5~8
旅游车	6~10
中、低档长途客用车	8~12
高档长途客用车	15~25

利用使用年限法计算得到的成新率实际上反映的是车辆的时间损耗及时间折旧率，与车辆的日常使用强度和车况无关。如果车辆的日常使用强度较大，在运用已使用年限指标时，应适当乘以一定的系数，如对于某些以双班制运行的车辆，其实际使用时间为正常使用时间的两倍，因此该车辆的已使用年限应是车辆从开始使用到评估基准日所经历时间的两倍。

（4）案例分析（使用年限法计算二手车成新率）　某家用车桑塔纳初次登记日2013年2月，评估基准日2016年5月，应用使用年限法计算成新率。

解：该车已经使用年限 $Y = 39$ 个月

其规定使用年限（按家用车）为 $Y_G = 180$ 个月

$$C_Y = \frac{Y_G - Y}{Y_G} \times 100\% = \frac{180 - 39}{180} \times 100\% \approx 78.3\%$$

该车的使用年限成新率为78.3%。

2. 行驶里程法

（1）计算方法　行驶里程法是通过确定被评估二手车的尚可行驶里程与规定行驶里程的比值，来确定二手车成新率的一种方法，其计算公式为

$$C_S = \frac{S_g - S}{S_g} \times 100\% = \left(1 - \frac{S}{S_g}\right) \times 100\%$$

式中　C_S——行驶里程成新率；

　　　S——二手车实际累计行驶里程，单位为km；

　　　S_g——车辆规定的行驶里程，单位为km；

$S_g - S$——被评估二手车的尚可行驶里程,单位为 km。

(2) 累计行驶里程与规定行驶里程

1) 累计行驶里程。二手车累计行驶里程是指被评估二手车从开始使用到评估基准时点所行驶的总里程。

2) 规定行驶里程。车辆规定行驶里程是指《机动车强制报废标准规定》中规定该车型的行驶里程。行驶里程比使用年限更真实地反映二手车使用强度及使用过程中实际的物理损耗。它反映了二手车使用强度对其成新率的影响。总的行驶里程越大,车辆的实际有形损耗也越大。

(3) 行驶里程法的前提条件 行驶里程法计算成新率的前提条件是车辆里程表的记录必须是原始的,不能被人为更改过。由于里程表容易被人为变更,因此,在实际应用中,较少直接采用此方法进行评估。

(4) 案例分析(行驶里程法计算二手车成新率) 某家用轿车登记日期为 2013 年 9 月,评估基准日为 2017 年 8 月,行驶里程为 7.8 万 km,经检查证件手续齐全,计算成新率。

解:该车 4 年行驶 7.8 万 km,符合家庭用车的使用标准,所以可以使用行驶里程法进行评估。

根据国家报废标准,该车报废里程为 45 万 km,已使用里程为 7.8 万 km。

$$C_S = \frac{S_g - S}{S_g} \times 100\% = \frac{45 - 7.8}{45} \times 100\% \approx 83\%$$

该车的成新率为 83%。

3. 部件鉴定法

(1) 计算方法 部件鉴定法(也称为技术鉴定法)是指评估人员在确定二手车各组成部分技术状况的基础上,按其各组成部分对整车的重要性和价值量的大小加权评分,最后确定成新率的一种方法。

采用部件鉴定法估算二手车成新率的计算公式为

$$C_g = \sum_{i=1}^{n} (C_i \beta_i)$$

式中 C_g——部件鉴定法二手车成新率;

C_i——二手车第 i 项部件的成新率;

β_i——二手车第 i 项部件的价值权重。

(2) 计算步骤

1) 先确定二手车各主要总成和部件,再根据各部分的制造成本占整车制造成本的比重,确定其权重的百分比($i = 1, 2, \cdots, n$)。汽车各部分的价值权重见表 3-3。

2) 以全新车辆对应的各总成和部件功能为满分(100 分),功能完全丧失为零分,再根据被评估二手车各相应总成和部件的技术状态估算出其部件成新率($C_i = 1, 2, \cdots, n$)。

3）将各总成和部件估算出的成新率与权重相乘，得到各总成和部件的权重成新率（$c_i\beta_i$）($i=1, 2, \cdots, n$)。

4）最后将各总成和部件的权重成新率相加，即得出被评估车辆的成新率。

在不同种类和档次的车上，各组成部分对整车的重要性及其价值占整车的比重各不同，有些类型车辆之间相差还很大。因此表3-3只能供评估人员参考，不可作为唯一标准。在实际评估时，应根据被评估车辆各部分价值占整车价值的比重，调整各部分的权重。

（3）特点及适用范围　从上述计算步骤可见，采用部件鉴定法计算加权成新率比较费时费力，但评估值更接近客观实际，可信度高。它既考虑了二手车实体性损耗，同时也考虑了二手车维修或换件等追加投资使车辆价值发生的变化。

表3-3　汽车各部分的价值权重

序号	车辆各主要总成和部件名称	价值权重（%）		
		轿车	客车	载货汽车
1	发动机及离合器总成	26	27	25
2	变速器及万向传动装置总成	11	10	15
3	前桥、前悬架及转向系统总成	10	10	15
4	后桥及后悬架总成	8	11	15
5	制动系统	6	6	5
6	车架	2	6	6
7	车身	26	20	9
8	电器设备及仪表	7	6	5
9	轮胎	4	4	5
	合计	100	100	100

（4）案例分析（部件鉴定法计算二手车成新率）　某评估中心接受客户委托后，对评估对象进行现场查勘和广泛的市场调查，并根据本次评估的特殊目的属于债务清偿，决定本次的评估方法为清算价格法，采用清算价格法里的"评估价格折扣法"，根据市场调查，取80%的折扣率可在清算之日出售车辆。车辆基本信息如下：

车辆为小客车，9座，初次登记日期为2014年12月，已使用2年3个月，累计行驶7.2万km，账面原值28.03万元。据调查，该车生产厂家已经停止生产该型号汽车，与该车类似产品为6440型，经销商卖价为25万元。该车型比被评估车型动力性要好，内饰装潢豪华一些，最后确定交易车辆市场购置价为22.5万元。该车购置附加费为109%，根据当地政府规定，购买外地这种类似小客车要缴纳教育费和消费附加税，其税率为109%，成新率确定采用部件鉴定法，见表3-4，试评估该车的价格。

表 3-4 车辆成新率估算

各总成及部件	成新率估计明细		
总成部件	权重（%）	成新率（%）	加权成新率（%）
发动机及离合器总成	30	80	24
变速器及传动轴总成	10	80	8
前桥及转向器前悬架总成	10	60	6
后桥及后悬架总成	10	85	8.5
制动系统	5	80	4
车架总成	5	80	4
车身总成	22	70	15.4
电气设备及仪表	6	60	3.6
轮胎	2	80	1.6
合计	100		75.1

评估步骤如下：

利用重置成本法计算车辆评估价格涉及重置成本和成新率两个因素，故确定这两个因素后就可以得出车辆评估值。

①确定重置成本。由题意可得评估车辆重置成本的直接成本为 22.5 万元，所要缴纳的间接成本占总车价的 20%，故车辆重置成本为

$$22.5 \times (1 + 20\%) 万元 = 27 万元$$

②确定评估车辆成新率。由表 3-4 所得车辆各组成部件的加权成新率，累计相加获得部件鉴定法的车辆成新率为 75.1%。

③确定评估车辆价格为

$$车辆评估值 = 重置成本 \times 成新率 = 27 \times 75.1\% 万元 = 20.277 万元$$

4. 整车观测法

整车观测法是指评估人员采用人工观察的方法，辅助简单的仪器检测，判定被评估二手车的技术等级，以确定成新率的一种方法。

（1）整车观测法观察和检测的主要技术指标如下：

①二手车的现时技术状态。

②使用时间及行驶里程。

③主要故障经历及大修情况。

④整车外观和完整性等。

二手车技术状况的分级及成新率见表 3-5。

表 3-5 二手车技术状况的分级及成新率

车况等级	新旧情况	有形损耗率（%）	技术状况描述	成新率（%）
1	使用不久	0～10	刚使用不久，行驶里程一般在 3 万～5 万 km，在用状态良好，能按设计要求继续使用	100～90
2	较新车	11～35	使用一年以上，行驶里程在 15 万 km 左右，一般没有经过大修，在用状态良好，故障率低，可随时出车使用	89～65
3	旧车	30～60	使用 4～5 年，发动机或整车经过一次大修，大修较好地恢复原设计性能，在用状态良好，外观中度受损，恢复情况良好	64～40
4	老旧车	61～85	使用 5～8 年，发动机或整车经过两次大修，动力性能、经济性能和工作可靠性都有所下降，外观油漆脱落受损，金属件锈蚀程度明显；故障率上升，维修费用和使用费用明显上升，但车辆符合《机动车安全技术条件》，在用状态一般或较差	39～15
5	待报废处理车	86～100	基本到达或到达使用年限，通过《机动车安全技术条件》检查，能使用但不能正常使用，动力性、经济性和可靠性下降，燃料费、维修费和大修费用增长速度快，车辆收益与支出基本持平，排放污染和噪声污染到达极限	15 以下

表 3-5 中所示数据是判断二手车成新率的经验数据，只能供评估人员参考，不可作为唯一标准。

由于该法对二手车技术状况的评判是采用人工观察方法进行的，所以成新率的估值是否客观和实际，取决于评估人员的专业水准和评估经验。整车观测法简单易行，但其判断结果没有部件鉴定法准确，一般用于初步估算中、低档二手车的价格，或作为综合分析法的辅助手段，用来确定车辆的技术状况调整系数。

（2）案例分析（整车观测法计算二手车成新率）

1）车辆基本情况。车辆型号：普通轿车，私人用车，初次登记日期为 2012 年 6 月，行驶里程为 15 万 km，评估基准日期为 2017 年 5 月。

2）车况检查。

①该车已使用近 5 年，经检查及询问，该车做过一次整车翻新，但整车外观较好，各类车身附件齐全有效。

②该车经过一次大修，包括发动机和变速器等，但动力性、转向操纵性和制动性等各项性能恢复较好。

3）成新率确定。因该车为低档车型，根据车辆使用年限及行驶的里程数，可知该车属于中等旧车，故可使用整车观测法确定其成新率。

由于该车经过了一次整车大修，但各项性能恢复较好，故将其成新率确定为54%。

5．综合分析法

（1）计算方法　综合分析法是以使用年限法为基础，综合考虑二手车的实际技术状况、维护保养情况、原车制造质量、二手车用途及使用条件等多种因素对二手车价值的影响，以调整系数形式确定成新率的一种方法，其计算公式为

$$C_F = C_Y K \times 100\%$$

式中　C_F——综合成新率；

　　　C_Y——使用年限成新率；

　　　K——综合调整系数。

（2）综合调整系数　根据被评估二手车是否需要进行项目修理或换件维修，综合调整系数有以下两种确定方法：

①当二手车不需要进行项目修理或换件时，可直接采用表3-5所推荐的调整系数，综合调整系数计算公式为

$$K = K_1 \times 30\% + K_2 \times 25\% + K_3 \times 20\% + K_4 \times 15\% + K_5 \times 10\%$$

式中　K——综合调整系数；

　　　K_1——二手车技术状况调整系数；

　　　K_2——二手车维护保养调整系数；

　　　K_3——二手车原始制造质量调整系数；

　　　K_4——二手车用途调整系数；

　　　K_5——二手车使用条件调整系数。

②二手车需要进行项目修理或换件，或需要进行大修时，综合考虑确定表3-6所列出的影响因素，可采用"一揽子"评估方法确定一个综合调整系数。所谓"一揽子"评估方法就是综合考虑修理后对二手车成新率估算值的影响，直接确定一个合理的综合调整系数而进行价值评估的一种方法。

表3-6　二手车成新率综合调整系数参考表

序号	影响因素	因素分级	调整系数	权重（%）
1	技术状况	好	1.0	30
		较好	0.9	
		一般	0.8	
		差	0.7	
		较差	0.6	

(续)

序号	影响因素	因素分级	调整系数	权重（%）
2	维护保养	好	1.0	25
		较好	0.9	
		一般	0.8	
		差	0.7	
		较差	0.6	
3	制造质量	进口车	1.0	20
		国产名牌车（走私罚没车）	0.9	
		国产非名牌车	0.8	
4	车辆用途	私用	1.0	15
		公用、商务	0.9	
		营运	0.7	
5	使用条件	好	1.0	10
		一般	0.9	
		差	0.8	

（3）调整系数的选取

1）二手车技术状况调整系数 K_1。二手车技术状况调整系数是在对车辆技术状况鉴定的基础上对车辆进行的分级，然后选取调整系数来修正车辆的成新率。技术状况调整系数取值范围为 0.6~1.0，技术状况好的取上限，反之取下限。

2）二手车维护保养调整系数 K_2。维护保养调整系数反映了使用者对车辆使用、维护和保养的水平，不同的使用者对车辆使用、维护和保养的实际执行情况差别较大，因而直接影响到车辆的使用寿命和成新率。维护保养调整系数取值范围为 0.7~1.0，维护保养好的取上限，反之取下限。

3）二手车原始制造质量调整系数 K_3。当确定该系数时，应了解被评估的二手车是国产车还是进口车以及进口国别，国产车了解是名牌产品还是一般产品。一般来说，经国家正规手续进口的车辆质量优于国产车辆，名牌产品优于一般产品，但也有较多例外，故在确定此系数时应较慎重。对依法没收领取牌证的走私车辆，其原始制造质量系数建议视同国产名牌产品考虑。原始制造质量系数取值范围在 0.8~1.0。

4）二手车用途调整系数 K_4。二手车用途（或使用性质）不同，其繁忙程度不同，使用强度也不同。一般，车辆用途可分为私人工作和生活用车，机关企事业单位的公务和商务用车，从事旅游、货运、城市出租的营运用车。以普通小轿车为例，一般来说，私人工作和生活用车每年一般最多行驶约 3 万 km，公务、商务用车每年不超过 6 万 km，而营运出租车每年行驶有些高达 15 万 km。可见二手车用途不同，其使用强度差异很大。二手车用途调整系数取值范围为 0.7~1.0，使用强度小的取上限，反之取下限。

5）二手车使用条件调整系数 K_5。我国地域辽阔，各地自然条件差别很大，车辆的使用条件对其成新率影响很大。使用条件分为道路使用条件和特殊使用条件。

道路使用条件可分为好路、中等路和差路三类。好路指国家道路等级中的高速公路，一、二、三级道路，好路率在 50% 以上；中等路指符合国家道路等级四级道路，好路率在 30%~50%；差路指国家等级以外的路，好路率在 30% 以下。

特殊环境使用条件主要指特殊自然条件，包括寒冷、沿海、沙风和山区等地区。

车辆使用条件调整系数取值范围为 0.8~10，应根据二手车实际使用条件适当取值。如果二手车长期在道路条件较好路和中等路行驶时，分别取 1.0 和 0.9；如果二手车长期在差路或特殊环境使用条件下工作，其系数取 0.8。

从上述影响因素中可以看出，各影响因素关联性较大。一般来说，其中某一影响因素加强时，其他项影响因素也随之加强；反之则减弱。当影响因素作用加强时，对其综合调整系数不要随影响作用加强而随之无限加大，一般综合调整系数取值不要超过 1.0。

(4) 特点及适用范围　综合分析法较为详细地考虑了影响二手车价值的各种因素，并用一个综合调整系数指标来调整二手车成新率，评估值准确度较高，因而适用于具有中等价值的二手车评估。这是目前二手车鉴定评估最常用的方法之一。

(5) 案例分析　某公司 2012 年 6 月购得一辆奥迪 A6 型（排量 2.4L）轿车作为公务使用，2016 年 10 月在北京交易，2016 年 6 月在北京市场上该型号车的车价是 40 万元，该车技术等级评定为 2 级无重大事故痕迹。该车外表有少数划痕不需要进行修理，维护保养好，路试车况好，行驶里程为 15 万 km。试用综合分析法计算成新率。

解：根据题意，综合调整系数的选取如下：

该车技术等级较好，$K_1 = 0.9$

该车维护保养好，$K_2 = 1.0$

该车为进口车，$K_3 = 1.0$

该车为公务用车，$K_4 = 0.9$

该车作为公务用车经常在市区行驶，使用等级高，$K_5 = 1.0$

$$K = K_1 \times 30\% + K_2 \times 25\% + K_3 \times 20\% + K_4 \times 15\% + K_5 \times 10\%$$
$$= 0.9 \times 30\% + 1.0 \times 25\% + 1.0 \times 20\% + 0.9 \times 15\% + 1.0 \times 10\%$$
$$= 0.955$$

计算成新率为

$$C_F = C_Y \times 100\% = \frac{180 - 52}{180} \times 0.955 \times 100\% \approx 67.9\%$$

该车的成新率为 67.9%。

6. 综合成新率法

(1) 计算方法　综合成新率是采用定性和定量分析的方法，综合多种单一因素对二手车成新率的计算结果，并分别赋予不同的权重，计算加权平均成新率。采用综合成新率来反映二手车的新旧程度，可以尽量减小使用单一因素成新率计算给评估结果所带来的误差，因而是一种较为科学的方法。

下面具体介绍以综合使用年限法、行驶里程法、技术鉴定法和整车观测法来估算二手车成新率的方法，综合成新率法的计算公式为

$$C_Z = C_1\alpha_1 + C_2\alpha_2$$

式中 C_Z——综合成新率；

         C_1——二手车理论成新率；

         C_2——二手车现场查勘成新率：

         α_1、α_2——权重系数，$\alpha_1 + \alpha_2 = 1$。

（2）二手车理论成新率 C_1 二手车理论成新率包括使用年限法和行驶里程法计算的成新率，是根据二手车实际使用时间和行驶里程计算而得，是一种对二手车成新率的定量计算，其结果一般不能人为改变。实际计算中，可将使用年限成新率和行驶里程成新率加权平均得到二手车理论成新率。计算公式为

$$C_1 = C_Y \times 50\% + C_S \times 50\%$$

式中 C_Y——使用年限成新率；

         C_S——行驶里程成新率。

（3）二手车现场查勘成新率 C_2 二手车现场查勘成新率是由评估人员根据现场查勘情况而确定的一个综合评价值。具体确定步骤是：评估人员先对二手车进行技术状况现场查勘（包括静态检查和动态检查），得出鉴定评价意见，然后对整车和重要部件分别进行综合评分，累加评分，其结果就是二手车现场查勘成新率，评定表见表3-7。可见二手车现场查勘成新率是一个定性与定量相结合的结果。

被评估二手车技术状况现场查勘主要内容如下：

1）车身外观。包括车身颜色、光泽、有无褪色及锈蚀情况，车身是否被碰撞过，车灯是否齐全，前后保险杠是否完整和其他情况等。

2）车内装饰。包括装潢程度、颜色、清洁程度、仪表及座位是否完整和其他有关装饰情况等。

3）发动机工作状况。包括发动机动力状况，有否更换部件（或替代部件）和修复现象，是否有漏油现象等。

4）底盘。包括是否变形，是否异响，变速器状况是否正常，前后桥状况是否正常，传动系统工作状况是否正常，是否有漏油现象，转向系统情况是否正常和制动系统工作状况是否正常等。

5）电气系统。包括电源系统、发动机点火器、空调系统和音响系统是否工作正常等。

表3-7 二手车成新率评定表

序号	项目名称	达标程度	参考标准分	评分
1	整车 （满分20分）	全新	20	—
		良好	15	15
		较差	5	—
2	车架 （满分15分）	全新	15	12
		一般	7	—
3	前后桥 （满分15分）	全新	15	12
		一般	7	—
4	发动机 （满分30分）	全新	30	
		轻度磨损	25	28
		中度磨损	17	—
		重度磨损	5	
5	变速器 （满分10分）	全新	10	
		轻度磨损	8	8
		中度磨损	6	
		重度磨损	2	
6	转向及制动系统 （满分10分）	全新	10	
		轻度磨损	6	8
		中度磨损	5	
		重度磨损	2	
总分［现场查勘成新率（%）］			100	83

（4）案例分析（综合成新率法计算二手车成新率）

1）车辆基本情况如下。车辆型号：中华骏捷1.8舒适型，车辆配置：1.8L、136（1马力=735.499W）、L4三菱发动机、四门电动车窗、前排双气囊、可调转向盘、助力转向、倒车雷达、ABS、铝合金轮圈、冷暖空调、CD机、手动/自动变速器、电动后视镜、中央遥控及防盗系统，初次登记日期为2013年6月，行驶里程为12万km，评估基准日期为2017年5月。

2）车况检查。

① 静态检查。

a. 该车的外观保养状况较好。

b. 车漆属原车漆，光泽度较好，但前后保险杠有明显重新喷漆的痕迹。经仔细检查发现有发生过碰撞事故的迹象，不过仅仅伤及保险杠，并未波及前后缓冲钢架。

c. 散热器组件、转向助力泵、制动泵、ABS、蓄电池、发电机和起动机等部件外表均无异常。

　　d. 机油量及其颜色均正常。

　　e. 发动机舱内线束规整，无明显改动痕迹。

　　f. 转向盘自由行程基本符合要求，转向柱无明显松动感觉。

② 动态检查。

　　a. 该车搭配的 5 速变速器，在起步、急加速、急减速和倒车时，车辆没有明显的顿挫感。

　　b. 离合器操作无异常现象。

　　c. 无明显行驶跑偏和制动跑偏等现象，制动稍微偏软一些。

　　d. 行驶中车内无明显噪声。

　　e. 音响和空调等装置工作正常。

总体来说，该车动力、制动、通过性、行驶平顺性和噪声等方面性能基本良好。动态试验后车辆油温和冷却液温度正常，运动机件无过热，无漏水、油、电等现象。

3）成新率计算。由于该二手车为中高档轿车，车况保持较好，初步估计其评估价格较高，故可采用综合分析法计算其成新率。

①初次登记日期为 2013 年 6 月，评估基准日期为 2017 年 5 月，则已使用年限 $Y=48$ 个月，参考使用年限 15 年，$Y_g=180$ 个月（新的《机动车强制报废标准规定》对非营运小型车辆没有使用年限规定，但按目前车辆使用情况，在计算二手车成新率时，仍可参照旧标准，即规定使用年限 15 年）。

②综合调整系数 K 的确定。确定各项调整系数如下：

该车技术状况较好，车辆技术状况调整系数为 $K_1=0.9$。

维护保养较好，维护情况调整系数为 $K_2=0.9$。

中华骏捷轿车是国产名牌车，制造质量调整系数为 $K_3=1.0$。

该车为私人用车，车辆用途调整系数为 $K_4=1.0$。

该车主要在市内行驶，使用条件一般，使用条件调整系数 $K_5=0.9$。

则综合调整系数为

$$\begin{aligned}K &= K_1\times 30\% + K_2\times 25\% + K_3\times 20\% + K_4\times 15\% + K_5\times 10\%\\&= 0.9\times 30\% + 0.9\times 25\% + 1.0\times 20\% + 1.0\times 15\% + 0.9\times 10\%\\&= 0.935\end{aligned}$$

③计算成新率 C_F 为

$$\begin{aligned}C_F &= C_Y K\times 100\%\\&= \left(1-\frac{Y}{Y_g}\right)K\times 100\%\\&= \left(1-\frac{48}{180}\right)\times 0.935\times 100\%\\&\approx 68.56\%\end{aligned}$$

三、实施与考核

(一) 技能学习

1) 通过资料阅读和实车观察,描述确定二手车成新率的方法。

2) 对二手车进行技术状况鉴定,根据实际情况,选择合适的方法计算该二手车的成新率。

(二) 任务实施与考核

1. 实施步骤

1) 准备二手车五辆,小组成员分工协作,利用二手车鉴定评估学习资料,依据工作任务制订工作计划,并通过小组自评或互评检查工作计划。

2) 各小组完成二手车的现场查勘,完成表3-8所列项目。

表3-8 二手车成新率计算

车辆基本信息	基本信息			
	厂牌型号		车辆识别代码	
	出厂日期		登记日期	
	已使用年限		报废年限	
	行驶里程		报废里程	
重要配置				
技术状况				
使用年限法确定成新率	公式及计算过程			结果
行驶里程法确定成新率				
部件鉴定法确定成新率				
整车观测法确定成新率				
综合分析法确定成新率				
综合成新率法确定成新率				

2. 评估总结

1) 回答指导教师提问并接受指导教师相关考核。

2) 完成工作任务,对本次任务完成过程及效果进行自我评价和小组互评。

3) 清洁工作场所,清点归还相关工具设备,完成本次任务。

任务二　计算评估

一、任务分析

二手车鉴定评估师根据评估目的，选择相应的计价标准和评估方法，并依据现场车辆查勘的结果确定二手车的成新率之后，即可根据不同评估方法的数学模型计算被评估二手车的评估值。

二、相关知识

（一）应用重置成本法评估的具体方法

1. 重置成本法的概念

重置成本法是指在现时市场条件下重新购置一辆全新状态的被评估车辆所需的全部成本，减去该被评估车辆的各种陈旧贬值后的差额作为被评估车辆现时价格的一种评估方法。

2. 重置成本法的基本要素

重置成本法的概念中涉及四个基本要素，即二手车的重置成本、二手车实体有形损耗、二手车功能性贬值和二手车经济性贬值。

（1）二手车的重置成本　二手车重置成本是按在现行市场条件下重新购建一辆全新车辆所支付的全部货币总额。简单地说，二手车重置成本就是当前再取得该车的成本。

（2）二手车实体有形损耗　二手车实体有形损耗也称为实体性贬值，是指二手车在存放和使用过程中，由于物理和化学原因（如机件磨损、锈蚀和老化等）而导致的车辆实体发生的价值损耗，即由于自然力的作用而发生的损耗。计量二手车实体有形损耗时主要根据已使用年限进行分摊。

（3）二手车功能性贬值　二手车功能性贬值是由于技术进步引起的二手车功能相对落后而导致的贬值，这是一种无形损耗。功能性贬值可分为一次性功能贬值和营运性功能贬值。

（4）二手车经济性贬值　二手车经济性贬值是指由于外部经济环境变化所造成的车辆贬值，它也是一种无形损耗。外部经济环境包括宏观经济政策、市场需求、通货膨胀和环境保护等。

3. 重置成本法应用的理论依据

任何一个精明的投资者在购买某项资产时，他所愿意支付的价格，绝不会超过现时在市场上能够购买到与该项资产具有同等效用的全新资产所需的最低成本，而不管这项资产的原拥有者当初在购买这项资产时的购置价（历史成本）是多少，这就是重置成本法的理论依据。可见,重置成本是现时购买一辆全新的与被评估二手车相同的车辆所支付的最低金额。

4. 重置成本法的应用前提和适用范围

重置成本法作为一种二手车评估的方法,是从能够重新取得被评估二手车的角度来反映二手车交换价值的,即通过被评估二手车的重置成本反映二手车的交换价值。只有当被评估的二手车处于继续使用状态下,再取得被评估二手车的全部费用才能构成其交换价值的内容。二手车继续使用包含着其使用有效性的经济意义,只有当二手车能够继续使用并且在持续使用中为潜在投资者带来经济利益,二手车的重置成本才能为潜在投资者和市场承认及接受。从这个意义上讲,重置成本法主要适用于继续使用前提下的二手车评估。

5. 重置成本法的优缺点

(1) 重置成本法的优点

①比较充分地考虑了车辆的各方面损耗,反映了车辆市场价格的变化,评估结果更趋于公平合理,在不易估算车辆未来收益,或难以在市场上找到可类比对象的情况下可广泛应用。

②可采用综合分析法确定成新率,将车况和配置以及车辆使用情况用适当的调整系数表征出来,比较清晰地解析了车辆残值的构成,使整个评估过程显得有理有据,有助于增强交易双方对评估结果的信任,可广泛应用于价值较高的中高档车辆评估。

(2) 重置成本法的缺点

①评估工作量较大,确定成新率时主观因素影响较大。

②对极少数的进口车辆,不易查询到现时市场报价,一些已停产或是我国自然淘汰的车型,由于不可能查询到相同车型新车的市场报价,因此难于准确地确定出它们的重置成本或重置成本全价。

6. 重置成本法评估的具体方法

(1) 重置成本法的计算　重置成本法的基本计算公式为

$$评估值 = 重置成本 - 实体性贬值 - 功能性贬值 - 经济性贬值$$

或

$$评估值 = 重置成本 \times 成本率$$

以上两种计算模型中,前者综合考虑了二手车的现行市场价格和各种影响二手车价值量变化的因素,可信度更高。但是,这些影响因素较多且有一定的不确定性,所以在一定程度上影响了评估值的准确性。后者则以成新率综合考虑了各种贬值对二手车价值的影响,是一种定性和定量相结合的评估方法,是目前市场上应用最广的一种评估方法。

(2) 基于成新率的重置成本法评估计算　基于成新率的重置成本法评估计算公式为

$$P = BC$$

式中　P——被评估二手车的评估值,单位为元;
　　　B——被评估二手车的现时重置成本,单位为元;
　　　C——被评估二手车的现时成新率,单位为元。

(3) 重置成本的计算　在资产评估中,重置成本估算有多种方法,对二手车评估来说,计算重置成本一般采用重置核算法和物价指数法两种方法。

1) 重置核算法。重置核算法是利用成本核算原理,根据重新取得一辆与二手车车型和功能一样的新车所需的费用项目,逐项计算后累加得到二手车的重置成本。二手车的重置成本具体由二手车的现行购买价格、运杂费以及必要的税费构成。根据新车来源方式不同,二手车重置成本可分为国产车和进口车两种不同的构成。

①国产二手车重置成本的构成。

国产二手车重置成本构成的计算公式为

$$B = B_1 + B_2$$

式中　B——二手车重置成本,单位为元;
　　　B_1——购置全新车辆的市场成交价,单位为元;
　　　B_2——车辆购置价格以外国家和地方政府一次性缴纳的各种税费总和,单位为元。

重置成本构成不应包括车辆拥有阶段及使用阶段的税费,如车辆拥有阶段的年审费、车船税和消费税,车辆使用阶段的保险费、燃油税和路桥费等。

各种税费包括车辆购置税和注册登记费(牌照费)。车辆购置税是对在我国境内购置规定车辆的单位和个人征收的一种税,它由车辆购置附加费演变而来。现行车辆购置税法的基本规范是从2001年1月1日起实施的《中华人民共和国车辆购置税暂行条例》。车辆购置税的纳税人为购置(包括购买、进口、自产、受赠、获奖或以其他方式取得并自用)应税车辆的单位和个人,征税范围为汽车、摩托车、电车、挂车和农用运输车,税率为10%,应纳税额的计算公式为

$$应纳税额 = 计税价格 \times 税率$$

如消费者购买一辆100000元的国产车,去掉增值税部分后按10%纳税,其计算公式为

$$100000 \div 1.17 \times 0.1 \text{ 元} \approx 8547 \text{ 元}$$

② 进口二手车重置成本的构成。

根据海关税则和收费标准,进口轿车的重置成本(即现行价格)的税费构成为

$$进口二手车重置成本 = 报关价 + 关税 + 消费税 + 增值税 + 其他必要费用$$

报关价即到岸价,又称为CIF价格,它与离岸价(FOB价格)的关系为

$$CIF 价格 = FOB 价格 + 途中保险费 + 从装运港到目的港的运费$$

FOB价格是指在国外装运港船上交货时的价格,因此也称为离岸价,它不包括从装运港到目的港的运费和保险费。

a. 关税其计算方法为

$$关税 = 报关税 \times 关税税率$$

根据我国加入 WTO（世界贸易组织）的承诺，自 2006 年 7 月 1 日起，轿车的关税税率为 25%。

b. 消费税其计算方法为

$$消费税 = \frac{报关价 + 关税}{1 - 消费税率} \times 消费税率$$

c. 增值税其计算方法为

$$增值税 = (报关税 + 关税 + 消费税) \times 消费税率$$

说明

各种进口车增值税税率均为 17%。

d. 其他费用：除了上述费用之外，进口车价还包括通关、商检、仓储运输、银行、选装件价格、经销商和进口许可证等非关税措施造成的费用。

2）物价指数法。当被评估车辆已停产，或是进口车辆无法找到现时市场价格时，物价指数法是一种很有用的方法，但应用时一定要先检查被评估车辆的账面购买原价。如果购买原价不准确，则不能用物价指数法。

物价指数法也叫作价格指数法，是指根据已掌握历年来的价格指数，在二手车原始成本的基础上，通过现时物价指数确定其重置成本。车辆价格变动指数是表示车辆历年价格变动趋势和速度的指标。要选用国家统计部门、物价管理部门或行业协会定期发布和提供的数据，不能选用无依据不明来源的数据，其计算公式为

$$B = B_0 \frac{I}{I_0}$$

或

$$B = B_0 (1 - \lambda)$$

式中　B——车辆重置成本，单位为元；

　　　B_0——车辆原始成本，单位为元；

　　　I——车辆评估时物价指数；

　　　I_0——车辆当初购买时物价指数；

　　　λ——车辆价格变动指数。

（4）二手车重置成本全价的确定　实际工作中，一般根据鉴定估价的经济行为确定重置成本的全价，具体有以下两种处理方法：

①对于以所有权转让为目的的二手车交易经济行为，按评估基准日被评估车辆所在地收集的现行市场成交价格作为被评估车辆的重置成本全价，其他费用略去不计。

②对企业产权变动的经济行为（如企业合资、合作和联营，企业分设、合并和兼并，企业清算，企业租赁等），其重置成本全价除了考虑被评估车辆的现行市场购置价格以外，还应将国家和地方政府规定对车辆加收的其他税费（如车辆购置附加费和车船税等）一并

计入重置成本全价中。

7. 重置成本法评估实例

(1) 使用年限法评估二手车　2012年8月，王女士购置了一辆爱丽舍轿车，作为上下班代步用。购买价格为97800元，初次登记日期是2012年9月，于2016年12月进入二手车交易市场估价交易。现场查勘，车身外观较好，发动机运转平稳，无异常声，制动系统良好。该车行驶里程为10万km，在评估时，该车的现行市场销售价格为79800元，其他税费不计，试评估该车的现时市场价值。

解：根据题意可知以下内容：

①初次登记日期为2012年9月，评估基准日期为2016年12月，已使用年限为4年3个月，即$Y=51$个月。

②该车为轿车，规定使用年限为15年，即$Y_g=180$个月。

③该车的现时重置成本为$B=79800$元。

④该车的年限成新率为

$$C_Y = \left(1 - \frac{Y}{Y_g}\right) \times 100\% = \left(1 - \frac{51}{180}\right) \times 100\% \approx 71.67\%$$

⑤评估值

$$P = BC = 79800 \times 71.67\% \text{元} \approx 57193 \text{元}$$

(2) 综合分析法评估二手车　刘先生于2011年3月购置一辆国产奥迪2.4轿车，作为家庭用车。于2016年3月到某奥迪专卖店进行二手车置换业务，行驶里程为9.5万km，已知与该车类似的奥迪2.5新车市场价格为428000元。经评估人员现场查勘，该车技术状况较好，使用维护保养较好，该车主要是在市内行驶，试用重置成本-综合分析法评估该车的价值。

解：根据题意可知以下内容：

①评估价值采用重置成本——综合分析法，计算公式为

$$P = BC_F = B\left(1 - \frac{Y}{Y_g}\right)K \times 100\%$$

②初次登记日期为2011年3月，评估基准日期为2016年3月，则$Y=60$个月。

③该车为轿车，规定使用年限为15年，即$Y_g=180$个月。

④该车的现时重置成本为$B=428000$元。

⑤综合调整系数K的确定如下：

技术状况较好，车辆技术状况调整系数为$K_1=0.9$。

使用维护保养好，维护保养调整系数为$K_2=0.9$。

该车为国产名牌，制造质量调整系数为$K_3=0.9$。

该车为私人用车，车辆用途调整系数为$K_4=1.0$。

该车主要在市内行驶，工作条件调整系数为 $K_5 = 1.0$。

⑥综合调整系数为

$$\begin{aligned} K &= K_1 \times 30\% + K_2 \times 25\% + K_3 \times 20\% + K_4 \times 15\% + K_5 \times 10\% \\ &= 0.9 \times 30\% + 0.9 \times 25\% + 0.9 \times 20\% + 1.0 \times 15\% + 1.0 \times 10\% \\ &= 0.925 \end{aligned}$$

⑦计算评估值 P 为

$$P = BC_F = 428000 \times 61.67\% \text{元} \approx 263948 \text{元}$$

（二）应用收益现值法评估的具体方法

1．收益现值法的概念

收益现值法是通过估算被评估二手车在剩余寿命期内的预期收益，并折现为评估基准日的现值，借此来确定二手车价值的一种评估方法。也就是说，现值在这里被视为二手车的评估值，而且现值的确定依赖于未来预期收益。

2．收益现值法的基本原理

收益现值法是基于这样的假设，即人们之所以购买某辆二手车，主要是考虑这辆车能为自己带来一定的收益。任何一个理智的投资者在决定投资购买这辆二手车时，他所愿意支付的货币金额不会高于评估时求得的该车未来预期收益的折现值。

3．收益现值法的应用前提

①被评估二手车必须是经营性车辆，且具有继续经营能力，并不断获得收益。
②继续经营的预期收益可以预测，而且必须能够用货币金额来表示。
③二手车购买者获得预期收益所承担的风险也可以预测，并可以用货币衡量。
④被评估二手车预期获利年限可以预测。

4．收益现值法的优缺点

（1）收益现值法的优点
①与投资决策相结合，容易被交易双方接受。
②能真实和较准确地反映车辆本金化的价格。

（2）收益现值法的缺点
①预期收益额和折现率以及风险报酬率的预测难度大。
②受主观判断和未来不可预见因素的影响较大。

5．应用收益现值法评估的具体方法

（1）计算模型

$$P = \sum_{t=1}^{n} \frac{A_t}{(1+i)^t} = \frac{A_1}{(1+i)^1} + \frac{A_2}{(1+i)^2} + \frac{A_2}{(1+i)^2} + \cdots + \frac{A_n}{(1+i)^n}$$

式中　P——评估值，单位为元；

A_t——未来第 t 个收益期的预期收益额,单位为元;

n——收益年期(即二手车剩余使用寿命的年限);

i——折现率,在经济分析中如果不在其他说明,一般指年利率或收益利率;

t——收益期,一般以年计。

当 $A_1 = A_2 = \cdots = A_n$ 时,即 t 从 $1 \sim n$ 年未来收益都相同为 A 时,则有

$$P = A\left[\frac{1}{(1+i)^1} + \frac{1}{(1+i)^2} + \cdots + \frac{1}{(1+i)^n}\right] = A\frac{(1+i)^n - 1}{i(1+i)^n}$$

式中 $\frac{1}{(1+i)^1}$——第 t 个收益期的现值系数;

$\frac{(1+i)^n - 1}{i(1+i)^n}$——年金现值系数。

式中反映了二手车预期在 n 年的收益期内每年的收益为 A 元,这几年累计收益额"等值于"现值 P 元,那么,现在可接受的最大投资额应为 P 元。

(2)收益现值法各评估参数的确定

1)收益年期 n 的确定。收益年期(即二手车剩余使用寿命的年限)指从评估基准日到二手车报废的年限。各类营运车辆的报废年限在国家《机动车强制报废标准规定》中都有具体规定。如果剩余使用寿命期估算得过长,则计算的收益期就多,车辆的评估价格就高;反之,则会低估价格。因此,必须根据二手车的实际状况对其收益年期做出正确评定。

2)预期收益额 A_t 的确定。收益现值法运用中,预期收益额的确定是关键。预期收益额是指由被评估对象在使用过程中,可能带来的年纯收益额。对于预期收益额的确定应注意以下两点:

第一,无论对于所有者还是购买者,判断某车辆是否有价值,首先应判断该车辆是否会带来收益。对其收益的判断,不仅仅是看现在的收益能力,更重要的是预测未来的收益能力。

第二,收益额的构成。以企业为例,目前有几种观点,即第一,企业所得税后利润;第二,企业所得税后利润与提取折旧额之和扣除投资额;第三,利润总额。在二手车评估中建议选择第一种观点,目的是能够准确反映预期收益额,其计算公式为

$$收益额 = 税前收入 - 应交所得税 = 税前收入 \times (1 - 所得税税率)$$

(3)折现率 i 的确定 折现率是指将未来预期收益额折算成现值的比率。从本质上讲,折现率是一种期望投资报酬率,是投资者在投资风险一定的情况下,对投资所期望的回报率。折现率由无风险报酬率和风险报酬率两部分组成,即

$$折现率\ i = 无风险报酬率 + 风险报酬率$$

6. 收益现值法评估实例

某个体人员拟购买一辆轻型载货汽车从事营运经营。已知该车的剩余使用年限为 4 年。

适用的折现率为 8%，经预测 4 年内该车的预期收益分别为 10000 元、9000 元、8000 元和 7000 元，试用收益现值法评估该车辆目前的价格。

解：由于该车每年的预期收益额不相等，根据收益现值法的模型式，价格为

$$P = \sum_{t=1}^{n} \frac{A_t}{(1+i)^t} = \frac{A_1}{(1+i)^1} + \frac{A_2}{(1+i)^2} + \cdots + \frac{A_n}{(1+i)^n}$$

$$= \left[\frac{10000}{(1+8\%)^1} + \frac{9000}{(1+8\%)^2} + \frac{8000}{(1+8\%)^3} + \frac{7000}{(1+8\%)^4} \right] 元$$

$$= (9259 + 7716 + 6351 + 5145) 元$$

$$= 28471 元$$

该车评估价值为 28471 元。

（三）应用现行市价法评估的具体方法

1. 现行市价法的概念

现行市价法又称为市场法、市场价格比较法，是指以市场上最近售出的与被评估车辆可类比的车辆作为参照物，通过比较彼此间的异同，并据此对参照物的市场成交价进行调整，从而确定被评估车辆价值的一种评估方法。现行市价法是最直接和最简单的一种评估方法。这种方法的基本思路是：通过市场调查，选择一个或几个与评估车辆相同或类似的车辆作为参照物，分析参照物的构造、功能性能、新旧程度、地区差别、交易条件及成交价格等，并与评估车辆一一对照比较，找出两者的差别及差别所反映在价格上的差额，经过调整，计算出二手车的价值。

运用现行市价法要求充分利用类似二手车成交价格信息，并以此为基础判断和估测被评估二手车的价值。运用已被市场检验了的结论来评估二手车，显然是容易被买卖双方当事人接受的。因此，现行市价法是二手车评估中最为直接和最具说服力的评估途径之一。

2. 现行市价法的基本原理

现行市价法是基于这样的原理：任何一个正常的投资者在购置某项资产时，他所愿意支付的价格不会高于市场上具有相同用途替代品的现行市价。

3. 现行市价法的应用前提和适用范围

（1）现行市价法的应用前提 由于现行市价法是以同类二手车销售价格相比较的方式来确定被评估二手车价值的，因此，运用这一方法时，一般应具备以下两个基本的前提条件：

①要有一个发育成熟、交易活跃的二手车交易公开市场，经常有相同或类似二手车的交易，有充分的参照车辆可取，市场成交的二手车价格反映市场行情，这是应用现行市价法评估二手车的关键。

②市场上参照的二手车与被评估二手车有可比较的指标，并且这些指标的技术参数等资料是可收集到的，并且价值影响因素明确，可以量化。

（2）现行市价法的适用范围 现行市价法是从卖者的角度来考虑被评估二手车的变现值的，二手车评估价值的大小直接受市场的制约，因此，它特别适用于产权转让畅销车型的

评估，如二手车收购（尤其是成批收购）和典当等业务。畅销车型的数据充分可靠，市场交易活跃，评估人员熟悉其市场交易情况，采用现行市价法评估二手车时间会很短。

4．现行市价法的优缺点

（1）现行市价法的优点

①能够客观反映二手车目前的市场情况，其评估的参数和指标直接从市场获得，评估值能反映市场现实价格。

②评估结果易于被各方面理解和接受。

（2）现行市价法的缺点

①需要公开及活跃的二手车市场作为基础，然而在我国很多地方二手车市场建立时间短，发育不完全、不完善，寻找参照车辆有一定的困难。

②可比因素多而复杂，操作难度大。即使是同一个生产厂家生产的同一型号的产品，同一时间登记注册，但可能由于由不同的车主使用，其使用强度、使用条件和维护水平的不同而带来车辆技术状况不同，造成二手车评估价值差异。

5．应用现行市价法评估的步骤

1）收集资料。收集评估对象的资料，包括车辆的类别名称、型号和性能、生产厂家及出厂年月，了解车辆目前使用情况、实际技术状况以及尚可使用的年限等。

2）选定二手车交易市场上可进行类比的对象。

①车辆型号，即指汽车类型和主要参数。

②车辆制造厂家。

③车辆来源。是私用、公务、商务车辆，还是营运出租车辆。

④车辆使用年限和行驶里程数。

⑤车辆实际技术状况。

⑥市场状况。

⑦评估目的。

⑧车辆所处的地理位置。

⑨成交数量。

⑩成交时间。

3）分析、类比。综合上述可比性因素，对待评估的车辆与选定的类比对象进行认真的分析类比。

4）计算评估值。分析和调整差异，并做出结论。

6．应用现行市价法评估的计算方法

（1）直接法　直接法是指在市场上能找到与被评估二手车完全相同车辆的现行市价，并依其价格直接作为被评估二手车评估价格的一种方法。直接法应用的两种情况如下：

①参照车辆与被评估二手车完全相同：所谓完全相同是指车辆型号、使用条件和技术状况相同，生产和交易时间相近。这样的参照车辆常见于市场保有量大和交易比较频繁的畅销

车型，如普通捷达和卡罗拉等。

②参照车辆与被评估二手车相近：这种情况是参照车辆与被评估车辆类别相同、主参数相同和结构性能相同，只是生产序号不同并只进行局部改动，交易时间相近的车辆，也可近似等同作为评估过程中的参照车辆。这种情况在我国汽车市场上是非常常见的，很多汽车厂商为了追求车型的变化，给消费者一个新的感受，每年都在原车型的基础上做一些小的改动，如车身的小变化和内饰配置的变化等。

直接法评估公式为

$$P = P'$$

式中　P——评估值，单位为元；

　　　P'——参照车辆的市场成交价格，单位为元。

（2）类比法　类比调整市价法是指评估二手车时，在公开市场上找不到与之完全相同的车辆，但能找到与之相类似的车辆，以此为参照车辆，并根据车辆技术状况和交易条件的差异对参照车辆的价格做出相应调整，进而确定被评估二手车价格的一种评估方法，其基本计算公式为

$$P = P'K$$

式中　P——评估值，单位为元；

　　　P'——参照车辆的市场成交价格，单位为元；

　　　K——差异调整系数。

类比调整市价法不像市价法对参照车辆的条件要求那么严，只要求参照车辆与被评估二手车大的方面相同即可。

7. 现行市价法的评估实例

在对某辆二手车进行评估时，评估人员选择了三个近期成交的与被评估二手车类别和结构基本相同，技术经济参数相近的车辆作为参照车辆。参照车辆与被评估二手车的一些具体技术经济参数见表3-9。

表3-9　参照车辆与被评估二手车的一些具体技术经济参数

序号	技术经济参数	参照车辆A	参照车辆B	参照车辆C	被评估二手车
1	车辆交易价格（元）	50000	65000	40000	待定
2	销售条件	公开市场	公开市场	公开市场	公开市场
3	交易时间	6个月前	2个月前	10个月前	—
4	已使用年限（年）	5	5	6	5
5	尚可使用年限（年）	5	5	4	5
6	成新率（%）	60	75	55	70
7	年平均维修费用（元）	20000	18000	25000	20000
8	每百千米耗油量/L	25	22	28	24

评估步骤如下：

(1) 对被评估二手车与参照车辆之间的差异进行比较和量化

1) 销售时间的差异。根据搜集到的资料表明，在评估之前到评估基准日之间的1年内，物价指数每月上升0.5%左右。各参照车辆与被评估二手车由于时间差异所产生的差额为

① 被评估二手车与参照车辆A相比较晚6个月，价格指数上升3%，其差额为

$$50000 \text{元} \times 3\% = 1500 \text{元}$$

② 被评估二手车与参照车辆B相比较晚2个月，价格指数上升1%，其差额为

$$65000 \text{元} \times 1\% = 650 \text{元}$$

③ 被评估二手车与参照车辆C相比较晚10个月，价格指数上升5%，其差额为

$$40000 \text{元} \times 5\% = 2000 \text{元}$$

2) 车辆性能的差异。

① 各参照车辆与被评估二手车每年由于燃油消耗的差异所产生的差额，按每日运行150km、平均出车250天，燃油价格按7元/L计算。

参照车辆A每年比被评估二手车多消耗燃料的费用为

$$(25 - 24) \times 7 \times 150/100 \times 250 \text{元} = 2625 \text{元}$$

参照车辆B每年比被评估二手车少消耗燃料的费用为

$$(24 - 22) \times 7 \times 150/100 \times 250 \text{元} = 5250 \text{元}$$

参照车辆C每年比被评估二手车多消耗燃料的费用为

$$(28 - 24) \times 7 \times 150/100 \times 250 \text{元} = 10500 \text{元}$$

② 各参照车辆与被评估二手车每年由于维修费用的差异所产生的差额。

参照车辆A与被评估二手车每年维修费用的差额为

$$(20000 - 20000) \text{元} = 0$$

参照车辆B与被评估二手车每年维修费用的差额为

$$(20000 - 18000) \text{元} = 2000 \text{元}$$

参照车辆C与被评估二手车每年维修费用的差额为

$$(25000 - 20000) \text{元} = 5000 \text{元}$$

③ 各参照车辆与被评估二手车每年由于运行成本的差异所产生的差额。

参照车辆A比被评估二手车每年多花费的运行成本为

$$(2625 + 0) \text{元} = 2625 \text{元}$$

参照车辆B比被评估二手车每年少花费的运行成本为

$$(5250 + 2000) \text{元} = 7250 \text{元}$$

参照车辆C比被评估二手车每年多花费的运行成本为

$$(10500 + 5000) \text{元} = 15500 \text{元}$$

④适用的折现率为20%，则在剩余的使用年限内，各参照车辆比被评估二手车多（或少）花费的运行成本计算如下：

参照车辆 A 比被评估二手车多花费的运行成本折现累加为

$$2625 \times \frac{(1+20\%)^5 - 1}{20\% \times (1+20\%)^5} 元 \approx 7850 元$$

参照车辆 B 比被评估二手车多花费的运行成本折现累加为

$$7250 \times \frac{(1+20\%)^5 - 1}{20\% \times (1+20\%)^5} 元 \approx 21682 元$$

参照车辆 C 比被评估二手车多花费的运行成本折现累加为

$$15500 \times \frac{(1+20\%)^4 - 1}{20\% \times (1+20\%)^4} 元 \approx 40125 元$$

3）成新率的差异。

参照车辆 A 与被评估二手车由于成新率的差异所产生的差额为

$$50000 \times (70\% - 60\%) 元 = 5000 元$$

参照车辆 B 与被评估二手车由于成新率的差异所产生的差额为

$$65000 \times (70\% - 75\%) 元 = -3250 元$$

参照车辆 C 与被评估二手车由于成新率的差异所产生的差额为

$$40000 \times (70\% - 55\%) 元 = 6000 元$$

（2）根据被评估二手车与参照车辆之间差异的量化结果，确定车辆的评估值

①初步确定被评估二手车的评估值。

与参照车辆 A 相比分析调整差额，初步评估的结果为

$$车辆评估值 = (50000 + 1500 + 7850 + 5000) 元 = 64350 元$$

与参照车辆 B 相比分析调整差额，初步评估的结果为

$$车辆评估值 = (65000 + 650 - 21682 - 3250) 元 = 40718 元$$

与参照车辆 C 相比分析调整差额，初步评估的结果为

$$车辆评估值 = (40000 + 2000 + 40125 + 6000) 元 = 88125 元$$

②综合定性分析，确定被评估二手车的评估值。

从上述初步估算的结果可知，按三个不同的参照车辆进行比较测算，初步评估的结果最多相差23775元[（88125-64350）元=23775元]。其主要原因是三个参照车辆的成新率不同（参照车辆 A 为60%、参照车辆 B 为75%、参照车辆 C 为55%）；另外，在选取有关的技术经济参数时也可能存在误差。为减少误差，结合考虑被评估二手车与参照车辆的相似程度，决定采用加权平均法确定评估值。参照车辆 B 的交易时间离评估基准日较接近（仅隔2个月），且已使用年限和尚可使用年限成新率等都与被评估二手车最相近，由于它的相似程度比参照车辆 A、C 更大，故决定取参照车辆 B 的加权系数为60%；参照

车辆 A 的交易时间、已使用年限、尚可使用年限和成新率等比参照车辆 C 的相似程度更大，故决定取参照车辆 A 的加权系数为 30%，取参照车辆 C 的加权系数为 10%。加权平均后，被评估二手车的评估值为

$$车辆评估值 = (40718 \times 60\% + 88125 \times 30\% + 64350 \times 10\%)元 \approx 57303 元$$

（四）应用清算价格评估的具体方法

1. 清算价格法的概念

清算价格法是以清算价格为依据来估算二手车价格的一种方法。所谓清算价格，指企业在停业或破产后，在一定的期限内拍卖资产（如车辆）时可得到的变现价格，清算价格法的理论基础是清算价格标准。

2. 清算价格法的基本原理

清算价格法在原理上基本与现行市价法相同，所不同的是迫于停业或破产，清算价格大大低于现行市场价格。这是由于企业被迫停业或破产，急于将车辆拍卖和出售。

3. 清算价格法的应用前提和适用范围

（1）清算价格法的应用前提

①以具有法律效力的破产处理文件或抵押合同及其他有效文件为依据。

②车辆在市场上可以快速出售变现。

③所卖收入足以补偿因出售车辆的附加支出总额。

（2）清算价格法的适用范围　清算价格法适用于企业破产、资产抵押和停业清理时要出售的车辆。

4. 影响清算价格的主要因素

在二手车评估中，影响清算价格的主要因素包括破产形式、债权人处置车辆的方式、车辆清理费用、拍卖时限、公平市价和参照车辆价格等。

5. 确定清算价格的具体方法

二手车评估清算价格的方法主要有以下三种：

（1）评估价格折扣法　首先，根据被评估二手车的具体情况及所获得的资料，选择重置成本法、收益现值法及现行市价法中的一种方法确定被评估二手车的价格；其次，根据市场调查和快速变现原则，确定一个合适的折扣率。用评估价格乘以折扣率，所得结果即为被评估二手车的清算价格。

例如

一辆已经使用 3 年的捷达轿车，经调查在二手车交易市场上成交价为 5 万元，根据销售情况调查，折价 20% 可以当即出售，则该车辆清算价格为 $5 \times (1 - 20\%)$ 万元 = 4 万元。

（2）模拟拍卖法　模拟拍卖法也称为意向询价法。这种方法是根据向被评估二手车的

潜在购买者询价的办法取得市场信息,最后经评估人员分析确定其清算价格的一种方法。用这种方法确定的清算价格受供需关系影响很大,要充分考虑其影响的程度。

例如

有一台 8t 自卸车,拟评估其拍卖清算价格,评估人员通过对两家运输公司、三个个体运输户征询意向价格,其报价分别是 7 万元、8.3 万元、7.8 万元、8 万元和 7.5 万元,平均报价为 7.72 万元。考虑目前各种因素,评估人员确定清算价格为 7.5 万元。

(3)竞价法 竞价法是由法院按照破产清算的法定程序或由卖方依据评估结果提出一个拍卖的底价,在公开市场上由买方竞争出价,谁出的价格高就卖给谁。

6. 清算价格法的评估实例

某法院欲在近期内将其扣押的一辆轻型载货汽车拍卖出售。至评估基准日止,该汽车已使用了 1 年 6 个月,车况与其新旧程度相符,试评估该车的清算价格分析。据了解,本次评估的目的属债务清偿,应采用的评估方法为清算价格法。

根据被评估车辆的实际情况和所掌握的资料,决定首先利用重置成本法确定车辆在公平市场条件下的评估价格。然后,根据市场调查,按一定的折现率确定汽车的清算价格。

求解步骤如下:

①根据题目已知条件,采用重置成本法确定清算价格。

②求已使用年限和规定使用年限:该车已使用年限为 1 年 6 个月,折合为 18 个月;根据国家规定,被评估车辆的使用年限为 10 年,折合为 120 个月。

③确定车辆的重置成本全价:据市场调查,全新同型车目前的售价为 55000 元。根据相关规定,购置此型车时,要交纳 10% 的车辆购置税,3% 的货运附加费,故被评估车辆的重置成本全价 B 为

$$B = 55000 \text{ 元} \times (1 + 10\% + 3\%) = 62150 \text{ 元}$$

④确定车辆的成新率:被评估车辆的价值不高,且车辆的技术状况与其新旧程度相符,故决定采用使用年限法确定其成新率,故被评估车辆的成新率 C_Y 为

$$C_Y = \left(1 - \frac{Y}{Y_g}\right) \times 100\% = \left(1 - \frac{18}{120}\right) \times 100\% = 85\%$$

⑤确定被评估车辆在公平市场条件下的评估值:根据调查了解,被评估车辆的功能性损耗及经济性损耗均很小,可忽略不计,故在公平市场条件下,该车的评估值 P 为

$$P = BC = 62150 \text{ 元} \times 85\% \approx 52828 \text{ 元}$$

⑥确定折扣率:根据市场调查,折扣率取 75% 时,可在清算日内出售车辆,故确定折扣率为 75%。

⑦确定被评估车辆的清算价格为

$$\text{车辆的清算价格} = 52828 \text{ 元} \times 75\% = 39621 \text{ 元}$$

三、实施与考核

(一) 技能学习

1)通过资料阅读和二手车评估案例分析,描述评定二手车价值的方法。

2)对二手车进行技术状况鉴定,根据实际情况,选择合适的评估方法计算该二手车的价值。

(二) 任务实施与考核

1. 实施步骤

1)准备二手车五辆,小组成员分工协作,利用二手车鉴定评估学习资料,依据工作任务制订工作计划,并通过小组自评或互评检查工作计划。

2)各小组完成二手车的现场查勘,完成表3-10所列项目。

表3-10 二手车的价值计算

车辆基本信息	基本信息			
	厂牌型号		车辆识别代码	
	出厂日期		登记日期	
	已使用年限		报废年限	
	行驶里程		报废里程	
重要配置				
技术状况				
重置成本法评估二手车的价值	公式及计算过程		结果	
现行市价法评估二手车的价值				
收益现值法评估二手车的价值				
清算价格法评估二手车的价值				

2. 评估总结

1)回答指导教师提问并接受指导教师相关考核。

2)完成工作任务,对本次任务完成过程及效果进行自我评价和小组互评。

3)清洁工作场所,清点归还相关工具设备,完成本次任务。

任务三　撰写评估报告

一、任务分析

二手车鉴定评估报告书是指二手车鉴定评估机构按照评估工作制度有关规定，在完成鉴定评估工作后向委托方和有关方面提交的说明二手车鉴定评估过程和结果的书面报告。它是按照一定格式和内容来反映评估目的、程序、依据、方法和结果等基本情况的报告书。二手车鉴定评估机构在完成二手车鉴定评估工作后必须按照一定程序和要求，用书面形式向委托方报告鉴定评估过程和结果。

二、相关知识

（一）二手车鉴定评估报告书的作用

1）二手车鉴定评估报告书对委托方来说，具有以下重要作用：
①作为产权交易变动的作价依据。
②作为法庭辩论和裁决时确认财产价格的举证材料。
③作为支付评估费用的依据。
④二手车鉴定评估报告书是反映和体现评估工作情况，明确委托方、受托方及有关方面责任的根据。

2）二手车鉴定评估报告书对接受委托的鉴定评估机构来说，具有以下重要作用：
①是评估机构评估成果的体现，是一种动态管理的信息资料，体现了评估机构的工作情况和工作质量。
②二手车鉴定评估报告书是建立评估档案和归集评估档案资料的重要信息来源。

3）二手车鉴定评估报告书的相关制度。二手车鉴定评估报告制度是规定二手车鉴定评估机构在完成二手车鉴定评估工作后应向委托方出具鉴定评估报告书的一系列有关规定的制度。

二手车鉴定评估属于专项资产评估，鉴定评估的对象又属于特种资产，因而对这种资产鉴定评估工作的管理有别于其他资产。在鉴定工作结束后，根据《办法》以及其他有关法律和法规的要求，出具鉴定评估报告。

（二）撰写二手车鉴定评估报告书的基本要求

①鉴定评估报告书必须依照客观、公正和实事求是的原则由二手车鉴定评估机构独立撰写，如实反映鉴定估价的工作情况。
②鉴定评估报告书应有委托单位（或个人）的名称、二手车鉴定评估机构的名称和印

章、二手车鉴定评估机构法人代表或其委托人和二手车鉴定评估师的签字,以及提供报告的日期。

③鉴定评估报告书要写明评估基准日,并且不得随意更改。所有在估价中采用的税率、费率、利率和其他价格标准,均应采用基准日的标准。

④鉴定评估报告书中应写明估价的目的、范围、二手车的状态和产权归属。

⑤鉴定评估报告书应说明估价工作遵循的原则和依据的法律法规,简述鉴定估价过程,写明评估的方法。

⑥鉴定评估报告书应有明确鉴定估算价值的结果,鉴定结果应有二手车的成新率,应有二手车原值和重置价值和评估价值等。

⑦鉴定评估报告书还应有齐全的附件。

(三) 二手车鉴定评估报告书的基本内容

(1) 封面　二手车鉴定评估报告书的封面需载明:二手车鉴定评估报告书名称、鉴定评估机构出具鉴定评估报告的编号、二手车鉴定评估机构全称和鉴定评估报告书提交日期等。有服务商标的,评估机构可以在报告封面载明其图形标志。

(2) 首部　鉴定评估报告书正文的首部应包括以下内容:

①标题。标题应该简练清晰,含有"×××(评估项目名称)资产评估报告书"字样,位置居中偏上。

②报告书序号。报告书序号应符合公文的要求,包括评估机构特征字、公文种类特征字(如评报、评咨、评函,评估报告书正式报告应用"评报",评估报告书预报应用"评预报")、年份和文件序号,如××评报字(2004)第××号,或者××评报字2004—0101,位置在本行居中。

(3) 绪言　写明该评估报告委托方全称、受委托评估事项及评估工作整体情况,一般应采用包括下列内容的表达格式:

> "××(鉴定评估机构)接受××××的委托,根据国家有关资产评估的规定,本着客观、独立、公正和科学的原则,按照公认的资产评估方法,对×××(车辆)进行了鉴定评估。本机构鉴定评估人员按照必要的程序,对委托鉴定评估车辆进行了实地查勘与市场调查,对其在×××××年××月××日所表现的市场价值做出了公允反应。现将车辆评估情况及鉴定结果报告如下。"

(4) 委托方与车辆所有方简介　应写明委托方、委托方联系人的名称、联系电话及住址,指出车主的名称。

(5) 鉴定评估目的　应写明本次资产评估时为了满足委托方的何种需求,即其所对应的经济行为类型。

如根据委托方的要求,本项目评估目的(在□处填√):

□交易　□转籍　□拍卖　□置换　□抵押　□担保　□咨询　□司法裁决

（6）鉴定评估对象　需简要写明纳入评估范围车辆的厂牌型号、号牌号码、发动机号、车辆识别代号、注册登记日期、年审检验合格有效日期、有无购置附加费证及车船税等。

（7）鉴定评估基准日　写明车辆鉴定评估基准日的具体日期，式样为鉴定评估基准日是××××年××月××日。

（8）评估原则　严格遵循"客观性、独立性、公正性、科学性"的原则。对于所遵循的特殊原则，应进行适当阐述。

（9）评估依据　评估依据一般可以划分为行为依据、法律法规依据、产权依据、评定及取价依据等。行为依据主要是指二手车鉴定评估委托书和法院的委托书等经济行为文件。法律法规依据应包括车辆鉴定评估的有关条法、文件及涉及车辆评估的有关法律和法规等。产权依据是指被评估车辆的机动车登记证书或其他能够证明车辆产权的文件等。评定及取价依据应为鉴定评估机构收集的国家有关部门发布的统计和技术标准资料，及其评估机构收集的有关询价资料和参数资料等。对评估中采用的特殊依据应在此处披露。

（10）评估方法及计算过程　简要说明评估人员在评估过程中所选择并使用的评估方法，简要说明选择评估方法的依据或原因，如对某车辆评估采用一种以上的评估方法，应适当说明原因并说明该资产评估价值的确定方法。对于所选择的特殊评估方法，应适当介绍其原理与适用范围、各种评估方法计算的主要步骤等。

（11）评估过程　评估过程应反映二手车鉴定评估机构自接受评估委托起至提交评估报告的各种过程，包括接受委托、验证、现场查勘、市场调查与询证、评定估算和提交报告等过程。

（12）评估结论　得出结论。

（13）特别事项说明　鉴定评估报告书中陈述的特别事项是指在已确定评估结果的前提下，评估人员揭示在评估过程中已发现可能影响评估结论但非评估人员执业水平和能力所能评定估算的有关事项，提示评估报告使用者应注意特别事项对评估结论的影响，揭示鉴定评估人员认为需要说明的其他问题。

（14）鉴定评估报告书法律效力　揭示评估报告书的有效期，在有效期内车况发生变化对评估结果的影响，以及鉴定评估报告书的使用范围等。

（15）鉴定评估报告书提出日期　写明鉴定评估报告书委托方的具体时间，鉴定评估报告书应在确定的评估基准日后一周内提交。

（16）附件　附件应包括：二手车鉴定评估委托书、二手车鉴定评估作业表、车辆行驶证、车辆购置税、机动车登记证书复印件、二手车鉴定评估师资格证书影印件、鉴定评估机构营业执照影印件、鉴定评估机构资质影印件和二手车照片等。

（17）尾部　写明出具评估报告的评估机构名称，并盖章，写明评估机构法定代表人姓名并签名，注册二手车鉴定评估师盖章并签名，高级注册二手车鉴定评估师审核签章以及报告日期。

（四）撰写二手车鉴定评估报告书的步骤

编制二手车鉴定评估报告书是完成评估工作的最后一道工序，也是评估工作中一个很重要的环节。评估人员通过评估报告不仅要真实、准确地反映评估工作情况，而且表明评估人员在今后一段时期里对评估的结果和有关的全部附件资料承担相应的法律责任。

二手车鉴定评估报告书是记述鉴定评估成果的文件，是鉴定评估机构向委托方和二手车鉴定评估管理部门提交的主要成果。鉴定评估报告书的质量高低，不仅反映鉴定评估人员的水平，而且直接关系到有关各方的利益。这就要求评估人员编制的报告要思路清晰、文字简练准确、格式规范、有关的取证与调查材料和数据真实可靠。为了达到这些要求，评估人员应按下列步骤进行鉴定评估报告书的编制：

①评估资料的分类整理。被评估二手车的有关背景资料、技术鉴定情况资料及其他可供参考的数据记录等评估资料是编制二手车鉴定评估报告书的基础。一个较复杂的评估项目由两个或两个以上评估人员合作完成将评估资料进行分类整理，包括评估鉴定作业表的审核、评估依据的说明和最后形成评估的文字材料。

②鉴定评估资料的分析讨论。在整理资料工作完成后，应召集参与评估工作过程的有关人员，对评估的情况和初步结论进行分析讨论。如果发现其中提法不妥、计算错误和作价不合理等方面的问题，应要求进行必要的调整。若采用两种不同方法评估并得出两个不同结论的，需要在充分讨论的基础上得出一个正确的结论。

③鉴定评估报告书的撰写。鉴定评估报告书的负责人应根据评估资料讨论后的修正意见，进行资料的汇总编排和鉴定评估报告书的撰写工作。然后将二手车鉴定评估的基本情况和鉴定评估报告书初稿得到的初步结论与委托方交换意见，听取委托方的反馈意见后，在坚持客观、公正、科学和可行的前提下，认真分析委托方提出的问题和意见，考虑是否应该修改鉴定评估报告书，对鉴定评估报告书中存在的疏忽、遗漏和错误之处进行修正，待修正完毕即可撰写出正式的二手车鉴定评估报告书。

④鉴定评估报告书的审核。鉴定评估报告书先由项目负责人审核，再报评估机构经理审核签发，同时要二手车鉴定评估人员签字并加盖评估机构公章。送达客户签收，必须要求客户在收到鉴定评估报告书后，按送达回证上的要求认真填写并要求收件人签字确认。

（五）撰写二手车鉴定评估报告书时应注意的事项

二手车鉴定评估报告书的制作技能还应该注意以下几个事项：

1）实事求是，切忌出具虚假报告。鉴定评估报告书必须建立在真实和客观的基础上，不能脱离实际情况，更不能无中生有。报告拟定人应是参与鉴定评估并全面了解被评估车辆的主要鉴定评估人员。

2）坚持一致性做法，切忌出现表里不一。鉴定评估报告书文字和内容要前后一致，正文、评估说明、作业表、鉴定工作底稿、格式甚至数据要相互一致，不能出现相互矛盾的情况。

3）提交鉴定评估报告书要及时、齐全和保密。在正式完成二手车鉴定评估报告书工作后，应按业务约定书的约定时间及时将报告书送交委托方。当送交鉴定评估报告书时，鉴定评估报告书及有关文件要送交齐全。

（六）二手车鉴定评估报告书案例

上海××二手车评估中心二手车鉴定评估报告书

上海××评报字［2014年］第008号

一、绪言

上海××二手车评估中心接受×××的委托，根据国家有关资产评估的规定，本着客观、独立、公正和科学的原则，按照公认的资产评估方法，对沪A×××××进行了鉴定评估。本机构鉴定评估人员按照必要的程序，对委托鉴定评估车辆进行了实地查勘与市场调查，并对其在2014年2月6日所表现的市场价值做出了公允反映。现将车辆评估情况及鉴定评估结果报告如下。

二、委托方与车辆所有方简介

1）委托方×××。

委托方联系人×××，联系电话××××××××××。

2）根据机动车行驶证所示，委托车辆车主×××。

三、评估目的

根据委托方的要求，本项目评估目的（在□处填√）。

☑交易　□转籍　□拍卖　□置换　□抵押　□担保　□咨询　□司法裁决

四、评估对象

评估车辆的厂牌型号（斯柯达速派），号牌号码（沪A×××××），发动机号（××××××），车辆识别代号/车架号（LSVW×××），登记日期（2013年1月），年审检验合格至2014年3月，车辆购置税（已交），车船税（已交）。

五、鉴定评估基准日

鉴定评估基准日为2014年2月6日。

六、评估原则

严格遵循"客观性、独立性、公正性、科学性"的原则。

七、评估依据

(1) 行为依据　二手车评估委托书第［2014］008号。

(2) 法律、法规依据

①《国有资产评估管理办法》（国务院令第91号）。

②原国家国有资产管理局《关于转发〈国有资产评估管理办法施行细则〉的通知》（国资办发［1992］36号）。

③《关于转发〈资产评估操作规范意见（试行）〉的通知》（国资办发［1996］23号）。

④《机动车强制报废标准规定》商务部［2014］12号。

⑤其他相关的法律和法规等。

(3) 产权依据　委托鉴定评估车辆的机动车登记证书，编号：××××××。

(4) 评定及取价依据　技术标准资料：《汽车标准汇编》。

技术参数资料：随车说明书。

技术鉴定资料：《汽车质检技术》和《汽车维修手册》。

八、评估方法（在□处填√）
☑重置成本法　□现行市价法　□收益现值法　□其他
计算过程如下：因该车鉴定估价目的为交易，且其重置成本可知，故采用重置成本法计算评估价格。

目前市场该车型新车价格为200000元，本车的成新率为90.79%（见附件三成新率估算明细表）。

计算公式为

$$评估价 = 重置成本 \times 成新率$$
$$200000 \times 90.79\% 元 = 181580 元$$

九、评估过程
按照接受委托、验证、现场查勘、评定估算和提交报告的程序进行。

十、评估结论
车辆评估价格为181580元，金额大写壹拾捌万壹仟伍佰捌拾元整。

十一、特别事项说明
该车轮胎有缺口引起起动不平衡，但不影响汽车平稳性。

十二、评估报告法律效力
1) 本项评估结论有效期为90天，自评估基准日至2014年5月6日止。
2) 当评估目的在有效期内实现时，本评估结果可以作为作价参考依据；超过90天，需重新评估。另外在评估有效期内若被评估车辆的市场价格或因交通事故等原因导致车辆的价值发生变化，对车辆评估结果产生明显影响时，委托方也需重新委托评估机构重新评估。
3) 鉴定评估报告书的使用权归委托方所有，其评估结论仅供委托方为本项目评估日的使用和送交二手车鉴定评估主管机关审查使用，不适用于其他目的；因使用本报告书不当而产生的任何后果与签署本报告书的二手车鉴定评估师无关；未经委托方许可，本鉴定评估机构承诺不将本报告书的内容向他人提供或公开。

附件：
一、二手车鉴定评估委托书（略）
二、二手车鉴定评估作业表
三、成新率估算明细表
四、车辆行驶证、购置附加税（费）证复印件（略）
五、二手车鉴定评估师职业资格证书复印件（略）
六、鉴定评估机构营业执照复印件（略）
七、二手车照片（要求外观清晰，车辆牌照能够辨认）（略）

注册二手车鉴定评估师（签字、盖章）：
复核人（签字、盖章）：
（二手车鉴定评估机构盖章）
上海××二手车评估中心
2014年2月6日

说明

1) 指利用两种或两种以上的评估方法对车辆进行鉴定评估,并以它们评估结果的加权值为最终评估结果的方法。

2) 特别事项是指在已确定评估结果的前提下,评估人员认为需要说明在评估过程中已发现可能影响评估结论,但非评估人员执业水平和能力所能评定估算的有关事项以及其他问题。

3) 复核人应具有高级二手车鉴定评估师资格。

备注:本报告书和作业表一式三份,委托方两份,受托方一份。

附件二 二手车鉴定评估作业表

车主		×××	所有权性质	□公 ☑私	联系电话	×××××××××
地址			上海市×××		经办人	×××
原始情况	车辆类型	☑轿车 □客车 □越野车 □载货汽车 □摩托车 □其他				
	车辆品牌	斯柯达速派		车辆识别代号(VIN)		LSVW×××
	车牌号码	沪A×××××		产地	☑国产 □进口	
	发动机号	×××××		车架号		LSVW×××
	车身颜色	黑		燃料种类	☑汽油 □柴油	
	已使用年限	13个月		规定年限	□96个月 □120个月 ☑180个月	
	累计行驶里程	18000km				
核对证件	证件	☑原始发票 ☑机动车登记证书 ☑机动车行驶证 ☑法人代码或身份证 □其他				
	税费	☑购置附加税 ☑车船税 □其他				
	结构特点	发动机前置前驱				
	现时技术状况	在车速较高的情况下,车内没有噪声。制动反应灵敏,制动无跑偏现象。各项性能均完好				
	维修保养情况	☑好 □一般 □较差				
	制造质量	□进口 ☑国产名牌 □国产非名牌				
	工作性质	☑私用 □公务、商用 □营运				
	工作条件	☑较好 □一般 □较差				
价值反映	购入原价(元)	220000		车主报价(元)		170000
	重置成本(元)	200000	成新率(%)/90.79%	评估价格(元)		181580
鉴定目的:为交易双方提供价格参考						

评估过程:

1) 由于评估的目的是为交易双方提供价值参考,且该车的重置成本可知,故用重置成本法评估

2) 本车的成新率为90.79%(因车辆价值较高,采用总成部件法估算成新率,见附件三成新率估算明细表)

3) 计算公式为

评估价 = 重置成本全价 × 成新率 = 200000 × 90.79% 元 = 181580 元

注册二手车鉴定评估师(签名):　　　　　　　　　　　复核人(签名):
2014年2月6日　　　　　　　　　　　　　　　　　　2014年2月7日

填表说明：

1) 现时技术状况：必须如实填写对车辆进行技术鉴定的结果，客观真实反映出二手车主要部分（含车身、底盘、发动机、电气设备和内饰等）以及整车的现时技术状况。

2) 鉴定评估说明：应详细说明重置成本的计算方法、成新率的计算方法以及评估价格的计算方法。

附件三 成新率估算明细表

汽车部件	权分（%）	成新率（%）	加权成新率（%）
发动机及离合器	26	95	24.7
变速器及传动轴总成	11	90	9.9
前桥及转向器	10	85	8.5
后桥及后悬架总成	8	85	6.8
制动系统	6	90	5.4
车架总成	2	92	1.84
车身总成	26	90	23.4
电气设备及仪表	7	95	6.65
轮胎	4	90	3.6
合计	100	—	90.79

三、实施与考核

（一）技能学习

1) 通过资料阅读和二手车评估报告案例分析，描述撰写二手车评估报告书的步骤和主要内容。

2) 对二手车进行技术状况鉴定，根据实际情况，选择合适的评估方法计算该二手车的价值，并撰写二手车鉴定评估报告书。

（二）任务实施与考核

1. 实施步骤

1) 准备二手车五辆，小组成员分工协作，利用二手车鉴定评估学习资料，依据工作任务制订工作计划，并通过小组自评或互评检查工作计划。

2) 各小组完成二手车的技术状况鉴定和价值评估，并按照空白样本撰写评估报告书。

二手车鉴定评估报告书

×××鉴定评估机构评报字（20＿＿＿年）第××号

一、绪言

＿＿＿＿＿＿（鉴定评估机构）接受＿＿＿＿＿＿委托，根据国家有关评估及《二手车流通管理办法》和《二手车鉴定评估技术规范》的规定，本着客观、独立、公正和科学的原则，按照公认的评估方法，对牌号为＿＿＿＿＿＿的车辆进行了鉴定。本机构鉴定评估人员按照必要的程序，对委托鉴定评估的车辆进行了实地查勘与市场调查，并对其在＿＿＿＿年＿＿＿＿月＿＿＿＿日所表现的市场价值做出了公允反映。现将该车辆鉴定评估结果报告如下：

二、委托方信息

委托方：＿＿＿＿＿＿＿＿＿＿，委托方联系人：＿＿＿＿＿＿＿＿＿＿，联系电话：＿＿＿＿＿＿＿＿＿＿，车主姓名/名称：（填写机动车登记证书所示的名称）＿＿＿＿＿＿＿＿＿＿＿＿＿＿＿

三、鉴定评估基准日：＿＿＿＿年＿＿＿＿月＿＿＿＿日

四、鉴定评估车辆信息

厂牌型号：＿＿＿＿＿＿＿＿＿＿，牌照号码：＿＿＿＿＿＿＿＿＿＿

发动机号：＿＿＿＿＿＿＿＿＿＿，车辆识别代码：＿＿＿＿＿＿＿＿＿＿

车身颜色：＿＿＿＿＿＿＿＿＿＿，表征里程：＿＿＿＿＿＿＿＿＿＿，初次登记日期：＿＿＿＿＿＿

年审检验合格至：＿＿＿＿年＿＿＿＿月＿＿＿＿日，交强险截止日期：＿＿＿＿年＿＿＿＿月＿＿＿＿日

车船税截止日期：＿＿＿＿年＿＿＿＿月＿＿＿＿日

是否查封、抵押车辆：□是　□否　　车辆购置税（费）证：□有　□无

机动车登记证书：□有　□无　　　　机动车行驶证：□有　□无

未接受处理的交通违法记录：□有　□无

使用性质：□公务用车　□家庭用车　□营运用车　□出租车　□其他：＿＿＿＿＿＿

五、技术鉴定结果

技术状况缺陷描述：＿＿＿

重要配置及参数信息：＿＿＿＿＿＿＿＿＿＿＿＿＿＿＿＿＿＿＿＿＿

技术状况鉴定等级：＿＿＿＿＿＿，等级描述：＿＿＿＿＿＿＿＿＿＿

六、价值评估

价值估算方法：□现行市价法　□重置成本法　□其他＿＿＿＿＿＿

价值估算结果：车辆鉴定评估价值为人民币＿＿＿＿＿＿元，金额大写：＿＿＿＿＿＿

七、特别事项说明

八、鉴定评估报告的法律效力

本鉴定评估结果可以作为作价参考依据。本项鉴定评估结论有效期为90天，自鉴定评估基准日至＿＿＿＿年＿＿＿＿月＿＿＿＿日止。

九、声明

1) 本鉴定评估机构对该鉴定评估报告承担法律责任。

2) 本报告所提供的车辆评估价值为评估基准日的价值。

3) 该鉴定评估报告的使用权归委托方所有，其鉴定评估结论仅供委托方为本项目鉴定评估目的使用和送交二手车鉴定评估主管机关审查使用，不适用于其他目的，否则本鉴定评估机构不承担相应法律责任；因使用本报告不当而产生的任何后果与签署本报告书的鉴定评估人员无关。

4) 二手车鉴定评估机构承诺，未经委托方许可，不将本报告的内容向他人提供或公开，否则本鉴定评估机构将承担相应法律责任。

附件：

一、二手车鉴定评估委托书

二、二手车技术状况鉴定作业表

三、车辆行驶证、机动车登记证书复印件

四、被鉴定评估二手车照片（要求外观清晰，车辆牌照能够辨认）

二手车鉴定评估师（签字、盖章）：　　　　　　　复核人（签字、盖章）：

_____年_____月_____日

（二手车鉴定评估机构盖章）

_____年_____月_____日

①特别事项是指在已确定鉴定评估结果的前提下，鉴定评估人员认为需要说明在鉴定过程中已发现可能影响鉴定评估结论，但非鉴定评估人员执业水平和能力所能鉴定评定估算的有关事项以及其他问题。

②复核人是指具有高级二手车鉴定评估师资格的人员。

备注： 1) 本报告书和作业表一式三份，委托方两份，受托方一份。

2) 鉴定评估基准日即为二手车鉴定评估委托书签订的日期。

附件一　二手车鉴定评估委托书

委托书编号：_____

委托方名称（姓名）：_____　法人代码证（身份证）号：_____

鉴定评估机构名称：_____　法人代码证：_____

委托方地址：_____　鉴定评估机构地址：_____

联系人：_____　电话：_____

因　□交易　□转籍　□拍卖　□置换　□抵押　□担保　□咨询　□司法裁决需要，委托人与受托人达成委托关系，号牌号码为_____，车辆类型为_____，车辆识别代码为_____的车辆进行技术状况鉴定并出具鉴定评估报告书，_____年_____月_____日前完成。

委托评估车辆基本信息

车主		身份证号码/法人代码证			联系电话	
住址						
经办人					联系电话	
住址			身份证号码		邮政编码	
车辆情况	厂牌型号				使用用途	
	载重量/座位/排量				燃料种类	
	初次登记日期		年 月 日		车身颜色	
	已使用年限		年 个月	累计行驶里程/万 km		
	大修次数	发动机/次			整车/次	
	维修情况					
	事故情况					
价值反映	购置日期	年 月 日		原始价格（元）		
	车主报价（元）					
备注：						

填表说明：

1) 委托方保证所提供的资料客观真实，并负法律责任。
2) 仅对车辆进行鉴定评估。
3) 评估依据：《机动车运行安全技术条件》《二手车鉴定评估技术规范》等。
4) 评估结论仅对本次委托有效，不做他用。
5) 鉴定评估人员与有关当事人没有利害关系。
6) 委托方如对评估结论有异议，可于收到二手车鉴定评估报告书之日起 10 日内向受托方提出，受托方应给予解释。

委托方（签字、盖章）：　　　　　　　　　　　　经办人：（签字、盖章）
　　　　年　　　月　　　日

　　　　　　　　　　　　　　　　　　　　　　　（二手车鉴定评估机构盖章）
　　　　　　　　　　　　　　　　　　　　　　　　　　年　　　月　　　日

附件二 二手车技术状况鉴定作业表（示范文本）

车辆基本信息	厂牌型号			牌照号码		
	发动机号			车辆识别代码		
	初次登记日期	____年____月____日		表征里程		万 km
	品牌名称		□国产 □进口	车身颜色		
	年检证明	□有（至____年____月）□无		购置税证书	□有 □无	
	车船税证明	□有（至____年____月）□无		交强险	□有（至____年____月）□无	
	使用性质	□营运用车 □出租车 □公务用车 □家庭用车 □其他				
	其他法定凭证和证明	□机动车号牌 □机动车行驶证 □机动车登记证书 □第三者强制保险单 □其他				
	车主名称/姓名			企业法人证书代码/身份证号码		
重要配置	燃料标号		排量		缸数	
	发动机功率		排放标准		变速器形式	
	安全气囊		驱动方式		ABS	□有 □无
	其他重要配置					
是否为事故车	□是 □否	损伤位置及损伤状况				
鉴定结果	分值			技术状况等级		
车辆技术状况鉴定缺陷描述	鉴定科目	鉴定结果（得分）		缺陷描述		
	车身检查					
	发动机检查					
	车内检查					
	起动检查					
	路试检查					
	底盘检查					

二手车鉴定评估师：　　　　　　　　　　　　　　　　鉴定单位（盖章）：

　　　　　　　　　　　　　　　　　　　　　　　　　鉴定日期：_____年_____月_____日

> **声明：**
> 本二手车技术状况鉴定作业表所体现的鉴定结果仅为鉴定日期当日被鉴定车辆的技术状况表现与描述，若在当日内被鉴定车辆的市场价值或因交通事故等原因导致车辆的价值发生变化，对车辆鉴定结果产生明显影响时，本技术状况鉴定说明书不作为参考依据。

2．评估总结

1）回答指导教师提问并接受指导教师相关考核。

2）完成工作任务，对本次任务完成过程及效果进行自我评价和小组互评。

3）清洁工作场所，清点归还相关工具设备，完成本次任务。

3．学习总结

①二手车鉴定评估报告书是指二手车鉴定评估机构按照评估工作制度有关规定，在完成鉴定评估工作后向委托方和有关方面提交的说明二手车鉴定评估过程和结果的书面报告。

②二手车鉴定评估报告书是按照一定格式和内容来反映评估目的、程序、依据、方法和结果等基本情况的报告书。

③二手车鉴定评估报告书不仅是一份评估工作的总结，还是二手车价格的公正性文件和二手车交易双方认定二手车价格的依据。

（三）复习思考题

1．简答题

（1）什么是重置成本法？其基本原理是什么？

（2）重置成本法有哪些优、缺点？

（3）什么是现行市价法？应用现行市价法有什么样的前提条件？

（4）现行市价法有哪些优、缺点？

（5）什么是收益现值法？它适用于哪类二手车重置成本的计算？

（6）说明清算价格评估的三种方法。

（7）当应用清算价格法时，必须考虑的前提条件有哪些？

（8）解释使用年限法、行驶里程法、部件鉴定法、整车观测法、综合分析法和综合成新率法。

（9）什么是物价指数法？它适用于哪类二手车的重置成本计算？

（10）什么情况下可采用整车观测法确定二手车成新率？

2．单项选择题

（1）（　　）与收益现值法的区别在于前者是历史过程，后者是预期过程。

A．重置成本法　　B．现行市价法　　C．清算价格法　　D．折旧法

（2）收益现值法的评估要素完全是基于（　　）。

A. 历史过程　　　　B. 对未来的分析　　C. 已使用年限　　　D. 已使用程度

(3) 预期收益的测定是（　　）的基础。

A. 重置成本法　　　B. 收益现值法　　　C. 清算价格法　　　D. 折旧法

(4) 重置成本法是（　　）。

A. 历史过程　　　　B. 预期过程　　　　C. 过渡过程　　　　D. 现在过程

(5) 重置成本法是将被评估车辆与全新车辆进行比较的过程，而且，这里的比较更侧重于（　　）方面。

A. 价格　　　　　　B. 成本　　　　　　C. 性能　　　　　　D. 使用年限

(6) 与重置成本法相比，现行市价法的出发点更多地表现在（　　）上。

A. 性能　　　　　　B. 价格　　　　　　C. 陈旧状况　　　　D. 技术情况

(7) 当运用现行市价法时，必须有（　　）市场数据。

A. 一个　　　　　　B. 两个　　　　　　C. 几个　　　　　　D. 多个

(8) （　　）是将被评估车辆与全新车辆进行比较的过程，而且，这里的比较更侧重于性能方面。

A. 现行市价法　　　B. 清算价格法　　　C. 收益现值法　　　D. 重置成本法

(9) 预期收益和折现率等不可知的参数在运用（　　）评估车辆价值时是必须明确的。

A. 重置成本法　　　B. 现行市价法　　　C. 收益现值法　　　D. 清算价格法

(10) 收益现值法中任何参数的确定都具有（　　）。

A. 人的主观性　　　B. 客观性　　　　　C. 不确定性　　　　D. 确定性

(11) 把收益现值法和（　　）结合起来使用，其目的在于降低评估过程中的人为因素，从而使车辆的评估更能体现市场观点。

A. 重置成本法　　　B. 折旧法　　　　　C. 清算价格法　　　D. 现行市价法

(12) 把（　　）和现行市价法结合起来使用，其目的在于降低评估过程中的人为因素，从而使车辆的评估更能体现市场观点。

A. 重置成本法　　　B. 折旧法　　　　　C. 清算价格法　　　D. 收益现值法

(13) 利用清算价格进行的评估是一种站在（　　）立场上的评估。

A. 买卖双方　　　　B. 出售者　　　　　C. 购买者　　　　　D. 评估者

(14) 利用（　　）进行的评估是一种站在购买方立场上的评估。

A. 重置成本法　　　B. 折旧法　　　　　C. 清算价格法　　　D. 现行市价法

(15) 利用清算价格法确定的清算价格，若不能被（　　）接受，清算价格就失去意义。

A. 买卖双方　　　　B. 出售者　　　　　C. 购买者　　　　　D. 评估者

(16) 利用（　　）进行的评估完全是一种取悦于购买方的评估。

A. 重置成本法　　　B. 折旧法　　　　　C. 清算价格法　　　D. 现行市价法

(17) （　　）与重置成本法都是从二手车"损耗"的角度出发评价二手车价值的，但二者是有较大区别的。

A. 收益现值法　　　B. 现行市价法　　　C. 清算价格法　　　D. 折旧法

(18)（　　）是企业对某一类资产做出会计处理的统一标准，是一种高度政策化数字，对于该类资产中的每一项资产虽然具有普遍性、同一性和法定性，但不具有实际磨损意义上的个别性和特殊性。

A．规定使用年限　　B．规定折旧年限　　C．预计使用年限　　D．经济适用年限

(19) 在车辆使用过程中，价值的运动依次经过价值损耗、价值转移和价值补偿，折旧作为（　　），是在损耗的基础上确定的。

A．损耗价值　　　　B．转移价值　　　　C．补偿价值　　　　D．剩余价值

(20) 在车辆使用过程中，价值的运动依次经过（　　）、价值转移和价值补偿，折旧作为转移价值，是在损耗的基础上确定的。

A．价值累计　　　　B．价值损耗　　　　C．价值形成　　　　D．价值确定

3．判断题

(1) 重置成本法比较侧重对车辆过去使用状况的分析。（　　）

(2) 收益现值法的评估要素完全是基于对未来的分析。（　　）

(3) 即使市场不活跃，运用现行市价法对车辆进行评估的结论也会很可靠。（　　）

(4) 当运用现行市价法时，不需要市场数据。（　　）

(5) 在市场发达的地方，收益现值法中参数的确定是通过寻求参照物来解决的。（　　）

(6) 收益现值法中任何参数的确定都具有人的主观性。（　　）

(7) 清算价格足以补偿因出售车辆所付出的附加支出总额。（　　）

(8) 利用清算价格进行的评估是一种站在购买者立场上的评估。（　　）

(9) 折旧是高度政策化了的损耗，也是真正的实体磨损。（　　）

(10) 规定折旧年限是企业对某一类资产做出会计处理的统一标准，是一种高度政策化数字，对于该类资产中的每一项资产虽然具有普遍性、同一性和法定性，但不具有实际磨损意义上的个别性和特殊性。（　　）

(11) 清算价格一般由买方决定。（　　）

(12) 当二手车进行重置成本时，其价格评估的最大可能值。（　　）

(13) 收益率越高，则评估价值就越低。（　　）

(14) 现行市价法就是用曾经交易过的参照二手车价格作为被评估车辆的评估价值。（　　）

(15) 无风险利率一般指同期国库券利率。（　　）

项目四 后续业务

任务一 过户业务

一、任务分析

二手车交易是指以合法的和可交易的在用车为交易对象,在国家规定的二手车交易市场或其他经合法审批的交易市场中进行二手车的商品交换或产权交易。二手车交易是个烦琐复杂的过程,它从二手车商收购原车主车辆开始,经过车辆整备、开展销售到交易成功卖给新车主。交易是否成功涉及很多因素,需要掌握的技能和技巧也非常重要。

二手车交易是一种产权交易,指二手车所有权从卖方到买方的转移过程。二手车必须完成所有权转移登记(即过户)才算是合法和完整的交易。二手车交易必须符合《二手车交易规范》的相关规定,并按照规定的程序进行。

二、相关知识

(一)机动车过户

机动车过户是指已注册登记机动车辆的所有权发生转移,且原机动车辆所有人和现机动车辆所有人的住所在同一车辆管理所管辖区的,现机动车所有人应当于车辆所有权转移之日起 30 日内,到机动车辆管辖地车辆管理所申请办理过户登记手续。

1. 主要证明材料

现机动车辆所有人的身份证明、机动车登记证书、机动车行驶证、机动车来历凭证和申请办理过户登记机动车的标准照片。

2. 过户登记事项

下列车辆不能办理过户:

①已经达到国家《机动车强制报废标准规定》以及各地制定的有关报废规定、报废标准的机动车,或者属于利用报废车辆的零部件拼(组)装的。

②机动车与该车的机动车档案记载的事项不一致的。

③机动车未解除海关监管的。

④机动车办理了抵押登记的。
⑤机动车或者机动车档案被人民法院、人民检察院和行政执法部门依法查封扣押的。
⑥机动车所有人提交的资料无效的。
⑦机动车所有人的身份证明记载的姓名或者单位名称与机动车来历凭证记载的姓名或者单位名称不一致的。
⑧机动车所有人的机动车来历凭证（海关监管车辆除外）、车辆购置税的完税证明或者免税证明记载的内容与机动车不一致的。
⑨机动车所有人的住所不在车辆管理所管辖区内的。
⑩机动车环保或安全检验不符合强制性国家标准规定的。

（二）机动车变更登记

机动车变更登记是指机动车辆注册登记之后，如果车主改变了姓名或住址，需向车辆管理所申请变更登记，并在机动车登记证书上记载变更登记事项，交回原机动车行驶证，领取重新核发的机动车行驶证。

有下列情形之一的，应当申请变更登记：
①机动车所有人更改姓名、单位名称或者身份证明号码的。
②机动车所有人住所在本市范围内改变的。
③改变车身颜色的。
④更换发动机或者改变燃料种类的。
⑤因故损坏无法修复需要更换同型号车身或者车架的。
⑥因质量问题，制造厂家给机动车所有人更换整车或者更换同型号发动机、车身和车架的。

（三）二手车交易程序

二手车交易不像一般商品交易那么简单，需要遵守相关的政策规定，按照一定的交易程序进行，这样才能保障买卖双方的利益。不论是哪一种交易类型，都必须办理过户相关手续，实现车辆所有权变更。

1. 直接交易程序

二手车个人直接交易和通过二手车经纪机构进行的二手车交易，卖方不能直接给买方开具二手车销售统一发票。根据《二手车流通管理办法》规定，买卖双方达成交易意向后应当到二手车交易市场办理交易过户业务，由二手车交易市场经营者按规定向买方开具税务机关监制的二手车销售统一发票（发票上必须盖有工商验证章才有效），以便办理车辆相关证件及手续的变更。这种交易的程序（流程）如图4-1所示。

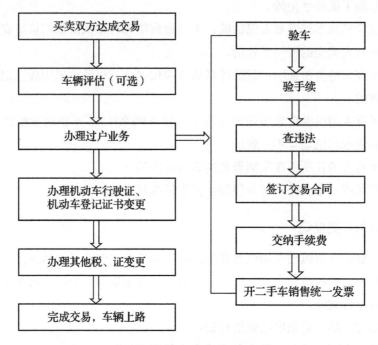

图 4-1 二手车直接交易程序

1）买卖双方达成交易意向。买卖双方达成交易意向是指买卖双方已就二手车交易谈妥了相关条件（如成交价格达成的成交愿望）。交易意向的达成是买卖双方的一个谈判过程，一旦谈妥就可以进入办理交易过户的相关手续，完成交易。

2）车辆评估。二手车鉴定评估是买卖双方达成交易意向后自愿选择的项目。

3）办理过户业务。

4）办理机动车行驶证和机动车登记证书变更。

5）办理其他税、证变更。

2. 二手车销售交易程序

由于二手车销售企业能够直接给购车者开具二手车销售统一发票，所以只要购车者和二手车销售企业达成交易意向，双方即可签订二手车交易合同，购车者付清车款后，企业按规定给购车者开具二手车销售统一发票，那么购车者就可以携带发票和要求的证件去相关部门办理车辆相关证件及手续的变更。有关车辆的合法性手续，二手车经销企业在收购车时已经查验过，可以通过二手车交易合同加以保证。这种交易的程序（流程）如图 4-2 所示。

3. 二手车拍卖交易程序

根据《二手车流通管理办法》规定，二手车拍卖企业也能够直接给购车人开具二手车销售统一发票，所以在拍卖会结束后，购车人和拍卖企业签订成交确认书（相当于二手车交易合同），交款得到二手车销售统一发票，凭成交确认书到指定地点提车，然后携带发票和要求的证件去相关部门办理车辆相关证件及手续的变更。有些拍卖企业虽然有二手车拍卖业务,但没有开具二手车销售统一发票的资格,此时,在交款后需要到指定的二手车交易市场办理相关过户手续,由市场按规定开具二手车销售统一发票。这种拍卖交易程序(流程)如图4-3所示。

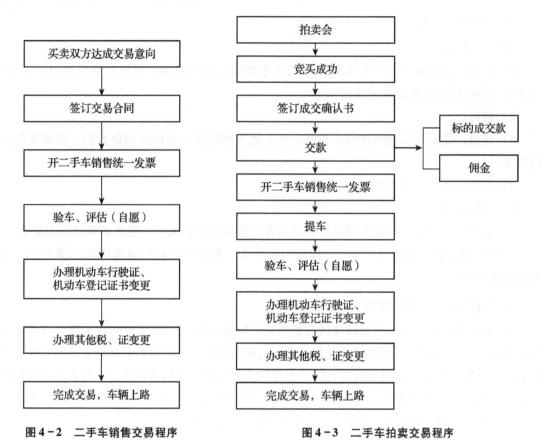

图4-2 二手车销售交易程序　　图4-3 二手车拍卖交易程序

(四)二手车交易合同

1. 订立二手车交易合同的基本准则

二手车交易合同是指二手车经营公司、经纪公司与法人、其他组织和自然人相互之间为实现二手车交易的目的,明确相互权利义务关系,所订立的协议。

订立交易合同时必须遵守合法、平等互利和协商一致的原则。

2. 交易合同主体

二手车交易合同的主体是指为了实现二手车交易目的,以自己名义签订交易合同,享有合同权利、承担合同义务的组织和个人。根据《中华人民共和国合同法》的规定,我国合同当事人从其法律地位来划分,可分为以下几种:

1)法人。法人是指具有民事权利能力和民事行为能力,依法独立享有民事权利和承担民事义务的组织。

2）其他组织。其他组织是指合法成立、有一定的组织机构和财产，但又不具备法人资格的组织，如私营独资企业、合伙组织和个体工商户。

3）自然人。自然人是指具有完全民事行为能力，可以独立进行民事活动的人。

3. 交易合同内容

（1）主要条款

1）标的。标的指合同当事人双方权利义务共同指向的对象，可以是物也可以是行为。二手车交易合同的标的是被交易的二手车。

2）数量。

3）质量。质量是标的内在因素和外观形态优劣的标志，是标的满足人们一定需要的具体特征。

4）履行期限、地点和方式。

5）违约责任。

6）根据法律规定的或按合同性质必须具备的条款及当事人一方要求必须规定的条款。

（2）其他条款　其他条款包括合同的包装要求、某种特定的行业规则和当事人之间交易的惯有规则。

4. 交易合同的变更和解除

1）交易合同的变更。交易合同的变更通常是指依法成立的交易合同尚未履行或未完全履行之前，当事人就其内容进行修改和补充而达成的协议。交易合同的变更必须以有效成立的合同为对象，凡未成立或无效的合同，不存在变更问题。交易合同的变更是在原合同的基础上，达成一个或几个新的合同作为修正，以新协议代替原协议。所以，变更作为一种法律行为，使原合同的权利义务关系消灭，产生新权利义务关系。

2）交易合同的解除。交易合同的解除是指交易合同订立后，没有履行或没有完全履行以前，当事人依法提前终止合同。

3）交易合同变更和解除的条件。合同法规定，凡发生下列情况之一的，允许变更或解除合同：

①当事人双方经协商同意，并且不因此损害国家利益和社会公共利益。

②由于不可抗力致使合同的全部义务不能履行。

③由于另一方在合同约定的期限内没有履行合同。

5. 违约责任

违约责任是指交易合同一方或双方当事人由于自己的过错造成合同不能履行或不能完全履行，依照法律或合同约定必须承受的法律制裁。

（1）违约责任的性质

1）等价补偿。凡是已给对方当事人造成财产损失的，就应当承担补偿责任。

2）违约惩罚。合同当事人违反合同的，无论这种违约是否已经给对方当事人造成财产损失，都要依照法律规定或合同约定，承担相应的违约责任。

（2）承担违约责任的条件

1）要有违约行为。要追究违约责任，必须有合同当事人不履行或不完全履行的违约行为。它可分为作为违约和不作为违约。

2）行为人要有过错。过错是指当事人违约行为主观上出于故意或过失。故意是指当事人应当预见自己的行为会产生一定的不良后果，但仍用积极的不作为或者消极的不作为希望或放任这种后果的发生。过失是指当事人对自己行为的不良后果应当预见或能够预见到，而由于疏忽大意没有预见到或虽已预见到但轻信可以避免，以致产生不良后果。

（3）承担违约责任的方式

1）违约金。违约金指合同当事人因过错不履行或不适当履行合同，依据法律规定或合同约定，支付给对方一定数额的货币。

根据《中华人民共和国合同法》及有关条例或实施细则的规定，违约金分为法定违约金和约定违约金。

2）赔偿金。赔偿金指合同当事人一方过错违约给另一方当事人造成损失超过违约金数额时，由违约方当事人支付给对方当事人一定数额的补偿货币。

3）继续履行。指合同违约方支付违约金和赔偿金后，应对方的要求，在对方指定或双方约定的期限内，继续完成没有履行的那部分合同义务。

违约方在支付了违约金和赔偿金后，合同关系尚未终止，违约方有义务继续按约履行，最终实现合同目的。

6. 合同纠纷处理方式

合同纠纷指合同当事人之间因对合同的履行状况及不履行的后果所发生的争议。根据《中华人民共和国合同法》及有关条例的规定，我国合同纠纷的解决方式一般有协商解决、调解解决、仲裁和诉讼四种方式。

1）协商解决。协商解决是指合同当事人之间直接磋商，自行解决彼此间发生的合同纠纷。这是合同当事人在自愿和互谅互让基础上，按照法律、法规的规定和合同的约定，解决合同纠纷的一种方式。

2）调解解决。调解解决是指由合同当事人以外的第三人（交易市场管理部门或二手车交易管理协会）出面调解，使争议双方在互谅互让基础上自愿达成解决纠纷的协议。

3）仲裁。仲裁是指合同当事人将合同纠纷提交国家规定的仲裁机关，由仲裁机关对合同纠纷做出裁决的一种活动。

4）诉讼。诉讼是指合同当事人之间发生争议而合同中未规定仲裁条款或发生争议后也未达成仲裁协议的情况下，由当事人一方将争议提交有管辖权的法院，按诉讼程序审理做出判决的活动。

7. 二手车交易合同的种类

二手车交易合同按当事人在合同中处于出让、受让或居间中介的不同情况，可分为二手车买卖合同和二手车居间合同两种。

（1）二手车买卖合同

①出让人（售车方）：有意向出让二手车合法产权的法人或其他组织、自然人。

②受让人（购车方）：有意向受让二手车合法产权的法人或其他组织、自然人。

（2）二手车居间合同

①出让人（售车方）：有意向出让二手车合法产权的法人或其他组织、自然人。

②受让人（购车方）：有意向受让二手车合法产权的法人或其他组织、自然人。

③中介人（居间方）：合法拥有二手车中介交易资质的二手车经纪公司。

典型的二手车买卖合同和典型的二手车居间合同如下：

二手车买卖合同

合同编号：_____

签订时间：_____年_____月_____日

甲方（售车方）：_____

乙方（购车方）：_____

第一条　目的

依据国家有关法律、法规和本市有关规定，甲、乙双方在自愿、平等和协商一致的基础上，就订立二手车买卖合同，并完成其他委托的服务事项达成一致，订立本合同。

第二条　当事人及车辆情况

一、甲方（售车方）基本情况

（1）单位代码证号□□□□□□—□，经办人_____，

　　　身份证号码□□□□□□□□□□□□□□□□□□，

　　　单位地址_____，联系电话_____。

（2）自然人身份证号码□□□□□□□□□□□□□□□□□□，

　　　现常住地址_____，联系电话_____。

二、乙方（购车方）基本情况

（1）单位代码证号□□□□□□—□，经办人_____，

　　　身份证号码□□□□□□□□□□□□□□□□□□，

　　　单位地址_____，联系电话_____。

（2）自然人身份证号码□□□□□□□□□□□□□□□□□□，

　　　现常住地址_____，联系电话_____。

三、出售车辆基本情况

车辆牌号_____，车辆类别_____。

厂牌型号_____，颜色_____。

初次登记时间_____，登记证号_____。

发动机号码_____，车架号码_____。

行驶里程_____km，允许使用年限至_____年_____月_____日，

车辆年检签证有效期至_____年_____月，

车辆购置费完税交纳证号_____/免税交纳（有证/无证），

车辆保险险种：1._____ 2._____ 3._____ 4._____。

保险有效期截止日期：_____年_____月_____日，

配置：_____

其他情况：_____
_____。

第三条 车辆价款

经协商一致，本车价款定为人民币_____元（大写：_____元），上述价款包括车辆和备胎等附件。

过户手续费为人民币_____元（大写：_____元），由_____方负责。

第四条 付款及交付、过户

1) 乙方于合同签订后（当日/_____日）内支付价款_____%（人民币_____元，大写：_____元）作为定金支付给甲方，支付方式：（现金/指定账户）。

2) 甲方于合同签订（当日/_____日）内，将本车（过户/转籍）所需的有关证件原件及复印件交付给_____方，由_____方负责办理（过户/转籍）手续。

3) 乙方于（过户/转籍）事项完成后（当日/_____日）内向甲方支付剩余价款（人民币_____元，大写：_____元），支付方式：（现金/指定账户）。

第五条 双方的权利和义务

1) 甲方承诺车辆出让时不存在任何权属上的法律问题和各类尚未处理完毕的交通违章记录，所提供的证件和证明均真实、有效，无伪造情况；否则，致使出让车辆不能过户和转籍的，乙方有权单方解除本合同或终止本合同的履行，甲方应接受退回的车辆，并向乙方双倍返还定金和支付实际发生的费用。

_____方如在收取有关文件和证明后_____日内未办理（过户/转籍）手续或由于_____方的过失导致（过户/转籍）手续不能办理或不能在合理期限内完成（双方约定该合理期限为收取文件和证明后的_____日内），除非有正当理由或不可抗力，否则_____方可单方终止本合同，并要求_____方双倍返还定金和支付实际发生的费用。

2) 乙方承诺已对受让车辆的配置、技术状况和原使用性质了解清楚，该车能根据居住管辖地车辆落籍规定办理落籍手续。如由于乙方的过失导致（过户/转籍）手续不能办理，则甲方可单方终止本合同，并不返还定金，已经发生的费用应由乙方承担。

本合同签订后，乙方如未按本合同规定的时间支付定金，甲方有权单方解除本合同，并要求乙方赔偿相应的经济损失。

第六条　合同在履行中的变更及处理

本合同在履行期间，任何一方要求变更合同条款的，应及时书面通知对方，并征得对方的同意后，在约定的时限_____天内，签订补充条款，注明变更事项。未书面告知对方，并征得对方同意，擅自变更造成的经济损失，由责任方承担。

本合同履行期间，双方因履行本合同而签署的补充协议及其他书面文件，均为本合同不可分割的一部分，具有同等效力。

第七条　违约责任

甲、乙双方如发生违约行为，违约方给守约方造成的经济损失，由守约方按照法律、法规的有关规定和本合同有关条款追偿。

第八条　风险承担

本车在过户和转籍手续完成前由甲方作为所有人承担一切风险责任；本车在过户和转籍手续完成后乙方作为所有人承担一切风险责任。

第九条　其他规定

本合同未约定的事项，按照《中华人民共和国合同法》以及有关法律和法规的规定执行。

第十条　发生争议的解决办法

甲、乙双方在履行本合同过程中发生争议，由双方协商解决；协商不成的，提请二手车交易市场或二手车交易管理协会调解。调解成功的，双方应当履行调解协议；调解不成，按本合同约定的下列第（　　）项进行解决：

1）向仲裁委员会申请仲裁。

2）向法院提起诉讼。

第十一条　合同效力和订立数量

本合同内，空格部分填写的文字，其效力优于印刷文字的效力。本合同所称"日"，均指工作日。

本合同经双方当事人签字和盖章后生效；本合同一式三份，由甲方、乙方、二手车交易市场各执一份，均具有同等的法律效力。

甲方：出售方（名称）_____

法定代表人/自然人（签章）：_____

经办人：（签章）_____

开户银行：_____

账号：_____

乙方：购车方（名称）_____

法定代表人/自然人：（签章）_____

经办人：（签章）_____

开户银行：_____

账号：_____

二手车居间合同

合同编号：_____

签订时间：_____年_____月_____日

委托售车方（简称甲方）：_____

居间方：_____

委托购车方（简称乙方）：_____

第一条　目的

依据国家有关法律、法规和本市有关规定，三方在自愿、平等和协商一致的基础上，就居间方接受甲乙双方的委托，促成甲、乙双方二手车交易，并完成其他委托的服务事项达成一致，订立本合同。

第二条　当事人及车辆情况

一、甲方基本情况

(1) 单位代码证号□□□□□□□□□□，经办人_____。
　　身份证号码□□□□□□□□□□□□□□□□□□，
　　单位地址：_____，联系电话_____。
(2) 自然人身份证号码□□□□□□□□□□□□□□□□□□，
　　现常住地址：_____，联系电话_____。

二、乙方基本情况

(1) 单位代码证号□□□□□□□□□□。
　　经办人_____。
　　身份证号码□□□□□□□□□□□□□□□□□□，
　　现常住地址：_____，联系电话_____。
(2) 自然人身份证号码□□□□□□□□□□□□□□□□□□，
　　现常住地址：_____，联系电话_____。

三、出售车辆基本情况

车辆牌号_____，车辆类别_____。
颜色_____，厂牌型号_____。
初次登记时间_____，登记证号_____。
车架号码_____，发动机号码_____。
行驶里程_____km，允许使用年限至_____年_____月_____日。
车辆年检签证有效期至_____年_____月。
车辆购置费完税交纳证号_____/免税交纳（有证/无证），
车辆保险险种：1._____ 2._____ 3._____ 4._____。
保险有效期截止日期：_____年_____月_____日。
配置：_____
_____。

其他情况：_____
_____。

第三条　车辆价款

经协商一致，本车价款定为人民币_____元（大写：_____元），上述价款包括车辆和备胎等附件。

过户手续费为人民币_____元（大写：_____元），由_____方负责。

第四条　付款及交付、过户

1) 乙方于合同签订后（当日/_____日）内支付价款_____%（人民币_____元，大写：_____元）作为定金支付给甲方，支付方式：（现金/指定账户）。

2) 甲方于合同签订（当日/_____日）内，将本车（过户/转籍）所需的有关证件原件及复印件交付给_____方，由_____方负责办理（过户/转籍）手续。

3) 乙方于（过户/转籍）事项完成后（当日/_____日）内向甲方支付剩余价款（人民币_____元，大写：_____元），支付方式：（现金/指定账户）。

第五条　佣金标准、数额、收取方式和退赔

1) 居间方已完成本合同约定的委托人甲方委托的事项，委托人甲方按照下列第_____种方式计算支付佣金（任选一种）：

①按照该二手车成交价_____的_____%，具体数额为人民币_____元作为佣金支付给居间方。

②按双方约定，佣金为人民币_____元，支付给居间方。

2) 居间方已完成本合同约定的委托人乙方委托的事项，委托人乙方按照下列第_____种方式计算支付佣金（任选一种）：

①按照该二手车成交价_____的_____%，具体数额为人民币_____元作为佣金支付给居间方。

②按双方约定，佣金为人民币_____元，支付给居间方。

3) 居间方未完成本合同委托事项的，按照下列约定退还佣金：

①居间方未完成委托人甲方委托的事项，将本合同约定收取佣金的_____%，具体数额为人民币_____元退还给委托人甲方，已发生费用由居间方承担。

②居间方未完成委托人乙方委托的事项，将本合同约定收取佣金的_____%，具体数额为人民币_____元退还给委托人乙方，已发生费用由居间方承担。

第六条　甲方的权利和义务

甲方承诺车辆出让时不存在任何权属上的法律问题和各类尚未处理完毕的交通违章记录，所提供的证件和证明均真实、有效，无伪造情况；否则，致使出让车辆不能过户和转籍的，乙方有权单方解除本合同或终止本合同的履行，甲方应接受退回的车辆，全额退回车款，向居间方支付佣金和实际发生的费用，并承担赔偿责任。

本合同有效期内，甲方委托出让的车辆根据本合同约定将本车存放在指定的地点，并按规定支付停车费，因保管不善造成车辆毁损和灭失的，由责任方承担赔偿责任。

甲方不提供相关文件和证明，或未按本合同第六条第二款的约定将本车存放于指定地点，除非有正当理由或不可抗力，否则乙方有权终止本合同并要求双倍返还定金。

第七条 乙方的权利和义务

本合同签订后,乙方应向居间方预付定金人民币_____元,大写:_____元。

乙方履行合同后,定金抵作乙方应当支付给居间方的佣金。如乙方违约,乙方无权要求返还定金并支付实际发生的费用;如居间方违约,应当双倍返还定金。

乙方如未按本合同规定的时间支付定金,甲方有权单方解除本合同,并要求乙方赔偿相应的经济损失。

乙方如拒绝接受甲方提供的文件和证明,除非有正当理由或不可抗力,否则甲方可单方终止本合同,并不返还定金。

乙方如在收取有关文件和证明后_____日内未办理(过户/转籍)手续或由于乙方的过失导致(过户/转籍)手续不能办理或不能在合理期限内完成(双方约定该合理期限为收取文件和证明后的_____日内),除非有正当理由或不可抗力,否则甲方可单方终止本合同,并不返还定金,已经发生的费用应由乙方承担。

第八条 居间方的权利和义务

居间方应向甲、乙双方出示营业执照等有效证件。

居间方的执业经纪人应向甲、乙双方出示经纪执业证书,并应亲自处理委托事务,未经甲、乙双方同意,不得转委托。

居间方应按照甲、乙双方的要求处理委托事务,报告委托事务处理情况,为甲、乙双方保守商业秘密。

居间方应按约定或依规定收取甲、乙双方支付的款项并开具收款凭证。

居间方不得采取胁迫、欺诈、贿赂和恶意串通等手段,促成交易。

居间方不得伪造、涂改、买卖交易文件、证明和凭证。

第九条 合同在履行中的变更及处理

本合同在履行期间,任何一方要求变更合同条款的,应及时书面通知对方,并征得对方的同意后,在约定的时限_____天内,签订补充条款,注明变更事项。未书面告知相对方和征得对方同意,擅自变更造成的经济损失,由责任方承担。

本合同履行期间,三方因履行本合同而签署的补充协议及其他书面文件,均为本合同不可分割的一部分,具有同等效力。

第十条 违约责任

1) 三方商定,居间方有下列情况之一的,应承担违约责任:
①无正当理由解除合同的。
②与他人私下串通,损害委托人甲、乙双方利益的。
③其他过失影响委托人甲、乙双方交易的。

2) 三方商定,委托人甲、乙双方有下列情况之一的,应承担违约责任:
①无正当理由解除合同的。
②未能按照合同提供必要的文件、证明和配合,造成居间方无法履行合同的。
③相互或与他人私下串通,损害居间方利益的。
④其他造成居间方无法完成委托事项的行为。

3）三方商定，发生上述违约行为的，按照合同约定佣金总数的_____%，计人民币违约金支付给各守约方。违约方给各守约方造成的其他经济损失，由守约方按照法律和法规的有关规定追偿。

第十一条 风险承担

本车在过户和转籍手续完成前由甲方作为所有人承担一切风险责任，本车在过户和转籍手续完成后由乙方作为所有人承担一切风险责任。

第十二条 其他规定

本合同未约定的事项，按照《中华人民共和国合同法》以及有关法律和法规的规定执行。

第十三条 发生争议的解决办法

三方在履行本合同过程中发生争议，由三方协商解决；协商不成的，提请二手车交易市场和二手车交易管理协会调解。调解成功的，三方应当履行调解协议；调解不成的，按本合同约定的下列第_____项进行解决：

1）向仲裁委员会申请仲裁。

2）向法院提起诉讼。

第十四条 合同效力和订立数量

本合同内，空格部分填写的文字，其效力优于印刷文字的效力。本合同所称"日"，均指工作日。

本合同经三方当事人签字和盖章后生效；本合同一式四份，由甲方、乙方、居间方、二手车交易市场各执一份，均具有同等的法律效力。

委托售车方（甲方）：_____

法定代表人/自然人：（签章）_____

经办人：（签章）_____

开户银行：_____

账号：_____

居间方（名称）：_____

营业执照注册号：_____

法定代表人：（签章）_____

执业经纪人：（签章）_____

执业经纪证书：（编号）_____

开户银行：_____

账号：_____

委托购车方（乙方）：_____

法定代表人/自然人：（签章）_____

经办人：（签章）_____

开户银行：_____

账号：_____

三、实施与考核

(一) 技能学习

1. 引导客户办理交易过户业务

二手车过户过程实际上是分为车辆交易过户和转移登记过户两个步骤,两个步骤缺一不可。车辆交易过户业务在二手车交易市场办理,获取二手车销售统一发票。转移登记过户业务在车辆管理所办理,主要完成机动车登记证书的变更登记,核发机动车行驶证及机动车号牌。

当办理二手车交易时,如果原车主不来,可以授权委托其他人来办理交易及过户手续,但必须签署授权委托书。此委托书只在办理交易过户业务时使用,而办理转移登记过户业务不用。典型的授权委托书式样如下:

授权办理二手车交易、过户委托书

现有二手车一辆,车辆号牌为:_____ 车辆型号为:_____
需出售。现委托_____以委托人的名义办理上述二手车的交易和过户事宜。

委托人:(签章)_____

_____年_____月_____日

备注:1) 此原件(或复印件)应由委托人主动向购买二手车的当事人提供,并为"×××二手车买卖合同"的附件。

2) 以下手续由本委托人提供:①机动车登记证书原件;②本人身份证或单位法人代码证书;③车辆行驶证原件;④购车发票。

---

(1) 验车 验车是买卖双方到二手车交易市场办理交易过户业务的第一道程序,由市场主办方委派负责过户的业务人员办理。验车的目的主要是检查车辆和机动车行驶证上的内容是否一致,对车辆的合法性进行验证。检查的内容包括车主姓名、车辆名称、车辆的号牌号码、车辆类型、车辆识别代码、发动机号、排气量和初次登记日期等,经检查无误后,填写"车辆检验单"(表4-1),进入查验手续阶段。

表4-1 ×××二手车交易市场车辆检验单

卖方:_____ 电话_____
买方:_____ 电话_____
号牌号码_____ 车辆类型_____
车辆名称_____ 使用性质_____
车辆识别代号_____ 发动机号_____
排气量_____ 颜色_____

(续)

注册登记日期_____ 登记证号_____
原 购 车 价_____ 交易管理费_____
有效期_____年_____月_____日 验车员_____
备注：_____
年份_____

　　　　　　　　　　　　经办人_____年_____月_____日

（2）验手续　验手续主要查验车辆手续和二手车所有人身份证明。目的是检验买卖双方所提供的所有手续是否具备办理过户的条件，检查有无缺失以及不符合规定的手续。

1）车辆手续检查。车辆手续是指能够满足二手车上路行驶所需要的各种手续，主要包括按照国家有关法律法规以及地方法规要求应该办理的各项有效证件和应该交纳的税、费凭证。

2）二手车所有人身份证明。二手车所有人身份证明是证实车主身份的证明，目的是查验二手车所有人是否合法拥有该车的处置权。

车主的身份证明有以下几种情况：

①如果车主为自然人，则身份证件为个人身份证。个人身份又有本地和外地个人之分：本市个人，只需身份证原件；外地个人，需身份证原件和暂住证原件。

②如果车主为企业，则身份证件为企业的法人代码证书。

③如果车主为外籍公民，则身份证件为其护照及工作（居留）证。

商务部于2006年，根据《办法》，制定《规范》，指导交易各方进行二手车交易及相关活动。根据《规范》规定，二手车交易市场经营者和二手车经营主体应按下列项目确认卖方的身份及车辆的合法性：

①卖方身份证明或者机构代码证书原件合法有效。

②车辆号牌、机动车登记证书、机动车行驶证和机动车检验合格标志真实、合法和有效。

③交易车辆不属于《二手车流通管理办法》第二十三条规定禁止交易的车辆。

同时，二手车交易市场经营者和二手车经营主体应核实卖方的所有权或处置权证明。车辆所有权或处置权证明应符合下列条件：

①机动车登记证书、机动车行驶证与卖方身份证明名称一致；国家机关、国有企事业单位出售车辆，应附有资产处理证明。

②委托出售的车辆，卖方应提供车主授权委托书和身份证明。

③二手车经销企业销售的车辆，应具有车辆收购合同等能够证明经销企业拥有该车所有权或处置权的相关材料，以及原车主身份证明复印件。原车主名称应与机动车登记证书和机动车行驶证名称一致。

（3）查违法　查违法就是查询交易的二手车是否有违法行为记录。具体方法是登陆车辆管理部门的信息数据库或查询网站进行查询。如北京市机动车违法行为的查询可登录北京市公安局公安交通管理局网站（http://www.Bjjtgl.gov.cn/），输入车牌号和发动机号（图4-4）即可查询到该车是否有违法记录。

图4-4 机动车违法行为查询

（4）签订交易合同　根据《二手车流通管理办法》规定，二手车交易双方应该签订交易合同，要在合同当中对二手车的状况、来源的合法性、费用负担以及出现问题的解决方法等各方面进行约定，以便分清各自的责任和义务。

（5）交纳手续费　手续费俗称为过户费，是指在二手车交易市场中办理交易过户业务相关手续的服务费用。

2005年10月1日实施《二手车流通管理办法》以后，取消了强制评估，也就意味着，按照车辆评估价一定比例征收过户费的情况已被取消，取代之的是收取服务费。对于服务费的收取标准，国家没有统一规定，由各个市场根据服务项目和内容自己决定。

（6）开具二手车销售统一发票　二手车销售统一发票是二手车的来历证明，是办理转移登记手续变更的重要文件，因此，它又被称为"过户发票"。过户发票的有效期为一个月，买卖双方应在此期间内，到车辆管理部门办理机动车行驶证和机动车登记证书的相关变更手续。

二手车销售统一发票由从事二手车交易的市场、有开票资格的二手车经销企业或拍卖企业开具，二手车经纪公司和消费者个人之间二手车交易发票由二手车交易市场统一开具。二手车销售统一发票是采用压感纸印制的计算机票，一式5联，其中存根联、记账联和入库联由开票方留存，发票联交购车方，转移登记联交公安车辆管理部门办理过户手续。二手车销售统一发票的价款中不包括过户手续费和评估费。

（7）二手车交易完成后卖方应向买方交付的手续　二手车交易完成后，卖方应当及时向买方交付车辆、车辆号牌及车辆法定证明和凭证。车辆法定证明和凭证主要包括如下：

①机动车登记证书。

②机动车行驶证。
③有效的机动车检验合格标志。
④车辆购置税完税证明。
⑤养路费缴付凭证。
⑥车船税缴付凭证。
⑦车辆保险单。

2. 引导客户办理车辆转移过户

当办理已注册登记的机动车在同城（同一车辆管理所管辖区内）发生所有权转移时，只需要更改车主姓名（单位名称）和住所等资料，机动车行驶证及车辆号牌可以不变更。这种变更情形习惯上称为办理过户手续，即把机动车原车主的登记信息变更为新车主的登记信息。

1) 转移过户登记的程序。现车主提出申请，填写"机动车转移登记申请表"（表4-2，有的地区规定填写"机动车变更过户，改装报废审批申请表"，见表4-3），机动车检测站查验车辆（同时对超过检验周期的机动车进行安全检测），车辆管理所受理审核资料，在机动车登记证书上记载过户登记事项（对需要改变机动车登记编号的，确定机动车登记编号），收回原机动车号牌和机动车行驶证，重新核发机动车号牌和机动车行驶证（对不需要改变机动车登记编号的，只需重新核发机动车行驶证）。

表4-2 机动车转移登记申请表

机动车登记编号				号牌号码	
申请事项	□机动车在车辆管理所管辖区内的转移登记 □机动车转出车辆管理所管辖区内的转移登记				
现机动车所有人	姓名/名称			联系电话	
	住所地址			邮政编码	
	身份证明名称				
	居住/暂住 证明名称	号码		□常住人口 □暂住人口	
机动车	机动车 使用性质	□公路客运 □公交客运 □出租客运 □租赁 □货运 □旅游客运 □非营运 □警用 □消防 □救护 □工程抢险 □营转非 □出租营转非			
	机动车 获得方式	□购买 □中奖 □仲裁裁决 □继承 □赠予 □协议抵偿债务 □资产重组 □资产整体买卖 □调拨 □法院调解、裁决、判决			
	机动车 品牌型号				
	车辆识别 代号/车架号				
	发动机号码				

(续)

机动车登记编号			号牌号码	
相关资料	来历凭证	□销售/交易发票　□调解书　□裁定书　□判决书 □仲裁裁决书　□相关文书　□批准文件　□调拨证明 □权益转让证明书		
	其他	□中华人民共和国海关监管车辆解除监管证明书　□协助执行证明书 □公证书　□身份证明 □机动车行驶证	现机动车所有人：	
事项明细	转入地车辆管理所名称	车辆管理所		
申请方式	□由现机动车所有人申请 □现机动车所有人委托_____代理申请		（个人签字/单位盖章） 　年　月　日	
代理人	姓名/名称			
	住所地址			
	身份证明名称		号码	代理人：
	经办人	姓名		
		身份证明名称	号码	
		住所地址		（个人签字/单位盖章）
		签字	年　月　日	年　月　日

表4-3　机动车变更过户，改装报废审批申请表

车主				公、私	
住址			电话		车主盖章
号牌号码		车辆类型			
出厂日期		厂牌型号			
发动机号码		车架号码			
申请内容					
监管机关审核意见			检验结果		检验员
			登记员		

2）过户登记需要的材料。

①机动车转移登记申请表。

②现车主的身份证。

③机动车登记证书（原件）。

④机动车行驶证（原件）。

⑤解除海关监管的机动车，应当提交监管海关出具的"中华人民共和国海关监管车辆解除监管证明书"。

⑥机动车来历凭证（二手车交易的机动车来历凭证就是二手车销售统一发票）。

⑦车辆购置税完税证明。

⑧所购买的二手车。

3）过户登记的事项。

①现车主的姓名或者单位名称、身份证明名称、身份证明号码、住所地址、邮政编码和联系电话。

②机动车获得方式是指人民法院调解、裁定、判决和仲裁机构仲裁裁决，购买、继承、赠予、中奖、协议抵偿债务、资产重组、资产整体买卖和调拨等。

③机动车来历凭证的名称和编号。

④转移登记的日期。

⑤海关解除监管的机动车，登记海关出具的"中华人民共和国海关监管车辆解除监管证明书"的名称和编号。

⑥改变机动车登记编号的，登记机动车登记编号。

4）不能办理过户登记的情形。

①车主提交的证明和凭证无效的。

②机动车来历凭证涂改的，或者机动车来历凭证记载的车主与身份证明不符的。

③车主提交的证明和凭证与机动车不符的。

④机动车未经国家机动车产品主管部门许可生产、销售或者未经国家进口机动车主管部门许可进口的。

⑤机动车的有关技术数据与国家机动车产品主管部门公告的数据不符的。

⑥机动车达到国家规定的强制报废标准的。

⑦机动车属于被盗抢的。

⑧机动车与该车的档案记载的内容不一致的。

⑨机动车未被海关解除监管的。

⑩机动车在抵押期间的。

⑪机动车或者机动车档案被人民法院、人民检察院和行政执法部门依法查封和扣押的。

⑫机动车涉及未处理完毕的道路交通安全违法行为或者交通事故的。

3. 引导客户办理其他税、证变更

二手车交易中，买方在变更车辆产权之后还需要进行车辆购置税和保险合同等文件的变更。各地在变更时对文件的要求不同，可以先到规定办理的单位窗口咨询一下。

(1) 车辆购置税的变更　车辆购置税的征收部门是车辆登记注册地的主管税务机关，所以车辆购置税的变更也需到当地主管税务机关办理。

1) 当办理车辆购置税同城过户业务时，应提供以下资料：

①新车主的身份证明。

②二手车销售统一发票。

③机动车行驶证。

④车辆购置税完税证明（正本）。

⑤上述资料均需提供原件及复印件。

2) 办理车辆购置税同城过户业务流程。填写"车辆变动情况登记表"，报送资料，办理过户，换领车辆购置税完税证明。

(2) 车辆保险合同的变更

1) 办理车辆保险过户的方式。办理车辆保险过户有两种方式：第一种是对保单要素进行更改，如更换被保险人与车主。第二种就是申请退保，即把原来那份车险退掉，终止以前的合同。这时保险公司会退还剩余的保费。之后，新车主就可以到任何一家保险公司去重新办理一份车险。

2) 车辆保险合同变更的程序。

①填写一份汽车保险过户申请书，向原投保的保险公司申请办理批改被保险人称谓的手续。申请书上注明保险单号码、车牌号和新旧车主的姓名及过户原因，并签字或盖章，以便保险公司重新核保。

②携带保险单和已过户的机动车行驶证，找保险公司的业务部门办理。一般情况下，保险公司都会受理并出具一张变更被保险人的批单，批单上面写明了被保险人的变化情况。

4. 引导客户办理二手车委托拍卖业务

(1) 办理委托

①拍卖人（单位）核查委托人提供身份证明、车辆所有权或处置权证明及其他相关材料。

②达成委托拍卖意向后，拍卖人与委托人签订委托拍卖合同。

③拍卖人根据委托人提供车辆真实的技术状况，填写"拍卖车辆信息表"。如果对车辆的技术状况存有异议，拍卖委托双方经商定可委托二手车鉴定评估机构对车辆进行鉴定评估。

④双方约定拍卖日期。

⑤委托人向拍卖人支付佣金。

(2) 拍卖

①拍卖人于拍卖日 7 日前发布公告。拍卖公告应通过报纸或者其他新闻媒体发布，并载

明拍卖的时间和地点、拍卖的车型及数量、车辆的展示时间和地点、参加拍卖会办理意买的手续和需要公告的其他事项。

②拍卖人应在拍卖前展示拍卖车辆，并在车辆显著位置张贴拍卖车辆信息。车辆的展示时间不得少于两天。当进行网上拍卖时，应在网上公布车辆的彩色照片和拍卖车辆信息，公布时间不得少于七天。

③拍卖成交后，买受人和拍卖人签署"二手车拍卖成交确认书"。

④买受人支付车辆全款。

⑤拍卖人将车辆、随车文件及本规范规定的法定证明和凭证交付给买受人，并向买受人开具二手车销售统一发票，如实填写拍卖成交价格。

⑥拍卖人向买受人交付车辆。

（3）后续业务

①车辆拍卖完成后，拍卖人向委托人支付拍卖所得车款。

②如果拍卖未成交，拍卖人按委托拍卖合同的约定向委托人收取服务费用。

（二）任务实施与考核

①教师模拟设置二手车交易市场办公室和本市区车辆管理所，并安排具体负责人员。每两名学生为一组，互相扮演二手车鉴定评估师和客户。

②二手车鉴定评估师扮演者结合本任务的知识与技能学习，引导客户扮演者办理二手车交易过户、二手车转移过户、车辆购置税变更及车辆保险合同变更等业务。教师观察学生操作全过程，并完成考核表，见表4-4。

表4-4 教师考核记录表

实训项目：引导客户办理二手车交易过户业务

班级学号		姓名		
项目	必要的记录		分值	评分
写客户沟通情况				10
语言表达				10
对工作程序的掌握程度				40
相关材料核查的正确程度				20
是否向客户进行了必要的补充说明				20
总分				100

教师签字：

_____年___月___日

任务二　转移登记业务

一、任务分析

凡销往外城市的二手车，交易完成后均需办理二手车的转出登记和转入登记，统称为二手车的转移登记。

二手车转移登记必须符合《机动车登记规定》的相关规定，并按照规定的程序进行。

二、相关知识

（一）机动车转出和转入登记

1. 机动车转出登记

机动车转出登记（Registration of Vehicle Transfer-out）是指已注册登记机动车所有人的住所迁出原车辆管理所管辖区的，或者机动车所有权发生转移且现机动车所有人的住所不在原车辆管理所管辖区的，现机动车所有人于住所迁出或者机动车所有权转移之日起 30 日内，向机动车管辖地车辆管理所申请办理转出登记手续。在办理转出和转入登记手续时，机动车应在环保和安全检验合格有效期内。

在二手车的异地交易中，都涉及二手车的转出转入登记，登记事项包括机动车获得方式，机动车来历凭证的名称、编号和进口机动车进口凭证的名称、编号，机动车销售单位或者交易市场的名称和机动车销售价格等。

2. 机动车转入登记

机动车转入登记（Registration of Vehicle Transfer-in）是指已注册登记机动车所有人的住所迁入一个新的车辆管理所管辖区且在原车辆管理所已办理转出登记的，或者机动车所有权发生转移且现机动车所有人的住所不在原车辆管理所管辖区，并已在原车辆管理所办理了转出登记，机动车所有人应当自办结转出登记之日起 90 日内向机动车管辖地车辆管理所申请转入登记。

在二手车的异地交易中，都需办理二手车的转入登记手续。办理转入登记的机动车需符合转入地的环保规定，这一点对于从环保要求较低的地区向环保要求高的中心城市转入时的二手车交易要特别注意。办理转入登记手续所需的材料包括机动车所有人的身份证件、机动车登记证书、机动车档案和申请办理转入登记机动车的标准照片等。其办理流程与新车注册登记相似。

（二）机动车抵押登记

（1）机动车抵押登记的含义　《机动车登记规定》第二十二条明确规定：机动车所有

人将机动车作为抵押物抵押的,应当向登记地车辆管理所申请抵押登记。机动车抵押登记(Registration of Vehicle Motgage)是指机动车所有人作为抵押人,将机动车作为抵押物,并与抵押权人一起,到车辆管理所或车管分所办理抵押登记。

(2) 机动车抵押登记申报材料 如果在办结注册登记后办理抵押登记的,需在办理注册登记的车辆管理所办理抵押登记手续,提交的材料如下:

①机动车抵押/质押备案申请表。
②抵押人(机动车所有人)和抵押权人的身份证明。
③机动车所有人和抵押权人依法订立的主合同和抵押合同。
④机动车登记证书。

(3) 机动车抵押登记注意事项

《机动车登记规定》第九条规定有以下情形之一的不予办理抵押登记:

①机动车所有人提交的证明和凭证无效的。
②机动车来历证明被涂改或者机动车来历证明记载的机动车所有人与身份证明不符的。
③机动车所有人提交的证明、凭证与机动车不符的。
④机动车未经国务院机动车产品主管部门许可生产或者未经国家进口机动车主管部门许可进口的。
⑤机动车的有关技术数据与国务院机动车产品主管部门公告的数据不符的。
⑥机动车的型号、发动机号码、车辆识别代号或者有关技术数据不符合国家安全技术标准的。
⑦机动车达到国家规定的强制报废标准的。
⑧机动车被人民法院、人民检察院和行政执法部门依法查封、扣押的。
⑨机动车属于被盗抢的。
⑩其他不符合法律和行政法规规定的情形。

另外,登记前应将涉及该车的交通违法行为和交通事故处理完毕。

公安车辆管理所办理抵押登记后,向双方当事人发放机动车辆抵押登记证书,抵押合同自登记之日起生效。抵押合同如需变更,双方当事人需在合同变更之日起15日内到公安机关车辆管理所办理变更抵押登记手续。抵押登记的机动车辆在抵押期间不得改装和改型。确需改装和改型的,经双方协商同意报公安机关车辆管理所批准后,需重新办理抵押登记。

(4) 解除抵押登记 申请解除抵押登记的,机动车所有人应当填写申请表,由机动车所有人和抵押权人共同申请,并提交下列证明和凭证:

①机动车所有人和抵押权人的身份证明。
②机动车登记证书。

人民法院调解、裁定和判决解除抵押的,机动车所有人或者抵押权人应当填写申请表,提交机动车登记证书、人民法院出具已经生效的调解书、裁定书或者判决书,以及相应的协助执行通知书。车辆管理所应当自受理之日起一日内,审查提交的证明和凭证,在机动车登记证书上签注解除抵押登记的内容和日期。

（三）机动车注销登记

（1）机动车注销登记的含义　机动车注销登记（Registration of Vehicle Write – off）是指已注册登记的机动车，在达到了国家拟定的报废标准、灭失或者因故不在我国境内道路上使用的，机动车所有人到机动车管辖地车辆管理所申请办理注销登记手续。

当办理注销登记手续时，车辆管理所在机动车登记证书上记载注销登记事项，收回机动车号牌、机动车行驶证和机动车登记证书。对于因机动车灭失无法交回机动车号牌和机动车行驶证的，将公告该机动车号牌和机动车行驶证作废。

（2）机动车注销登记的申报材料

①机动车注册、转移、注销登记/转入申请表和机动车查验记录表。

②机动车所有人的身份证明。

③机动车登记证书、机动车行驶证、机动车号牌。

④报废机动车回收证明副本。

机动车灭失的，需提供灭失证明；因质量问题退车的，需机动车制造厂或经销商出具退车证明；机动车因故不在我国境内使用的，需提供出境证明；机动车登记被撤销的，需公安机关交通管理部门出具"公安交通管理撤销决定书"；被依法收缴并强制报废的，需机动车被依法收缴的法律文书；机动车在异地报废的，由异地负责报废，并将信息传到登记地车辆管理所，由登记地车辆管理所办理注销登记，出具注销证明。

（四）机动车档案管理

机动车档案管理（Vehicle Archives Management）是指车辆管理所对每辆机动车建立的档案。任何单位和个人不得擅自修改、涂抹、故意损毁或者伪造机动车档案。

机动车档案从办理注销登记之日起保存两年后销毁。机动车所有人如需查询本人的机动车档案，可携带身份证件和机动车登记证书，到车辆管理所按照查阅档案的有关规定进行查询。人民法院、人民检察院、公安机关或者其他行政执法部门、纪检监察部门以及公证机构、仲裁机构、律师事务机构因办案需要，可按法定程序到车辆管理所查阅机动车档案；人民法院、人民检察院、公安机关或者其他行政执法部门依法可查封机动车档案。

（五）办理车辆转移登记程序

1. 办理程序

二手车交易像买房子一样属于产权交易范畴，涉及相关的证明文件和必要手续。二手车交易后必须办理这些证明文件的转移登记手续，以完成手续完备和合法的成交。机动车法定证明是机动车登记证书、机动车行驶证和机动车号牌。根据买卖双方的住所是否在同一车辆管理所管辖区内，机动车产权转移登记手续可分为同一车辆管理所管辖区内的所有权转移登记（即同城转移登记）和不同车辆管理所管辖区的所有权转移登记（即异地转移登记）两种登记方式。

二手车同城转移登记手续应当在原车辆注册登记所在地公安交通管理部门办理。需要进行异地转移登记的，由车辆原属地公安交通管理部门办理车辆迁出手续，在接收地公安交通管理部门办理车辆迁入手续。办理二手车转移登记手续的程序如图4-5所示。

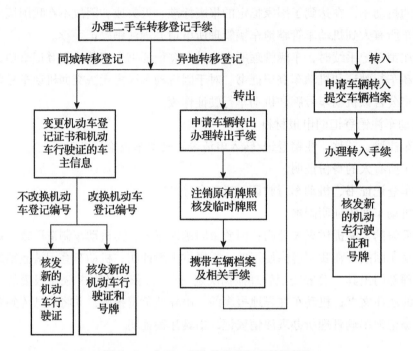

图4-5 办理二手车转移登记手续的程序

2. 二手车办理转移登记所需的手续及证件

当二手车在进行同城交易和所有权转移登记时，根据买卖双方身份不同和二手车交易类型不同，办理转移登记时所需的手续和证件也相应不同。

1) 二手车所有权由个人转移给个人所需证件如下：
①卖方个人身份证原件及复印件。
②买方个人身份证原件及复印件。
③车辆原始购置发票或上次交易过户发票原件及复印件。
④过户车辆的机动车登记证书原件及复印件。
⑤过户车辆的机动车行驶证原件及复印件。
⑥二手车买卖合同。
⑦外地户口需持暂住证。
⑧过户车辆到场。

2) 二手车所有权由个人转移给单位所需证件如下：
①卖方个人身份证原件及复印件。
②买方单位法人代码证原件及复印件（年检有效期之内）。
③车辆原始购置发票或上次交易过户发票原件及复印件。

④过户车辆的机动车登记证书原件及复印件。

⑤过户车辆的机动车行驶证原件及复印件。

⑥二手车买卖合同。

⑦过户车辆到场。

3）二手车所有权由单位转移给个人所需证件如下：

①卖方单位法人代码证原件及复印件（年检有效期之内）。

②买方个人身份证原件及复印件。

③车辆原始购置发票或上次交易过户发票原件及复印件（但发票丢失需本单位财务证明信）。

④卖方单位需按实际成交价格给买方个人开具成交发票。

⑤过户车辆的机动车登记证书原件及复印件。

⑥过户车辆的机动车行驶证原件及复印件。

⑦二手车买卖合同。

⑧过户车辆到场。

4）二手车所有权由单位转移给单位所需证件如下：

①卖方单位法人代码证原件及复印件（年检有效期内）。

②买方单位法人代码证原件及复印件（年检有效期内）。

③车辆原始购置发票或上次交易过户发票原件及复印件（但发票丢失需本单位财务证明信）。

④卖方单位需按实际成交价格给买方单位开具成交发票（需复印）。

⑤过户车辆的机动车登记证书原件及复印件。

⑥过户车辆的机动车行驶证原件及复印件。

⑦二手车买卖合同。

⑧过户车辆到场。

三、实施与考核

（一）技能学习

1. 引导客户办理二手车转出登记

车辆转出登记是指在现车辆管理所管辖区内已注册登记的车辆，办理车辆档案转出的手续。一般是由于现车主的住所或工作地址变动等原因需要将车辆转出本地。

（1）转出登记程序　现车主提出申请（填写机动车转移登记申请表），车辆管理所受理审核资料，确认车辆，在机动车登记证书上记载转出登记事项，收回机动车号牌和机动车行驶证、核发临时行驶车号牌，密封机动车档案，交机动车所有人。

（2）转出登记的规定　根据《机动车登记规定》，二手车交易后，且现车主的住所不在原车辆管理所管辖区的，现车主应当于机动车交付之日（以二手车销售发票上登记日期为准）起 30 日内，向原二手车管辖地车辆管理所提出转移登记申请，填写机动车转移登记申请表，有些地方还要求车主签订外迁保证书。图 4-6 所示为北京市东方二手车交易市场"客户须知及保证"的格式。

客户须知及保证

本人居住_____省_____购买京车辆类型_____一辆。在北京市东方二手车交易市场有限公司办理过户事宜。

本人特做出以下保证：

1）在过户前已了解核实清楚此车的所有情况，对车辆状况认可，对交易过程无异议。

2）在过户前已了解清楚此车可以在本人当地车辆管理所落籍。

3）如该车不能办理转籍或不能在本人居住地的车管部门落籍，一切责任后果均由本人自行承担。

双方签字：

转入地：

年　　月　　日

图 4-6　北京市东方二手车交易市场的"客户须知及保证"书格式

（3）转出登记需要的资料　现车主在规定的时间内，持下列资料向原二手车管辖地车辆管理所申请转出登记，并交验车辆：

①机动车转移登记申请表。

②现车主的身份证明。

③机动车登记证书（原件）。

④机动车来历凭证（二手车销售发票注册登记联原件）。

⑤如果属于解除海关监管的机动车，应当提交监管海关出具的"中华人民共和国海关监管车辆解除监管证明书"。

⑥交回机动车号牌和机动车行驶证。

（4）转出登记事项

①现车主的姓名或者单位名称、身份证明名称、身份证明号码、住所地址、邮政编码和联系电话。

②机动车获得方式是指人民法院调解、裁定、判决、仲裁机构仲裁裁决、购买、继承、赠予、中奖、协议抵偿债务、资产重组、资产整体买卖和调拨等。

③机动车来历凭证的名称和编号。

④转移登记的日期。

⑤海关解除监管的机动车，登记海关出具的"中华人民共和国海关监管车辆解除监管证明书"的名称和编号。

⑥改变机动车登记编号的，登记机动车登记编号。

⑦登记转入地车辆管理所的名称。

完成转出登记的办理后，收回机动车号牌和机动车行驶证，核发临时行驶车号牌，密封机动车档案，交给车主到转入地办理转入登记手续。

2. 转入登记

（1）机动车转入登记的条件

①现车主的住所属于本地车辆管理所登记规定范围的。

②转入机动车符合国家机动车登记规定的。

（2）转入登记规定　根据《机动车登记规定》，机动车档案转出原车辆管理所后，机动车所有人必须在90日内携带车辆及档案资料到住所地车辆管理所申请机动车转入登记。

（3）转入登记程序　车主提出申请，交验车辆，车辆管理所受理申请，审核资料，在机动车登记证书上记载转入登记事项，核发机动车号牌、机动车行驶证和检验合格标志。

（4）转入登记需要的资料

①机动车注册登记/转入申请表。

②车主的身份证明。

③机动车登记证书。

④机动车密封档案（原封条无断裂和破损）。

⑤申请办理转入登记机动车的标准照片。

⑥海关监管的机动车，还应当提交监管海关出具的"中华人民共和国海关监管车辆进/出境领/销牌照通知书"。

（5）转入登记事项　当车辆管理所办理转入登记时，要在机动车登记证书上记载下列登记事项：

①车主的姓名或者单位名称、身份证明号码或者单位代码、住所的地址、邮政编码和联系电话。

②机动车的使用性质。

③转入登记的日期。

属于机动车所有权发生转移的，还应当登记下列事项：

①机动车获得方式。

②机动车来历凭证的名称、编号和进口机动车进口凭证的名称、编号。

③机动车办理保险的种类、保险的日期和保险公司的名称。

④机动车销售单位或者交易市场的名称和机动车销售价格。

（二）任务实施与考核

①教师模拟设置二手车交易市场办公室、本市区车辆管理所和外城市车辆管理所，并安排具体负责人员。每两名学生为一组，互相扮演二手车鉴定评估师和客户。

②二手车鉴定评估师扮演者结合本任务的知识与技能学习，引导客户扮演者办理二手车转出登记和二手车转入登记等业务。教师观察学生操作全过程，并完成考核表，见表4-5。

表 4-5 教师考核登记表

实训项目：引导客户办理二手车转入/转出登记业务

班级学号		姓名	
项目	必要的记录	分值	评分
与客户沟通情况		10	
语言表达		10	
对工作程序的掌握程度		40	
相关材料核查的正确程度		20	
是否向客户进行了必要的补充说明		20	
总分		100	

教师签字：

_____年____月____日

（三）复习思考题

1. 简答题

（1）什么是机动车过户？

（2）什么是机动车转出和转入登记？

（3）什么情况下不能办理过户手续？

（4）什么是机动车变更登记？机动车什么情况下需办理变更登记？

（5）请简要说明二手车直接交易的一般程序。

（6）什么情况下可以进行二手车交易合同的变更或解除？

（7）什么情况下，二手车合同的一方当事人应当承担违约责任？

（8）如果针对二手车交易合同出现纠纷，可以通过哪些方式处理？

（9）二手车交易完成后，卖方应向买方交付哪些手续？

（10）简要描述办理二手车转移过户的程序。

2. 单项选择题

（1）二手车交易是指买卖双方在自愿的条件下，进行二手车商品的交换和（　　）。

　　A. 技术鉴定　　　　B. 价值评估　　　　C. 鉴定评估　　　　D. 产权更换

（2）检查购置税本，确定征税还是免税，免税车期限是10年，如果在免税期内出售则需要车主补交剩余年限的（　　）。

　　A. 增值税　　　　B. 调节税　　　　C. 购置税　　　　D. 个人税

（3）下列（　　）不属于二手车鉴定评估报告书的附件。

　　A. 二手车鉴定评估委托书　　　　B. 车辆照片

　　C. 二手车鉴定评估师资格证书复印件　　　　D. 依据的法律条文

(4) 二手车鉴定评估采用哪一种评估方法，取决于（　　）。
A. 被评估的车辆　　　　　　　　　B. 鉴定评估的目的
C. 二手车鉴定评估师　　　　　　　D. 卖主

(5) 依照国家有关法规，原为营运车辆的，二手车交易后转为非营运车辆，其规定使用年限应（　　）。
A. 按照非营运车辆
B. 可按照营运车辆也可按照非营运车辆
C. 按照营运车辆
D. 运行满5年的按照营运车辆

(6) 利用报废车辆的零、部件拼、组装的二手车（　　）交易。
A. 可以　　　　　　　　　　　　　B. 通过安全排放检测可以
C. 使用年限少2年可以　　　　　　 D. 不可以

(7) 机动车的产权依据应是机动车的（　　）。
A. 驾驶证　　　B. 行驶证　　　C. 合格证　　　D. 车辆登记证书

(8) 二手车买卖合同发生争议，（　　）不属于正确的解决方式。
A. 仲裁　　　　B. 单方处理　　　C. 协商　　　D. 诉讼

(9)（　　）不属于二手车买卖合同附件二手车辆相关凭证。
A. 机动车行驶证　　　　　　　　　B. 机动车登记证书
C. 驾驶证　　　　　　　　　　　　D. 车辆保险单

(10)（　　）不属于二手车鉴定评估委托合同的主要内容。
A. 鉴定评估目的、车辆类型和数量
B. 车辆价款
C. 鉴定评估工作的起止时间
D. 反映协议双方各自的责任、权利、义务及违约责任的其他内容

(11) 二手车鉴定评估委托合同是受托方与委托方对各自权利与义务的协定，是一项（　　）性质的契约。
A. 个人协议　　　B. 买方专属　　　C. 经济合同　　　D. 委托方专属

(12)《二手车流通管理办法》与原规定相比的主要变化是（　　）。
A. 已报废的车辆禁止买卖
B. 取消二手车交易场所的限制
C. 二手车所有人委托他人办理车辆出售的，应当与受托人签订委托书
D. 对交易违法车辆的，二手车交易市场经营者和二手车经营主体应当承担连带赔偿责任和其他相应的法律责任

(13)《二手车流通管理办法》于（　　）正式实施。
A. 2005年8月1日　　　　　　　　　B. 2005年1月1日
C. 2005年10月1日　　　　　　　　 D. 2004年1月1日

(14) 税务局下发了《关于统一二手车销售发票式样问题的通知》，规定自（　　）起正式启用二手车统一发票。

A. 2005 年 8 月 1 日　　　　　　　　B. 2005 年 1 月 1 日

C. 2005 年 10 月 1 日　　　　　　　 D. 2004 年 1 月 1 日

(15) 税务局下发了《关于统一二手车销售发票式样问题的通知》，规定自 2005 年 10 月 1 日起正式启用（　　）。

A. 二手车统一准则　　　　　　　　B. 二手车统一转让

C. 二手车统一发票　　　　　　　　D. 二手车统一样式

(16) 在同城交易中，二手车所有权由个人转移给个人，登记时不需要的证件有（　　）。

A. 买、卖双方驾驶证原件及复印件

B. 过户车辆的机动车行驶证原件及复印件

C. 二手车买卖合同

D. 过户车辆到场

(17) 在二手车交易中，买方在变更车辆产权之后还需要进行车辆购置税和（　　）等文件的变更。

A. 机动车行驶证　　　　　　　　　B. 机动车登记证书

C. 保险合同　　　　　　　　　　　D. 档案转移

(18) 以下关于同城车辆过户登记的程序正确的是（　　）。

A. 提出申请、交验车辆、现车主身份证明、收回原机动车号牌和行驶证、重新校发机动车号牌和行驶证

B. 提出申请、交验车辆、受理审核资料、办理新旧车主信息资料的转移登记、收回原机动车号牌和行驶证、重新校发机动车号牌和行驶证

C. 提出申请、交验车辆、受理审核资料、办理新旧车主信息资料的转移登记、重新校发机动车号牌和行驶证

D. 提出申请、交验车辆、受理审核资料、办理新旧车主信息资料的转移登记、收回原机动车号牌、重新校发机动车号牌

(19) 在二手车交易中，买方在变更车辆产权之后还需要进行保险合同、（　　）等文件的变更。

A. 机动车行驶证　　　　　　　　　B. 机动车登记证书

C. 车辆购置税　　　　　　　　　　D. 档案转移

(20) （　　）在二手车交易市场内销售自己使用过的二手车免征增值税。

A. 车主是单位的　　　　　　　　　B. 车主是个人的

C. 一般纳税人　　　　　　　　　　D. 小规模纳税人

3. 判断题

(1) 二手车鉴定评估委托合同是受托方与委托方对各自权利与义务的协定，是一项经济合同性质的契约。　　　　　　　　　　　　　　　　　　　　　　　　　　（　　）

（2）鉴定评估工作的起止时间不属于二手车鉴定评估委托合同的主要内容。（　）

（3）税务局下发了《关于统一二手车销售发票式样问题的通知》，规定自2005年1月1日起正式启用二手车统一发票。（　）

（4）《二手车流通管理办法》与原规定相比的主要变化是取消二手车交易场所的限制。（　）

（5）从事二手车拍卖活动的拍卖行受托拍卖二手车，向买方收取全部价款和价外费用的，应按照4%的征收率征收增值税。（　）

（6）一般纳税人在二手车交易市场内销售自己使用过的二手车免征增值税。（　）

（7）二手车鉴定评估工作流程是指二手车鉴定评估机构在承接具体的车辆评估业务时，从接受立项、受理委托到完成评估任务、出具鉴定评估报告全过程的具体步骤。（　）

（8）商谈价格不是二手车鉴定评估工作流程中的步骤。（　）

（9）二手车鉴定评估委托书必须符合国家法律、法规和资产评估业的管理规定。（　）

（10）二手车评估的行为依据是委托书或协议书。（　）

（11）机动车驾驶证可作为二手车买卖合同附件二中车辆相关凭证。（　）

（12）机动车驾驶证属于二手车买卖合同附件二中车辆相关凭证。（　）

（13）机动车行驶证上车辆照片背景一般为白色，从车辆30°角度拍摄，能较为清楚地看到车内座位。（　）

（14）自2006年7月1日起，所有上道路行驶的机动车都必须投保交强险。（　）

（15）二手车交易的税费凭证主要包括车辆购置税、交强险、商业险和车船税。（　）

项目五　二手车营销

任务一　二手车收购定价

一、任务分析

对二手车经销企业而言，二手车收购环节至关重要，没有收购就没有销售，也就不可能产生利润。本任务要求二手车从业人员不仅承担车辆的鉴定评估，还要代表经营者进行收购业务，熟悉二手车收购的流程及操作技巧。

在市场经济体制下，价格是一个非常重要的因素，它直接影响到企业产品的销售和利润，同时也是实现企业经营目标的主要手段和策略。因此，必须切实加强定价决策工作，以便扩大市场占有率和追求长期利润的增长。二手车流通企业收购和出售车辆的价格要结合新车市场价格，充分考虑影响二手车收购与销售定价的诸多因素，以市场营销的理念，科学和公正地确定二手车收购与销售价格，才能兼顾企业利润、顾客需求和社会利益，把主动权掌握在自己的手里。

二、相关知识

（一）二手车收购定价的影响因素

1. 车辆的总体价值

二手车收购要充分考虑车辆的总体价值，它主要包括车辆实体产品价值和各项手续价值。

（1）车辆实体的产品价值　除了用鉴定估价的方法评估车辆实体的产品价值外，还应根据经验结合目前市场行情综合评定。主要评定的项目包括车身外观整齐程度、漆面质量如何等静态检查项目和发动机怠速声音、尾气排放情况等动态检查项目。另外，配置、装饰和改装等项目也很重要，包括有无ABS、助力装置、真皮座椅、电动门窗、中控防盗锁和CD音响等；有效地改装包括动力改装、悬架系统改装、音响改装、座椅及车内装饰改装等。

（2）各项手续的价值　各项手续主要包括机动车登记证书、原始购车发票或交易过户票、机动车行驶证、购置税本、车船使用费证明和车辆保险合同等。如果收购车辆的证件和规费凭证不全，就会影响收购价格，因为代办手续不但要耗费人工成本，而且可能造成转籍过户中意想不到的麻烦和带来许多难以解决的后续问题。

2. 二手车收购后应支出的费用

二手车收购除了支付车辆产品的货币以外，从收购到售出时限内，还要支出的费用有保险费、日常维护费、停车费、收购支出的货币利息和其他管理费等。

3. 市场宏观环境的变化

二手车收购要注意国家宏观政策、国家和地方法规的变化因素以及这些影响导致的车辆经济性贬值。

例如，从2015年11月15日起，济南市开始根据环保标志对不符合环保要求的机动车（俗称黄标车）进行限行。未持有环保检验合格标志的汽车全天24h禁止在市内五区、章丘市、平阴县、济阳县、商河县规定区域内通行，自2016年1月1日起，全市区域内全天禁止黄标车通行。对黄标车闯禁行交通违法行为给予罚款200元，驾驶人记3分的处罚。据了解，2015年济南市黄标车有37019辆，在全面限行后，这些黄标车要想在济南的二手车市场里以比较理想的价格出售是不可能的事情，除非是个别二手车商将这些黄标车购入，然后卖到外地去。所以，在实施黄标车禁行政策后，这些车将加速贬值。

4. 市场微观环境的变化

这里所说的市场微观环境主要指新车价格的变动以及新车型的上市对收购价格的影响，如千里马轿车降价后，二手车的保值率就降低了，贬值后收购价格自然也会降低。另外，新款车型问世挤压二手车型，"老面孔"身价自然受影响。

5. 经营的需要

二手车经营者应根据库存车辆的多少提高或降低收购价格，如本期库存车辆减少、货源紧张时，应适当提高车辆收购价格，以补充货源保证库存的稳定。反之，库存车辆多时，则应降低收购价格。另外一种情况是，某车型出现断档情况，该车型的收购价格会提高，如某公司本期二手桑塔纳轿车销售一空，该公司会马上提高桑塔纳车型的收购价格。反之，如果某公司本期二手桑塔纳轿车销路不畅，库存积压显著，那么应降低桑塔纳轿车的收购价格，同时库存桑塔纳轿车的销售价格也会降低。

6. 品牌知名度和维修服务条件

对不同品牌的二手车，由于其品牌知名度和售后服务的质量不同，也会影响到收购价格的制订。

像一汽、上汽、东风和广本等都是我国颇具实力的企业，其产品具有很高的品牌知名度，技术相对成熟，维修服务体系也很健全，二手车收购定价可以适当提高。

（二）二手车收购定价的方法

二手车收购价格的确定是根据其特定的目的，在二手车鉴定估价的基础上，充分考虑市场的供求关系，对评估的价格做快速变现的特殊处理。按不同的原则，一般有以下几种方法：

1. 以现行市价法和重置成本法的思想方法确定收购价格

由现行市价法和重置成本法对二手车进行鉴定估算产生的客观价格，再根据快速变现原则，估定一个折扣率并以此确定二手车收购价格。如运用重置成本法估算某机动车辆价值为 10 万元，据市场销售情况调查，估定折扣率为 20% 可出售，则该车辆收购价格为 8 万元。

2. 以清算价格的思想方法确定收购价格

清算价格的特点是企业（或个人）由于破产或其他原因，要求在一定的期限内将车辆变现，在企业清算之日预期出卖车辆，收回快速变现金额。具体来说主要根据二手车技术状况，运用现行市价法估算其正常价值，再根据处置情况和变现要求，乘以一个折扣率，最后确定评估价格。以清算价格的思想方法确定收购价格，由于顾客要求快速转卖变现，因此其收购估价大大低于二手车市场成交的同类型车辆的公平市价，一般来说也低于车辆现时状态客观存在的价格。

3. 以快速折旧的思想方法确定收购价格

根据机动车辆的价值，计算折旧额来确定收购价格。年折旧额的计算方法建议采用年份数求和折旧法和双倍余额递减折旧法两种方法。

（三）二手车收购价格的计算

二手车收购价格的确定是指被收购车辆手续齐全的前提下对车辆实体价格的确定。如果所缺失的手续能以货币支出补办，则收购价格应扣除补办手续的货币支出、时间和精力的成本支出，具体可以采用以下几种方法：

1）运用重置成本法对二手车进行鉴定估价，然后根据快速变现的原则，估定一个折扣率，将被收购车辆的估算价格乘以折扣率，即得二手车的收购价格，用数学式表示为

$$收购价格 = 评估价格 \times 折扣率$$

2）运用现行市价法对二手车确定评估价格，再根据上述办法计算收购价格，表达式同运用重置成本法的收购价格表达式。

折扣率是指车辆能够当即出售的清算价格与现行市场价格之比值。它的确定是经营者对市场销售情况的充分调查和了解，凭经验估算的。

3）运用快速折旧法。首先计算出二手车已使用年数累计折旧额，然后，将重置成本全价减去累计折旧额，再减去车辆需要维修换件的总费用，即得二手车收购价格，用数学式表达为

$$收购价格 = 重置成本全价 - 累计折旧额 - 维修费用$$

重置成本全价一律采用我国现行的新车市场价格。

累计折旧额的计算方法：先用年份数求和折旧法或双倍余额递减折旧法计算出年折旧额后，再将已使用年限内各年的折旧额汇总累加，即得累计折旧额。

维修费用是指车辆现时状态下，某功能完全丧失，需要维修和换件的费用总支出。

在快速折旧计算时，机动车原值一般取机动车的重置成本全价，而不采用机动车账面原值。

（四）二手车收购的相关法律规定

《规范》第十三条规定，二手车经销企业在收购车辆时，应按下列要求进行：

（1）确认卖方的身份及车辆的合法性

①卖方身份证明或者机构代码证书原件合法有效。

②车辆号牌、机动车登记证书、机动车行驶证、机动车检验合格标志真实、合法和有效。交易车辆不属于《办法》第二十三条规定禁止交易的车辆。

（2）核实卖方的所有权或处置权证明

①机动车登记证书和机动车行驶证与卖方身份证明名称一致；国家机关、国有企事业单位出售的车辆，应附有资产处理证明。

②委托出售的车辆，卖方应提供车主授权委托书和身份证明。

③二手车经销企业销售的车辆，应具有车辆收购合同等能够证明经销企业拥有该车所有权或处置权的相关材料，以及原车主身份证明复印件。原车主名称应与机动车登记证和机动车行驶证名称一致。

（3）与卖方商定收购价格　如对车辆技术状况及价格存有异议，经双方商定可委托二手车鉴定评估机构对车辆技术状况及价值进行鉴定评估。

（4）签订合同　达成车辆收购意向的，签订收购合同，收购合同中应明确收购方享有车辆的处置权。

（5）付款　按收购合同向卖方支付车款。

（五）二手车收购中的风险分析与防范

在二手车收购的过程中，环境的变化有可能产生机会，也有可能带来风险。风险是指由于客观环境的变化带来损失，从而难以实现某种目的的可能性。二手车收购中的风险是指由于二手车收购环境的变化，给二手车的销售带来的各种损失。收购环境的变化是绝对的和客观的，并经常会发生，因而在二手车收购过程当中，既充满了机会，同时又会出现许多风险。所以，二手车流通企业要生存与发展，就必须加强收购活动中的风险管理，能否获取期望利润，关键在于能否有效地控制和降低风险损失。

由于二手车价格某些不可预见的因素，收购过程具有比销售过程更大的风险，对企业造成的潜在损失也更大。因此，如何有效地将收购风险控制在一定的范围内，善于分析研究环境变化可能带来的风险，发现并及时规避风险，对于降低收购成本、增加企业的利润和最大限度地减小自己可能遭受的损失具有重大意义。

二手车收购环境的变化是绝对的、必然的，收购风险也势必是经常发生的。不可能完全避免收购风险，而只能掌握战胜风险的策略和技巧，积极化险为夷，把风险变为机会，实现

成功的转化,总体原则如下:

①提高识别二手车收购风险的能力。应随时收集、分析并研究市场环境因素变化的资料和信息,判断收购风险发生的可能性,积累经验,培养并增强对二手车收购风险的敏感性,及时发现或预测收购风险。

②要提高风险的防范能力,尽可能规避风险。可通过预测风险,从而尽早采取防范措施来规避风险。在二手车收购工作中,要尽可能谨慎,最大限度地杜绝二手车收购风险发生的隐患。

③在无法避免的情况下,要提高处理二手车收购风险的能力,尽可能最大限度地降低损失,并防止引发其他负面效应和有可能派生出来的消极影响。

在二手车收购中的风险防范上,具体可从以下几个方面考虑影响二手车收购中的风险因素及其相应的防范措施。

(1) 新车型的影响　新车型大量应用了新技术,技术含量的提高使老车型贬值甚至被淘汰。从我国市场看,新车型投放明显加快,技术含量和配置也越来越高,如转向助力、安全气囊、ABS + EBD、电子防盗和CD音响都已成了标准装备。以一汽捷达为例,捷达自在我国生产以来经历了多次改款,虽然该车的生产平台未变,但是早期的捷达与现在的新捷达在外观和装备上已不可同日而语。因此,二手车市场在收购二手车时应以最新款车的技术装备和价格来作为参照,否则会给二手车收购带来一定的风险。

(2) 车市频繁降价的影响　在新车市场频繁降价和优惠促销的环境下,二手车经销公司面临着很大的风险,如出现损失只能自己承担。所以,在二手车收购中都是以某一款车目前新车市场的开票价格来计算折旧,而不会去考虑消费者买车时的价格。如果某一款车最近有降价的可能,二手车经销公司要考虑新车降价的风险,开价要比正常的收购价还要低一些。如果某一款车刚降价,那么收购价就会稳定一段时期。为了减少车辆频繁降价的风险,规范市场和稳定价格成为当务之急。另外通过二手车代卖的方式,一方面可从中收取一定的交易费,另一方面可以降低风险。

(3) 折旧加快的影响　从实际行情看,使用期限在三年以内的车辆折旧最高,使用三年的车辆要折旧到40%~50%,其后的几年进入了一个相对稳定的低折旧期,接近10年折旧又开始加快。所以,三年以内的车如果要收购,收购定价要考虑车辆的大幅折旧因素的影响。

(4) 尾气排放标准提高的影响　尾气排放标准提高也加速了在用车辆的折旧和淘汰。越来越严格的排放标准将使老旧车型加速淘汰。因此,在确定二手车收购价格时应考虑车辆排放标准提高的影响。

(5) 车况优劣的影响　有的车虽然只开了两三年,但是机件的磨损已很严重了,操作起来感觉不好。而有的车已是五六年了,发动机的状况依然良好,各机件操作顺畅。这些不同车辆的技术状况自然会影响二手车的收购价格。

(6) 品牌知名度的影响　知名品牌的汽车因其市场保有量大、质量可靠而深受消费者的青睐。这些品牌的汽车在新车市场售价较为稳定,口碑好,所以在二手车市场认同率较高，贬值的程度自然要低于其他品牌。而其他一些知名度不高的品牌车辆市场的认同率低，贬值的程度也就高，在二手车收购价格确定时，应予以考虑。

（7）**库存的影响** 若二手车销售顺畅，求大于供，二手车经纪公司的库存急剧减少，商家们为了保持正常的经营运转，维持一定的库存，可适当抬高一些收购价格。反之在二手车销售低迷时，商家们的库存积压，流通不畅，供大于求，商家的主要矛盾是消化库存，这个时期应压低收购价格，规避由于库存积压所带来的风险。

（8）**二手车收购合法性的影响** 二手车的收购要防止收购盗抢车和伪劣拼装车，要预防收购那些伪造手续凭证和伪造车辆档案的车辆。一旦有所失误，不仅给公司造成直接经济损失，更重要的是造成社会的不良影响，从而损害公司的公众形象。

（9）**宏观环境的影响** 要密切关注国家有关二手车的政策与法规的变化，做到未雨绸缪。要能够根据已有的和即将颁发的有关二手车的政策与法规预测二手车价格的可能变动趋势，及时调整二手车的收购价格，使收购二手车的风险降到最低。

三、实施与考核

（一）技能学习

1. 运用案例计算二手车收购价

（1）用折旧法计算二手车收购价 2016年1月，某二手车销售公司欲收购一辆南京菲亚特轿车，车辆基本情况如下：

车型：南京菲亚特西耶那1.5EL，型号：NJ7153，注册登记日期：2013年2月，行驶里程：38000km，车辆基本配置：排量1.461L，发动机型号178E5027，直列4缸8气门多点电喷发动机，5速手动变速器，发动机最大功率为62.5kW，有转向助力、ABS及EBD、前门电动窗、防眩目后视镜、中控锁（无遥控装置）、发动机防盗系统、手动空调系统、单碟CD及调频收音机4喇叭音响系统，钢轮毂。

经核对相关税费票据和证件（照）齐全有效。该车型新车目前市场行情价为7.8万元，试确定其收购价格（残值忽略不计）。

收购定价过程如下：

1) 相关已知条件。从2013年2月到2016年1月，该车已使用3年，$t=3$，按二手车价格计算约定，该车使用年限为15年，$N=15$。重置成本价格为$K_0=78000$元，残值忽略不计，即$S_v=0$。

2) 分别以等速折旧法、年份数求和折旧法和双倍余额递减折旧法计算累计折旧额。

①采用直线折旧法计算二手车的累计折旧额。年折旧额为

$$D_T = \frac{K_0 - S_v}{N} = \frac{78000}{15} 元 = 5200 元$$

直线折旧法计算二手车的累计折旧额见表5-1。

表 5-1 直线折旧法计算二手车的累计折旧额

年份	重置成本（元）	折旧率	年折旧额（元）	累计折旧额（元）
2013年2月~2014年1月	78000	1/15	5200	5200
2014年2月~2015年1月				10400
2015年2月~2016年1月				15600

② 采用年份数求和折旧法计算二手车的累计折旧额。

递减系数为 $\dfrac{N+1-t}{N(N+1)/2} = \dfrac{16-3}{120}$，年折旧额计算公式为

$$D_t = (K_0 - S_v)\dfrac{N+1-t}{N(N+1)/2}$$

年份数求和折旧法计算二手车的累计折旧额见表 5-2。

表 5-2 年份数求和折旧法计算二手车的累计折旧额

年份	重置成本（元）	折旧率	年折旧额（元）	累计折旧额（元）
2013年2月~2014年1月	78000	15/120	9750	9750
2014年2月~2015年1月		14/120	9100	18850
2015年2月~2016年1月		13/120	8450	27300

③ 双倍余额递减折旧法计算二手车的累计折旧额。

年折旧率 = 2/预计使用年限 = 2/15，年折旧额计算公式为

$$D_t = K_0 \alpha (1-\alpha)^{t-1}$$

双倍余额递减折旧法计算二手车的累计折旧额见表 5-3。

表 5-3 双倍余额递减折旧法计算二手车的累计折旧额

年份	重置成本（元）	折旧率	年折旧额（元）	累计折旧额（元）
2013年2月~2014年1月	78000	2/15	10400	10400
2014年2月~2015年1月			9013	19413
2015年2月~2016年1月			7812	27255

④ 计算二手车收购价格。

二手车收购价格计算公式为

$$P = B - \sum D_t - F_S$$

式中　P——二手车的评估价，单位为元；

　　　B——二手车重置成本全价，单位为元；

　　　$\sum D_t$——二手车已使用年限 t 内的累计折旧额，单位为元；

　　　F_S——二手车需要的维修费用，单位为元。

题目没有给出需要修理的项目及费用，因此，本例中 $F_S = 0$。二手车收购价格按剩余价

值最小（或按累计折旧额最大）的收购。从表 5-1～表 5-3 可见，直线折旧法、年份数求和折旧法和双倍余额递减折旧法三种折旧方法计算的累计折旧额中，年份数求和折旧法计算的累计折旧额最大，因此，该二手车的收购价格为

$$（78000-27300）元 = 50700 元$$

（2）用综合法计算二手车收购价格　某被收购车辆的资料如下：

车辆类型：中级轿车，车辆型号：桑塔纳，重置成本价：16.30 万元，出厂日期：2012 年 3 月，注册登记日期：2012 年 8 月，收购日期：2016 年 2 月。累计行驶里程：250000km。

经鉴定检查，车辆各种手续齐全、有效。故障费用明细表见表 5-4，修理费用估价 0.410 万元。油耗量和排污量均超过国家标准 6%。总折旧率明细表见表 5-5。

表 5-4　故障费用明细表

编号	故障	原因	修理	估计费用（元）
1	活塞环响	活塞环折断	更换活塞环套件	250
2	气缸裂纹	发动机急速冷却造成	更换气缸体	900
3	水泵漏水	水封故障、水泵严重破损	更换水泵	350
4	电喷故障	电子喷射泵严重损坏	更换电喷泵	1500
5	转向传动装置周期性异响	传动轴严重弯曲	更换	650
6	快转转向盘感到沉重	油泵驱动带打滑	换新传动带	40
7	后减振器故障	失效	更换	210
8	空调故障	制冷不足	需加氟	200
总计	—	—	—	4100

表 5-5　总折旧率明细表

折旧率内容	符号	加权系数	折旧比例（%）	扣除价格（万元）
年限折旧率	n_1	1.0	35	5.705
里程折旧率	n_2	0.3	12.5	2.038
故障折旧率	n_3	1.0	2.5	0.410
车型折旧率	n_4	1.0	0	0
耗油量和排污量折旧率	n_5	0.1	4.0	0.652
总计	$n\sum$	—	54.0	8.805

1）用重置成本法加速变现来估价。

①计算各折旧率及折旧价格。

a. 年限折旧率。该车已使用 3.5 年（2012 年 8 月～2016 年 2 月），折旧年限规定为 10 年，则年限折旧率 n_1 为

$$n_1 = \frac{3.5}{10} \times 1.0 \times 100\% = 35\%$$

折旧价格为

$$16.30 \times 35\% 万元 = 5.705 万元$$

b. 里程折旧率。该车已行驶 25 万 km，报废里程为 600000km，则里程折旧率 n_2 为

$$n_2 = \frac{25}{60} \times 0.3 \times 100\% = 12.5\%$$

折旧价格为

$$16.30 \times 12.5\% 万元 = 2.0375 万元$$

c. 故障折旧率。各项故障排除费用折价为 0.410 万元，所占比例为

$$n_3 = \frac{0.410}{16.30} \times 1.0 \times 100\% \approx 2.5\%$$

d. 车型折旧率为

$$n_4 = 0 （型号未过时）$$

e. 耗油量及排放量超标折旧率。该车超过标准 6%，报废极限为 15%，则

$$n_5 = \frac{6\%}{15\%} \times 0.1 \times 100\% = 4.0\%$$

折旧价格为

$$16.3 \times 4.0\% 万元 = 0.652 万元$$

②计算该轿车估价。由于成新率 $C = 1 - $ 总折旧率 $n\sum$，由表 5-5 可知，总折旧率 $n\sum = 54.0\%$，则成新率为

$$C = 1 - 54.0\% = 46.0\%$$

于是得

$$评估价 = 重置成本法 \times 成新率 = 16.3 \times 46.0\% 万元 = 7.498 万元$$

③确定该车收购价。

$$收购价 = 评估价 \times 变现率 = 7.498 \times 70\% 万元 \approx 5.249 万元$$

2）用快速折旧法计算该车的收购价格。由前述可知，该型号车的现行市场购置价为 16.30 万元，残值忽略不计，现分别以年份数求和折旧法和双倍余额递减折旧法计算折旧额。K_0 取二手车重置成本价 16.30 万元，按照车辆折旧率规定，折旧年限 $N = 10$ 年，折旧率 a 按直线折旧率 $1/N$ 的两倍取值，即有 $a = 2/N = 2/10$，时间 (t) 为从 2012 年 8 月至 2016 年 8 月共 4 个年度，收购日期为 2016 年 2 月。

①年份数求和折旧法计算二手车的累计折旧额。递减系数为 $\frac{N+1-t}{N(N+1)/2}$，则年折旧额计算公式为

$$D_t = (K_0 - S_v) \frac{N+1-t}{N(N+1)/2}$$

年份数求和折旧法计算累计折旧额见表 5-6。

表 5-6　年份数求和折旧法计算累计折旧额

年份	重置成本（元）	递减系数	年折旧额（元）	累计折旧额（元）
2012 年 9 月 ~ 2013 年 8 月	16.30	10/55	2.9636	2.9636
2013 年 9 月 ~ 2014 年 8 月		9/55	2.6673	5.6309
2014 年 9 月 ~ 2015 年 8 月		8/55	2.3709	8.0018
2015 年 9 月 ~ 2016 年 8 月		7/55	2.0745	10.076

②双倍余额递减折旧法计算二手车的累计折旧额。

年折旧额计算公式为

$$D_t = K_0 a(1-a)^{t-1}$$

双倍余额递减折旧法计算累计折旧额见表 5-7。

表 5-7　双倍余额递减折旧法计算累计折旧额

年份	重置成本（元）	年折旧率	年折旧额（元）	累计折旧额（元）
2012 年 9 月 ~ 2013 年 8 月	16.30	2/10	3.26	3.26
2013 年 9 月 ~ 2014 年 8 月	13.04		2.0864	5.3464
2014 年 9 月 ~ 2015 年 8 月	10.9536		1.4021	6.7485
2015 年 9 月 ~ 2016 年 8 月	8.5515		0.9781	7.7266

表 5-6 和表 5-7 是按 4 年计算累计折旧额的，但车辆实际使用年限只有 3 年 6 个月，因此，两种方法计算得到的实际累计折旧额应减去第 4 年份的半年折旧额，即

年份数求和折旧法计算累计折旧额 = (10.076 - 2.0745/2) 万元 = 9.039 万元

双倍余额递减折旧法计算累计折旧额 = (7.7266 - 0.9781/2) 万元 = 7.2376 万元

③计算二手车收购价格。

二手车收购价格计算公式为

$$P = B - \sum D_t - F$$

式中：$B = 16.30$ 万元，收购时，累计折旧额 $\sum D_t$ 取两种方法计算结果的最大值，即 $\sum D_t = 9.039$ 万元，修理费用 $F_S = 0.41$ 万元，考虑该车的实际使用情况（实际行驶里程超过平均值 $250000 \div 3.5 \text{km} = 71429 \text{km}$，折扣价格 1.304 万元，油耗污染超过标准 6%，扣除 0.652 万元），因此，该二手车的收购价格为

$$P = P = [16.30 - 9.039 - (0.41 + 1.304 + 0.652)] \text{万元} = 4.895 \text{万元}$$

从以上两种方法计算可知，按重置成本法对二手车进行鉴定估价，然后按照快速变现的原则计算，再根据市场供求关系，买卖双方容易达成交易价格。

2. 引导客户进行二手车的收购

1) 核实卖方身份以及交易车辆的所有权或处置权，并查验车辆的合法性。

①机动车登记证书、机动车行驶证与卖方身份证明名称一致；国家机关、国有企事业单位出售的车辆，应附有资产处理证明。

②卖方身份证明或者机构代码证书原件合法有效。

③车辆号牌、机动车登记证书、机动车行驶证、机动车检验合格标志真实、合法和有效。

④交易车辆不属于《二手车流通管理办法》第二十三条规定禁止交易的车辆。

2）与卖方商定收购价格，如对车辆技术状况及价格存有异议，经双方商定可委托二手车鉴定评估机构对车辆技术状况及价值进行鉴定评估。

3）达成车辆收购意向的，签订收购合同，收购合同中应明确收购方享有车辆的处置权。

4）按收购合同向卖方支付车款。

（二）任务实施与考核

1）教师为每组学生提供一款二手车的详细资料，包括技术检查鉴定情况。学生根据本任务所学的知识与能力，确定其收购价格，并将详细的计算确定过程编制成计算报告，打印后提交给老师。

2）每两名学生为一组，互相扮演二手车鉴定评估师与客户（二手车收购者），由二手车鉴定评估师扮演者为客户详细讲解二手车收购的流程及注意要点。

3）老师观察学生演示过程和审阅计算报告后，完成考核表，见表5-8。

表5-8　教师考核记录表

实训项目：二手车收购流程讲解

班级学号		姓名		
项目	必要的记录		分值	评分
讲解是否规范			10	
讲解是否通俗			10	
讲解是否详细			10	
客户是否明了			10	
报告完整性			10	
格式			10	
分析的准确性			20	
计算的准确性			20	
总分			100	

教师签字：

＿＿＿＿年＿＿月＿＿日

任务二 二手车的销售定价

一、任务分析

二手车的销售价格是决定二手车流通企业收入和利润的唯一因素。因此，企业必须根据成本、需求、竞争及国家方针、政策、法规并运用一定的定价方法和技巧来对其产品制定切实可行的价格政策。

二、相关知识

（一）二手车销售定价应考虑的因素

1. 成本因素

当经营者需要将收购的车辆低价处理时，要重点考虑成本。成本因素是影响二手车销售价格的基本因素。二手车的销售价格如果不能补偿成本，企业的经营活动就难以继续维持。

产品成本是定价的基础和最低界限，二手车的销售价格如果不能保证成本，企业的经营活动就难以维持。二手车流通企业销售定价应分析价格、需求量、成本、销量和利润之间的关系，正确地估算成本，以作为定价的依据。二手车销售定价时应考虑收购车辆的总成本费用，总成本费用由固定成本费用和变动成本费用之和构成。

1）固定成本费用。固定成本费用是指在既定的经营目标内，不随收购车辆的变化而变动的成本费用。如分摊在这一经营项目固定资产的折旧和管理费等项支出。

2）固定成本费用摊销率。固定成本费用摊销率是指单位收购价值所包含的固定成本费用，即固定成本费用与收购车辆总价值之比。如某企业根据经营目标，预计某年度收购100万元的车辆价值，分摊固定成本费用1万元，则单位固定成本费用摊销率为1%。如花费4万元收购一辆旧桑塔纳轿车，则应该将400元计入固定成本费用。

3）变动成本费用。变动成本费用指随收购价格和其他费用而相应变动的费用。主要包括车辆实体的价格、运输费、保险费、日常维护费、维修翻新费和资金占用的利息等。

由上面成本分析可知，一辆二手车收购的总成本费用是这辆车应分摊的固定成本费用与变动成本费用之和，用数学式表达为

一辆二手车的总成本费用 = 收购价格 × 固定成本费用摊销率 + 变动成本费用

由于一些企业经营成本较高，人员、租金、装修和管理等投入成本较高，对于较低档次和回报率较低的车辆就会放弃收购，只专注经营档次高和回报率高的品牌车型。

例如：二手车鉴定评估师通过判断，认为一部2010年年底初次入户正常使用的1.8L帕萨特手动标准版售价预期为9万元（带牌），他希望至少获得纯利润为5000元；据测算，该车如果收购，直至销售将付出成本5000元，那么，对该二手车鉴定评估师而言，该车的收购基准价就是8万元。

一般情况下，一辆10万元以内的二手车从收购到最终交易会在1~2周内完成，售价越高销售周期越长，奔驰、宝马的二手车会超过一个月。销售周期越长、车型越少见就越难以准确判断销售期望价。使用这种方式计算收购基准价对二手车鉴定评估师要求较高，要求二手车鉴定评估师具有非常丰富的市场经验，要熟悉二手车市场销售行情及发展趋势。不同的二手车鉴定评估师对销售的预期价判断是不同的，不同的经营者对利润的要求也是不同的，由此体现出二手车市场收购定价的不确定性。

不管怎么计算，收购价一定要考虑原车主可接受的范围。因此，在现实的二手车收购业务中，除了参考当前新车的售价作为重置成本价以外，有时也要考虑该车的原始新车价格，以平衡买卖双方的利益。

2. 市场需求

二手车的销售定价首先必须基于市场可接受的基础上，也就是说，必须考虑市场需求，必须适应市场对该产品的供需变化，能够为购买者所接受。否则，二手车的销售价格便难以被接受，最终销售不出去。二手车的销售同其他商品一样遵守供求价格规律。作为一个有经验的收购人员，在确定收购价格时，首先要考虑的就是将来销售时的可能成交价，销售时的市场行情。

3. 竞争状况

在产品供不应求时，企业可以自由选择定价方式。而在供大于求时，竞争必然随之加剧，定价方式的选择只能被动地根据市场竞争的需要来进行。为了稳定维持自己的市场份额，二手车的销售定价要考虑本地区同行业竞争对手的价格状况，根据自己的市场地位和定价的目标，选择与竞争对手相同的价格，甚至低于竞争对手的价格进行定价。

4. 国家政策法令

任何国家对物价都有适度的管理，所不同的是，各个国家和地区对价格的控制程度、范围和方式等存在着一定的差异，完全放开和完全控制的情况是没有的。一般而言，国家可以通过物价部门直接对企业定价进行干预，也可以用一些财政和税收手段对企业定价实行间接影响。

（二）二手车销售定价的目标

二手车销售定价的目标是指二手车经营者通过制订价格水平，凭借价格产生的效用来达到预期目的的要求。企业定价目标类型较多，二手车经营者要根据市场环境结合自己的发展规划和资源条件，确立自己的销售定价目标。二手车经营者常见的销售定价目标有以下几种：

1. 获取利润目标

利润是考核和分析二手车流通企业营销工作好坏的一项综合性指标，是二手车流通企业最主要的资金来源。以利润为定价目标有预期收益、最大利润和合理利润三种具体形式。

（1）获取预期收益目标　预期收益目标是指二手车流通企业以预期利润（包括预交税金）为定价基点，并以利润加上商品的完全成本构成价格出售商品，从而获取预期收益的一种定价目标。预期收益目标有长期和短期之分，大多数企业都采用长期目标。预期收益高低的确定，应当考虑商品的质量与功能、同期的银行利率、消费者对价格的反应以及企业在同类企业中的地位和在市场竞争中的实力等因素。预期收益定得过高，企业会处于市场竞争的不利地位；定得过低，又会影响企业投资的回收。一般情况下，预期收益适中，可能获得长期稳定的收益。

（2）获取最大利润目标　最大利润目标是指二手车流通企业在一定时期内综合考虑各种因素后，以总收入减去总成本的最大差额为基点，确定单位商品的价格，以取得最大利润的一种定价目标。最大利润是企业在一定时期内可能并准备实现的最大利润总额，而不是单位商品的最高价格，最高价格不一定能获取最大利润。当企业的产品在市场上处于绝对有利地位时，采取这种定价目标，它能够使企业在短期内获得高额利润。最大利润一般应以长期的总利润为目标，在个别时期，甚至允许以低于成本的价格出售，以便招徕顾客。

（3）获取合理利润目标　合理利润目标是指二手车流通企业在补偿正常情况下的社会平均成本基础上，适当地加上一定量的利润作为商品价格，以获取正常情况下合理利润的一种定价目标。企业在自身力量不足，不能实行最大利润目标或预期收益目标时，采取这一定价目标。这种定价目标以稳定市场价格、避免不必要的竞争、获取长期利润为前提，因而商品价格适中，顾客乐于接受，政府积极鼓励。

2. 以保持或扩大市场占有率为定价目标

以保持或扩大市场占有率为定价目标是一种志存高远的选择方式。对二手车流通企业来说，市场占有率即某企业二手车的销售量或销售额在同行业市场销售量中的比例。市场占有率是企业经营状况和企业竞争力的直接反映。一个企业只有在市场份额逐渐扩大、销售逐渐增加、竞争力逐渐增强的情况下，才有可能得到正常发展。这种定价目标，以较长时间的低价策略来保持和扩大市场占有率，增强企业竞争实力，最终获得最优利润。

由于企业所处的市场营销环境不同，自身条件与营销目标不同，企业定价目标也大相径庭。因此，二手车流通企业应在综合考虑市场环境、自身实力及经营目标的基础上，将利润目标和占领市场目标结合起来，兼顾企业的眼前利益与长远利益，来确定适当的定价目标。

（三）二手车销售定价的方法

定价方法是二手车流通企业为了在目标市场实现定价目标，给产品制订基本价格和浮动范围的技术思路。由于成本、需求和竞争是影响企业定价的最基本因素，产品成本决定了价格的最低限，产品本身的特点决定了需求状况，从而确定了价格的最高限，竞争者产品与价格又为定价提供了参考的基点，也因此形成了以成本、需求和竞争为导向的三大基本定价思路。

1. 成本导向定价法

成本导向定价法可分为成本加成定价法、目标收益定价法和边际成本定价法三种。

（1）成本加成定价法　成本加成定价法也称为加额定价法、标高定价法或成本基数法，是一种应用比较普遍的定价方法。它首先确定单位产品总成本（包括单位变动成本和平均分摊的固定成本），然后在单位产品总成本基础上加上一定比例的利润从而形成产品的单位销售价格。该方法的计算公式为

$$单位产品价格 = 单位产品总成本 \times (1 + 成本加成率)$$

由此可以看到，成本加成定价法的关键是成本加成率的确定。一般地说，加成率应与单位产品成本成反比，和资金周转率成反比，与需求价格弹性成反比，需求价格弹性不变时加成率也应保持相对稳定。

（2）目标收益定价法　目标收益定价法又称为投资收益率定价法，是根据企业的投资总额、预期销量和投资回收期等因素来确定价格。在产品供不应求的条件下，或产品需求的价格弹性很小的细分市场中，目标收益法具有一定的应用价值。

（3）边际成本定价法　边际成本是指每增加或减少单位产品所引起总成本的增加或减少。采用边际成本定价法时是以单位产品的边际成本作为定价依据和可接受价格的最低界限。在价格高于边际成本的情况下，企业出售产品的收入除完全补偿变动成本外，尚可用来补偿一部分固定成本，甚至可能提供利润。在竞争激烈的市场条件下具有极大的定价灵活性，对于有效地应对竞争、开拓新市场、调节需求的季节差异和形成最优产品组合可以发挥巨大的作用。

2. 需求导向定价法

需求导向定价是以消费者的认知价值、需求强度及对价格的承受能力为依据，以市场占有率、品牌形象和最终利润为目标，真正按照有效需求来策划价格。需求导向定价法又称为顾客导向定价法，是二手车流通企业根据市场需求状况和消费者的不同反应分别确定产品价格的一种定价方式。其特点：平均成本相同的同一产品价格随需求变化而变化，一般是以该产品的历史价格为基础，根据市场需求变化情况，在一定的幅度内变动价格，以致同一商品可以按两种或两种以上价格销售。这种差价可以因顾客的购买能力、对产品的需求情况、产品的型号和式样以及时间、地点等因素而采用不同的形式。

3. 竞争导向定价法

竞争导向定价是以企业所处的行业地位和竞争定位而制订价格的一种方法，是二手车流通企业根据市场竞争状况确定商品价格的一种定价方式。其特点是价格与成本和需求不发生直接关系。它主要以竞争对手的价格为基础，并与竞争品价格保持一定的比例，即竞争品价格未变，即使产品成本或市场需求变动了，也应维持原价；竞争品价格变动，即使产品成本和市场需求未变，也要相应调整价格。

上述定价方法中，企业要考虑产品成本、市场需求和竞争形势，研究价格怎样适应这些因素，但在实际定价中，企业只能侧重于考虑某一类因素，选择某种定价方法，并通过一定的定价政策对计算结果进行修订，而成本加成定价法深受企业界欢迎，主要有以下原因：

①定价工作简化。由于成本的不确定性一般比需求的不确定性小得多，定价着眼于成本可以使定价工作大大简化，不必随时依需求情况的变化而频繁地调整，因而大大地简化了企

业的定价工作。

②可降低价格竞争程度。只要同行业企业都采用这种定价方法，那么在成本与加成率相似的情况下价格也大致相同，这样可以使价格竞争减至最低限度。

③对买卖双方都较为公平。卖方不利用买方需求量增大的优势趁机哄抬物价因而有利于买方，固定的加成率也可以使卖方获得相当稳定的投资收益。

（四）二手车销售定价的策略

在二手车的市场营销中，尽管非价格竞争作用在增长，但价格仍然是影响销售的重要因素，是营销组合中的关键因素。定价是否恰当，不仅直接关系到二手车的销量和企业的利润，还关系到企业其他营销策略的制订。营销中定价策略的意义在于有利于挖掘新的市场机会，实现企业的整体目标。在市场经济条件下，价格决策已成为企业经营者面临的具有现实意义的重大决策课题。

二手车销售定价策略是指二手车流通企业根据市场中不同变化因素对二手车价格的影响程度采用不同的定价方法，制订出适合市场变化的二手车销售价格，进而实现定价目标的企业营销战术。

二手车销售定价策略分为阶段定价策略、心理定价策略和折扣定价策略等。

1. 阶段定价策略

阶段定价策略就是根据产品寿命周期各阶段不同的市场特征而采用不同的定价目标和对策。投入期以打开市场为主，成长期以获取目标利润为主，成熟期以保持市场份额和利润总量最大为主，衰退期以回笼资金为主。另外还要兼顾不同时期的市场行情，相应修改销售价格。

2. 心理定价策略

不同的消费者有不同的消费心理，有的注重经济实惠、物美价廉；有的注重名牌产品，有的注重产品的文化情感含量；有的追赶消费潮流。心理定价策略就是在补偿成本的基础上，按不同的需求心理确定价格水平和变价幅度，如尾数定价策略就是企业针对消费者的求廉心理，在二手车定价时有意定一个与整数有一定差额的价格。这是一种具有强烈刺激作用的心理定价策略。价格尾数的微小差别，能够明显影响消费者的购买行为，会给消费者一种经过精确计算的、最低价格的感觉，如某品牌的二手车标价69998元，给人以便宜的感觉，认为只要不到7万元就能买一台质地不错的品牌二手车。

3. 折扣定价策略

二手车流通企业在市场营销活动中，一般按照确定的目录价格或标价出售商品。但随着企业内外部环境的变化，为了促进销售者和顾客更多地销售和购买本企业的产品，根据交易数量和付款方式等条件的不同，在价格上给销售者和顾客一定的减让，这种生产者给销售者或消费者一定程度的价格减让就是折扣。灵活运用价格折扣策略，可以鼓励需求、刺激购买，有利于企业搞活经营，提高经济效益。

（五）二手车销售最终价格的确定

二手车流通企业通过以上程序制订的价格只是基本价格，只确定了价格的范围和变化的途径。为了实现定价目标，二手车流通企业还需要考虑国家的价格政策、用户的要求、产品的性价比、品牌价值及服务水平，应用各种灵活的定价战术对基本价格进行调整，同时将价格策略和其他营销策略结合起来，如针对不同消费心理的心理定价和让利促销的各种折扣定价等，以确定具体的最终价格。

（六）二手车置换

随着汽车产业的快速发展，汽车保有量越来越多，同时人们对汽车的需求也越来越多样化。汽车置换作为汽车交易的一种方式，逐渐显示出满足人们需要的优越性和调节汽车流通的重要作用。

1. 汽车置换的定义

汽车置换的定义可分为广义和狭义两类。

从广义上来说，汽车置换概念是指在以旧换新业务的基础上，还同时兼容二手车整新、跟踪服务以及二手车在销售乃至折抵分期付款等项目的一系列业务组合，从而使其成为一种独立的营销方式。从狭义上来说，汽车置换只是以旧换新业务。经销商通过二手车的收购和新车的对等销售获取利益。目前，狭义的置换业务在世界各国均已成为流行的销售方式。国际上发达国家二手车与新车的销售量几乎为1:1，某些国家可以达到2:1，甚至更高，我国的二手车市场虽然起步较晚，但目前的交易已初具规模，年交易量达800多万辆，占到新车交易量的3成左右，狭义置换业务也得到长足的发展；广义的置换业务在我国尚处于萌芽阶段，亟待各方面的关心和扶持。

2. 我国二手车市场的变化

相比于欧美发达国家市场，中国二手车行业整体发展史相对短暂，发展历程也较为有限，从最早时期的互联网二手车信息网站，经历过快速发展及激烈发展时期，二手车电商模式在不断地调整与发展，经历高潮与低谷，当前处于目前模式拓展及趋同阶段；伴随着行业整体二手车销量增长，二手车电商当前处在看似稳定的阶段将逐步被打破，二手车电商行业在不断调整与尝试新的的业务模式中逐渐摸索出符合自身发展的模式，在此模式下，二手车电商终将迎来更快速、更高效的发展阶段。

根据数据显示，2018年我国二手车市场继续保持活跃，1~8月份国内二手车销量达到了892.66万辆，同比增长13.12%。国内二手车交易金额也同步增长，1~8月份累计达到5578亿元，不过同比仅增加了5.41%。数据显示，2017年全国二手车累计交易再次突破1039万辆，达到1234万辆，同比增长18.8%。并且首次出现，二手车交易增长速度快于新车交易增长速度，2017年新车销售量首次出现个位数增长，同比增长6%。

当前我国二手车市场出现了一系列新的变化，最显著的就是二手车经营主体出现了由单一模式向多元化转变。其实这一现象早两年也有这个趋势，只不过没有2017年这么明显。经过一段时间的尝试，在部分有实力、有条件的新车供应商的组织带动下，一批新车经销商正在尝试二手车经营业务并且在品牌效应、连锁经营、售后服务等更高层面上开始了规模化运营的尝试。一个以二手车交易市场、二手车经纪公司为传统力量，二手车经销、拍卖等众多新兴主体参与的多元化二手车经营格局已经形成，初步实现了二手车经营主体由原来的单一模式向多元化经营模式的转变。新车市场与二手车市场的联动效应更加明显，两个市场的互动性进一步增强。

国内经销商集团案例如下：

广汇集团与阿里巴巴集团共同开展网络拍卖和线下交付结合的模式，目前已覆盖25个省市，年上拍量超10万台，成交台次超4万台，成交率在40%左右，实现集团内的资源互动和置换支持。广物唯普作为经销商集团自行建设的拍卖平台，广泛采用专业合作和主业专注的方式，发展迅速，年交易量和交易额逐步快速增长，2017年9月挂牌新三板，实现盈利和可持续发展。

3. 企业经营情况

（1）二手车之家　二手车之家是汽车之家旗下二手车交易平台，组建于2010年10月，提供全国海量二手车出售、转让信息。二手车之家为二手车买卖双方提供车辆登记、求购信息发布、网上交流对比、市场资讯、行业趋势信息分享等服务，同时整合二手车交易市场、经纪公司等行业资源，为商家和个人提供准确、及时的交易信息服务。二手车经销商以北京总部为核心，遍布华南、华中、鲁晋、华北、华西、华东、东北各大省份。

（2）58同城二手车　58同城定位于本地社区及免费分类信息服务，帮助人们解决生活和工作所遇到的难题。58同城网同时也为商业合作伙伴提供最准确的目标消费群体、最直接的产品与服务展示平台、最有效的市场营销效果以及客户关系管理等多方面服务。

目前，58同城旗下的58同城二手车网为二手车主提供安全可靠的信息。2015年4月，58同城正式宣布其在汽车业务上的相关规划。未来58同城将在学车、租车、买车、用车以及卖车的整条产业链上发展相关服务及产品，拓展其自身业务。58同城进入新车领域将与其他汽车网站不同，并不会涉及有关汽车产品的新闻与评测内容，而是专注于与汽车相关的O2O服务。

58同城总部设在北京，公司已在天津、上海、广州、哈尔滨、深圳、武汉、青岛、石家庄、大连、苏州、沈阳、成都、重庆、长沙、城口、南京、郑州、长春等32个城市成立了分公司，已经在407个城镇开通分站，6500多名在职人员。58同城旗下二手车平台每天有240万买车、卖车的用户活跃在线上，在线车源量达到150万。

（3）瓜子二手车直卖网　瓜子二手车直卖网的前身是赶集好车，于2015年9月27日正式上线。同年11月，瓜子二手车直卖网单独分拆，已完成新公司注册，独立运营，公司注册名称：车好多旧机动车经纪（北京）有限公司。凭借高质量的服务和先进的交易模式，瓜子二手车发展势头迅猛，员工人数已超过5000人。2015年，瓜子二手车累计销售额超过了

37亿元人民币；在售后服务领域，为用户提供了超过2亿元的贷款服务。2016年3月，瓜子二手车直卖网宣布完成A轮2.045亿美元融资，创下了二手车行业的A轮融资纪录。

瓜子二手车以交易为核心，目前已经完成了汽车售后市场的主流服务衔接，包括上门评估、交易撮合、陪同过户、售后保障、汽车金融、汽车保险、道路救援、维修保养、新车售卖等9大服务体系。

4. 2018年中国百强二手车经销商分析

在2018年中国汽车流通行业年会二手车行业发展论坛上，中国汽车流通协会发布《2018中国二手车经销商百强排行榜》。这份报告依据二手车企业的申报资料，以2017年8月~2018年7月的二手车交易总量为主，综合考量交易总额、经营车辆均价、月度平均库存、经营面积等评价指标，经百强排行榜活动专家组评议，合理设计权重，得出分值并排出百强榜单。

二手车经销商百强企业交易规模逐年增长。从交易量看，2018年二手车经销商百强企业交易量为74.66万辆，同比增长14.61%；二手车经销商百强企业总交易量占全二手车交易市场交易总量的5.6%，交易额占比9.8%。

上榜企业最多的是二手车交易市场中的二手车企业，百强榜中包括52家，这说明二手车行业内经营类企业以经纪公司为主，独立二手车经销商其次，汽车经销商集团二手车企业最少。业务规模最大的是汽车经销商集团二手车业务。从交易总量看，百强企业中汽车经销商集团二手车业务的交易量最大，为551095辆。其次为独立二手车经销商，二手车交易市场中的二手车企业最小。在单车均价方面，独立二手车经销商的单车均价最高，为38.24万元，这是因为独立二手车经销商经营车辆集中在中高端车系。其次是二手车交易市场中的二手车企业，最低的是汽车经销商集团二手车企业。

百强企业引领二手车市场向专业化、品牌化、规模化方向发展。百强企业交易量、交易额逐年增长，说明经营规模在不断增大；百强企业中独立二手车经销商经营规模、品质具有明显优势，新车经销商集团二手车虽然交易量庞大，但仍以批发为主；百强企业交易总量在全国二手车交易总量中占比不大，说明百强企业群体普遍规模偏小。

据公安部2018年初公布的数据显示，截至2017年年末，中国汽车保有量现已达2.09亿，其中24个城市汽车保有量超过200万辆。随着汽车保有量的持续增加，逐步进入置换期的汽车存量资源被释放，为二手车市场提供了广阔的发展空间。

当汽车保有量达到一定规模，尤其是重点城市保有量增长将实现汽车置换比例的提高，尤其是限购政策出台后，传统汽车经销商集团的二手车业务可能不仅仅是面临发展的问题，还可能决定了其业务的"生死"。2017年，全国二手车累积交易1240.09万辆，累计同比增长19.33%；交易额为8092.72亿元，同比增长34%。2018年1~5月，累积交易554.58万辆，累计同比增长15.4%。

国内汽车保有量析出率从2011年的7.3%下降到目前的6.3%左右，整体汽车保有量基盘增大，同时新车市场竞争激烈，各类政策对于消费者以旧换新的刺激政策逐渐失去吸引力，相对成熟的发达国家，中国每年"二手车生产量"还有较大发展空间，当然这还需要金融、租赁等多个业态同步发展。按照现有的新旧车发展速度推测，2025年，中国汽车保有量为3亿台，10%的析出率也将达到每年二手车交易量3000万辆规模。

5. 二手车发展趋势

（1）品牌二手车将成为车企未来的重心　品牌二手车不同于传统的二手车经营模式，它是指建立在一定规模的保有量基础上的汽车厂家为了提高其汽车的保值率、巩固用户的忠诚度和提高用户量，进一步完善汽车售后服务领域所开展的二手车业务，将它归类为品牌二手车。

而国内已经有越来越多的汽车制造厂商认识到了这一广阔市场，如宝马、奔驰、奥迪等纷纷推出了自己的品牌二手车，同时品牌二手车因为依托厂家知名大品牌的支撑，拥有较高的保值率、全国统一的认证标准和准入门槛、全国联保、售后服务网络、专业检测和评估以及不满意可退车等多项优点，对消费者来说有巨大的吸引力，而这些对于国内二手车市场的发展也起到了一定的推动作用。

（2）二手车电子商务市场进一步成熟　随着二手车电商市场的不断发展，各大资本开始关注它，其经营模式在不断创新、扩张中，已经开始进入精工细作的时代。消费者可以直接通过计算机来选择自己满意的品牌车型，并且能直接在网上与店家谈价，这样节省了消费者的时间，同时也提高了店家的工作效率；并且，消费者可以直接在网上浏览适合自己的各家店铺，从中选择性价比最高的产品。同时，现在有些二手车销售企业开展了一条龙服务，只要消费者在网上下订单，二手车销售企业会专门安排工作人员把车开到消费者家楼下，让消费者直接试驾，这大大提高了顾客的满意度。类似的优点还有很多，未来电商模式将继续给二手车市场带来惊喜。

（3）TOB交易服务型电商将成为整合二手车市场的主力　从整体二手车电商的发展来看，信息服务型电商不能解决实际交易当中的问题，TOC交易服务型电商短期内仍将以区域性业务为主，而TOB交易服务型电商如果能够完全实现二手车交易的在线化，就能够快速地将业务覆盖至全国范围，从而打破原有的物理局限，使二手车供应和需求的匹配完全线上化，同时在线下通过完善的物流体系完成二手车的物理流转。

6. 我国主要汽车置换运作模式

（1）我国汽车置换模式　从我国的交易情况来看，目前在我国进行汽车置换有三种模式：

①用本厂二手车置换新车（即以旧换新），如厂家为"一汽大众"，车主可将旧捷达车折价卖给一汽大众的零售店，再买一辆新宝来车。

②用本品牌二手车置换新车，如品牌为"大众"，假设拥有一辆旧捷达的车主看上了帕萨特车，那么他可以在任何一家"大众"的零售店里置换到一辆他喜欢的帕萨特车。

③只要购买本厂或本厂家的新车，置换的二手车不限品牌。国外基本上采用的是这种汽车置换方式。上海通用汽车"诚新二手车"开展的就是这种汽车置换模式，消费者可以用各种品牌的二手车置换别克品牌的新车。

如果考虑买车人的选择余地和便利程度，当然是第三种方式最佳。不过，这种方式对厂商和经销商而言非常具有挑战性。这是因为，我国的车主一般既不从一而终地在指定维修点维护修理，也不保留车辆的维修档案，车况极不透明；再者，不同品牌、不同型号的车在技术和零部件上千差万别；而且，对于个别已经停产车型更换零部件将越来越麻烦。

此外，我国也出现了委托寄卖等置换新模式。我国的委托寄卖主要分为：一是自行定价型，即是由消费者自行定价，委托商家代卖，等到成交后再支付佣金；二是二次付款型，它是由商家先行支付部分费用，等到成交后再付余款，佣金以利润比例来定；三是周期寄卖型，其方式是由商家向车主承诺交易周期，车价由双方共同确定，而佣金以成交时间和成交金额双重标准来定。

车辆更新对于车主来说，是一个烦琐的过程，首先要到二手车市场把车卖掉，这其中要经历了解市场行情、咨询二手车价格、与二手车经纪公司讨价还价直至成交、办理各种手续和等待回款，至少要好几天，等拿到钱后再到新车市场买新车，又是一番周折。对于车主来说，更新一部车比买新车麻烦得多。在生活节奏日益加快的今天，人们期盼能否有一种便捷的以旧换新业务，使他们在自由选择新车的同时，很方便地处理要更新的二手车。因此，具有汽车置换资质的经销商作为中介的重要作用就显现出来。

（2）汽车置换授权经销商　汽车置换授权经销商是我国汽车置换运作的中介主体。汽车置换授权经销商的车辆置换服务将消费者淘汰二手车和购买新车的过程结合在一起，一次完成甚至一站完成，为用户解决了先要卖掉二手车再去购买新车的麻烦。我国汽车置换授权经销商的汽车置换服务一般具有以下特点：

①打破车型限制。与以往的一些开展汽车置换的厂家或品牌专卖店不同，汽车置换授权经销商对所要置换的二手车以及选择购买的新车，都没有品牌及车型的限制，可以任意置换。汽车置换授权经销商采用汽车连锁超市的模式经营新车的销售，连锁超市中经营的汽车品牌众多，可以满足消费者的不同需求，也可根据顾客的要求，到指定的经销商处，为顾客购进指定的车辆，真正做到了置换无品牌限制。

②让利置换，二手车增值。汽车置换授权经销商将车辆置换作为顾客购买新车的一项增值服务，与顾客将二手车出售给二手车经纪公司不同，汽车置换授权经销商通常是以二手车交易市场二手车收购的最高价格甚至高出的价格确定二手车价格，经双方认可后，置换二手车的钱款直接冲抵新车的价格。

汽车置换授权经销商有自己的二手车经纪公司，同时与二手车交易市场中的众多经纪公司保持联系，保证市场信息渠道的畅通，以及所置换的二手车能够有快速的售出通路。车况较好的二手车，汽车置换授权经销商经过整修后，补充到租赁车队中投放低端租车市场，用租赁收入弥补二手车的增值部分后，到二手车市场处置；或者发挥汽车置换授权经销商租车网络优势，在中小城市租赁运营。

③"全程一对一"的置换服务。汽车置换授权经销商汽车连锁销售提供的车辆置换服务是一种"全程一对一"的服务模式。由于汽车置换授权经销商的业务涉及汽车租赁、销售、汽车金融以及二手经纪，因此顾客在汽车置换授权经销商选择置换的购车方式后，从

二手车定价、过户手续、到新车的贷款、购买、保险和牌照等过程都由汽车置换授权经销商公司内部的专业部门完成,保证了效率和服务水准。

④完善的售后服务。在汽车置换授权经销商通过置换购买的新车,汽车置换授权经销商将提供包括保险、救援、替换车和异地租车等服务在内完善的售后服务。对于符合条件的顾客,汽车置换授权经销商还提供更加个性化的车辆保值回购计划,使顾客可以不再考虑再次更新时的车辆残值,安心使用车辆。

7. 汽车置换质量认证

汽车置换中一个最重要、最容易引起争议的问题就是置换二手车的质量问题。和新车交易相比,二手车市场存在很多不透明的地方,二手车评估本身就比较复杂,加上二手车交易又是"一旦售出,后果自理",所以在购买二手车的时候,大部分的消费者并不信任卖家。

为了保障交易双方权益,减少纠纷,国外汽车厂商从20世纪90年代就开始对汽车进行质量认证,我国的汽车厂商也从近几年开始进行这一业务。汽车厂家利用自己的技术、设备、人员以及信誉优势,对回购的二手车进行检测和修复,给当前庞大的二手车消费群体提供"放心车""明白车",即使价格高于其他市场上的二手车,消费者也认为值得。同时汽车厂家介入二手车市场也为规范二手车市场和降低交通安全隐患带来积极影响。

(1) 认证的基本概念 经汽车厂商授权的汽车经销商将收上来的该品牌二手车进行一系列检测和维修之后,使该车成为经品牌认证的车辆,销售出去之后可以给予一定的质量担保和品质保证,这一过程通称为认证。

二手车认证方案的开展是市场对二手车刮目相看的首要原因,现在已经得到广泛的支持,很多汽车生产厂家还针对二手车推出一些令人鼓舞的消费措施。目前,认证方案项目一般包括合格的质量要求、严格的检测标准、质量改进保证、过户保证以及比照新车销售推出的送货方案,一些大公司开展的认证还包括提供与新车一样利率的购车贷款。通过认证,顾客和经销商双方都从中得到了实惠。首先顾客对自己购买二手车的心态更加趋于平和,相应地,经销商也实现了认证车辆的溢价销售。而且,顾客再不会有车刚到手就发生故障的经历,经销商也不必再面对恼怒顾客的争吵。

(2) 我国的二手车认证 我国二手车认证主要是在一些合资企业中开展,这其中以上汽通用公司和一汽大众公司为代表,我国一般的二手车认证流程如图5-1所示。

①上汽通用公司的二手车认证。上海

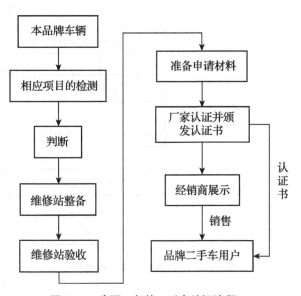

图5-1 我国一般的二手车认证流程

通用汽车认证的二手车要经过多道程序的严格筛选。首先，认证的二手车有自己统一的品牌，是和诚信谐音的"诚新"，能通过认证，并打上这个牌子的二手车要达到以下条件：首先是无法律纠纷，非事故车，无泡水经历；其次使用不超过5年，行驶10万km以内；原来用途不是用于营运和租赁。

上汽通用的二手车认证有106项检验项目，这106项检验要进行两次，进场第一次，整修后还要进行一次。106项检验主要包括车身、电气、底盘和制动等六大类，基本囊括了整个汽车的零配件。通过筛选的二手车经过整修，再进行106项检测，全部合格后才能获得上海通用公司的认证书。经认证过的二手车出售后能获得半年或10000km的质量保证，在质保期间，如果车辆出现质量问题，客户可以在全国联网的品牌专业维修店获得免费修理和零配件更换。

②一汽大众的二手车认证。一汽大众的二手车认证有141项检测标准，包括发动机（检查压缩比、排放和点火正时等11项）、离合器（离合器线束调整、噪声检测等5项）、变速器（变速器各档位操控性、变速器油油位等8项）、悬架（减振器泄漏等5项）、传动系统（差速器泄漏和噪声等4项）、转向系统（转向齿条等7项）、制动系统（制动蹄片磨损情况等8项）、制冷系统（管道泄漏等4项）、轮胎轮辋（前轮定位等5项）、仪表（仪表灯亮度等15项）、灯光系统（车内外灯光光线、警告灯等10项）、电子电器（蓄电池、各种熔断器等8项）、车辆外部（刮水器胶皮磨损等7项）、车辆内部（座椅、杯架、后视镜等9项）、空调（气流、风向等6项）、收音机及CD（播放器、扬声器等3项）、内饰外观（各种塑料件和装饰件等3项）、车身及漆面（破裂、刮蹭等5项）、完备性（备胎、说明书等7项）和最终路试（操控性、循迹性等11项）。

8. 汽车置换的服务程序

汽车置换包括二手车出售和新车购买两个环节。不同的汽车置换授权经销商对汽车置换流程的规定不完全一样，一汽大众汽车置换流程如图5-2所示。

我国一般汽车置换程序如下：

①顾客通过打电话或直接到汽车置换授权经销商处进行咨询，也可以登录汽车置换授权经销商的网站进行置换登记。

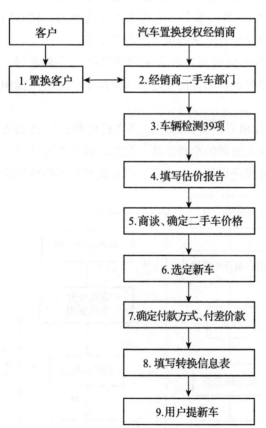

图5-2 一汽大众汽车置换流程

②汽车评估定价。

③汽车置换授权经销商销售顾问陪同选订新车。

④签订二手车购销协议以及置换协议。

⑤置换二手车的钱款直接冲抵新车的车款，顾客补足新车差价后，办理提车手续，或由汽车置换授权经销商的销售顾问协助在指定的经销商处提取所订车辆，汽车置换授权经销商提供一条龙服务。

⑥顾客如需贷款购新车，则置换二手车的钱款作为新车的首付款，汽车置换授权经销商为顾客办理购车贷款手续，建立提供因汽车消费信贷所产生的资信管理服务，并建立个人资信数据库。

⑦汽车置换授权经销商办理二手车过户手续，顾客提供必要的协助和材料。

⑧汽车置换授权经销商为顾客提供全程后续服务。

在汽车置换中，新车可选择仍使用原车牌照，或上新牌照，购买新车需交钱款：新车价格－二手车评估价格。如果二手车贷款尚未还清，可由经销商垫付还清贷款，款项计入新车需交钱款。

三、实施与考核

（一）技能学习

1. 二手车销售价格计算

某二手车的基本情况：品牌型号：一汽大众捷达 CIF，号牌号码：辽 A55H3×，发动机号码：EK5647×××，车辆识别代号/车架号：LH×××，注册登记日期：2011 年 12 月 20 日，年审检验合格至 2016 年 4 月，车辆购置税完税证明（有），某 4S 店于 2016 年 4 月收购，收购价格为 4.40 万元，该车欲于 2016 年 10 月销售。

其销售价格确定方法如下：

（1）固定成本费用摊销售率的确定 按该 4S 店的固定成本构成情况分析，分摊在二手车销售这一块的固定成本摊销售率为 1%。

（2）变动成本的确定

①该车实体价格即为收购价格 4.40 万元。

②收购车辆时的运输费用合计为 65 元。

③从收购日起到预计的销售日，分摊在该车上的日常维护费用约为 400 元。

④该车收购后，维修翻新费用合计 3200 元。

⑤车辆存放期间，银行的活期存款利率为 0.36%。

二手车的变动成本 =（收购价格 + 运输费用 + 维修翻新费用）×（1 + 银行活期利率）

$$= (44000 + 65 + 400 + 3200) \times (1 + 0.36\%) \text{ 元}$$

$$\approx 47836.59 \text{ 元}$$

该二手车的总成本费用 = 收购价格 × 固定成本费用摊销率 + 变动成本
$$= (44000 × 1\% + 47836.59) 元$$
$$= 48276.59 元$$

(3) 确定销售价格　按成本加成定价法，本车型属于大众车型，市场保有量较大，且销售情况平稳。根据销售时日的市场行情，一般成本加成率在 6% 左右。因此该车的销售价格为

二手车销售价格 = 该车总成本 × (1 + 成本加成率)
$$= (51173.19 + 48276.59 × (1 + 6\%) 元$$
$$≈ 51173.19 元$$

(4) 确定最终价格

①该 4S 店目前处于比较稳定的经营时期，二手车经销状况也比较稳定，故应以获取合理利润为目标，所以成本加成率不做调整，即仍取 6%。

②该车不准备采用折扣定价策略，而上述计算结果中有精确的尾数，即采用尾数定价策略，也不再进行调整。

故该二手车的最终销售价格确定为 51173 元。

2. 引导客户办理二手车销售业务

1）二手车经销企业对车辆进行检测和整备。

2）二手车经销企业对进入销售展示区的车辆按"车辆信息表"的要求填写有关信息，在显要位置予以明示，并可根据需要增加"车辆信息表"的有关内容。

3）达成车辆销售意向的，二手车经销企业与买方签订销售合同，并将"车辆信息表"作为合同附件。

4）按合同约定收取车款，向买方开具税务机关监制的统一发票，并如实填写成交价格。

5）销售企业向买方提供质量保证书，并交付二手车。

6）买方持规定的法定证明和凭证到公安机关交通管理部门办理转移登记手续。相关的证明和凭证包括以下种类：

①买方及其代理人的身份证明。

②机动车登记证书。

③机动车行驶证。

④二手车交易市场、经销企业和拍卖公司按规定开具的二手车销售统一发票。

⑤属于解除海关监管的车辆，应提供"中华人民共和国海关监管车辆解除监管证明书"。

7）完成车辆转移登记后，买方应按国家有关规定，持新的机动车登记证书和机动车行驶证到有关部门办理车辆购置税和保险变更手续。

相关的法律条款如下：

《二手车交易规范》第十六条：二手车经销企业向最终用户销售使用年限在 3 年以内或行驶里程在 6 万 km 以内的车辆（以先到者为准，营运车除外），应向用户提供不少于 3 个月或 5000km（以先到者为准）的质量保证。质量保证范围为发动机系统、转向系统、传动系统、制动系统和悬架系统等。

《二手车交易规范》第十七条：二手车经销企业向最终用户提供售后服务时，应向其提供售后服务清单。

《二手车交易规范》第十八条：二手车经销企业在提供售后服务的过程中，不得擅自增加未经客户同意的服务项目。

《二手车交易规范》第十九条：二手车经销企业应建立售后服务技术档案。售后服务技术档案保存时间不少于 3 年。

（二）任务实施与考核

1）教师为每组学生提供一款二手车的详细资料，包括某收购日期、收购价格、计划销售日期和收购至销售期间的各项费用。学生根据本任务所学的知识与能力，确定其销售价格，并将详细的计算确定过程编制成计算报告，打印后提交给老师。

2）每两名学生为一组，互相扮演二手车鉴定评估师与客户（二手车销售者），由二手车鉴定评估师扮演者为客户详细讲解二手车销售的流程及注意要点。

3）老师观察学生演示过程和审阅计算报告后，完成考核表，见表 5-9。

表 5-9 教师考核记录表

实训项目：二手车收购定价

班级学号		姓名	
项目	必要的记录	分值	评分
讲解是否规范		10	
讲解是否通俗		10	
讲解是否详细		10	
客户是否明了		10	
报告完整性		10	
格式		10	
分析的准确性		20	
计算的准确性		20	
总分		100	

教师签字：

_____年____月____日

任务三 二手车的销售技巧

一、任务分析

二手车的销售是二手车经营者获取利润的关键环节，其中确定销售价格是决定二手车经营者收入和利润的主要因素，销售速度的快慢和价格的高低直接决定二手车经营者的收入和利润。本任务要求二手车从业人员掌握二手车销售的具体操作方法和技巧。

二、相关知识

（一）二手车销售流程

图5-3所示为二手车销售的基本流程。

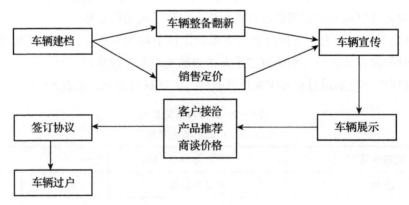

图5-3 二手车销售的基本流程

二手车销售的基本流程共分为八个步骤，其具体内容如下：

（1）车辆建档 当车辆收购回来以后，需要立即建立管理档案，建立车辆管理档案有助于对车辆进行有效管理以及为日后分析提供准确资料。档案的主要内容包括车辆的基本信息、车辆存放位置、车辆费用、销售报价、销售底价、成交价格和新旧车主基本资料等。在这个阶段，销售顾问即可初步介入，开展收集和邀约客户等准备工作。

（2）车辆整备翻新 对任何一个买二手车的客户而言，均希望买到一部漂亮的二手车。因此，二手车的整备翻新对提升二手车销售价格非常重要。

本环节主要包括两个部分：①主要故障的诊断及修复；②车身外观的翻新美容。

（3）销售定价 销售定价环节非常重要，根据当前二手车销售行规，一般销售定价包括销售报价和销售底价两个价格。

（4）车辆宣传 在车辆翻新以及确定销售报价以后就进入车辆宣传环节，这个环节包括各媒体展示（主要是图片宣传）和车体包装等。

（5）车辆展示　车辆在一切准备工作就绪以后，进入现场展示环节，根据车辆特点确定展示场地及位置。

（6）客户接洽、产品推荐、商谈价格　车辆推销过程包括客户接洽、产品推荐和商谈价格三个小环节，主要是销售顾问进行现场推销的过程。

（7）签订协议　双方一旦对成交价格达成一致以后，就进入签订协议阶段，作为保障双方权益的法律文件，许多地区已经采用了政府提供的参考文本。协议签订后收取车款。

（8）车辆过户　车辆过户是进行车辆产权变更的过程，在办理完过户以后，进行车辆交接，至此，二手车的销售结束。

（二）二手车销售技巧

世界上没有两辆一模一样的二手车，即使是同一辆车，由不同的经销商经营，其结果可能会截然不同。由此可见，二手车销售技巧非常重要。不仅如此，二手车销售价格越高，其收购价格也越高，在二手车收购时就会具备非常明显的价格优势，成交率也会大幅度上升，形成一种良性循环。

在介绍二手车销售技巧之前，首先确认一个事实，那就是买二手车的人绝对不是只贪图便宜的人。事实证明，在我国现阶段的二手车消费人群中，同一品牌的两款车，由于信息的不对称，价格低廉的二手车会被认为质量差，导致销售速度慢；车况好、成色新的二手车，即使价格偏高，销售速度反而会较快。究其原因，就只有一个核心问题——信任。因此，要想销售好二手车并不难，销售好"信任"这两个字就够了。销售"信任"可以从以下几个方面出发：

（1）"表面上"让客户信任　所谓的"表面上"让客户信任就是指让客户在购买时感官上觉得值得信任。这主要体现在展场的装修要干净整洁，车辆包装漂亮，展示人性化，定价合理，接洽人员素质高等方面。

（2）真正满足客户的需求　了解客户的需求是销售技巧中最为重要的环节，以客户为导向，推荐合适的车辆就会获得更高的回报。不难想象，客户买车时感觉上并不十分满意，自然希望在价格上获得平衡，但如果对车辆很满意，自然也就会对价格要求不高了。

（3）车辆让客户信任　二手车的消费者永远是带着一种怀疑的眼光来检查每一台中意的二手车。因此，在车辆收购以后要对车辆进行全面而细致的检查工作，尤其是一些事故车辆，对企业声誉有极大损害，隐瞒事故绝不是一个有眼光的二手车商所为。反而，负责任的二手车商会打出口号，绝不经营事故车，以打消客户疑虑。提供认证和保修等服务措施也就是为了使"车辆让客户信任"。

（4）经营理念就是"诚信"　刚开始时，由于市场的不规范，从业人员素质参差不齐，欺骗消费者的行为时有发生，可能会面临"劣币驱逐良币"的尴尬被动局面，但时间久了，诚信的企业自然会被消费者所接受，而且会越做越好。希望我国的二手车从业人员都能做到真正的"诚信"，那么，我们国家的二手车行业就会健康而快速发展。

三、实施与考核

（一）任务目标

①通过资料阅读和二手车市场调查，描述二手车销售的方法及操作技巧。

②对市场上某二手车进行技术状况鉴定及价值评估，根据实际情况，进行销售定价，完成二手车销售模拟。

（二）实施步骤

①准备二手车六辆，小组成员分工协作，利用二手车交易学习资料，依据工作任务制订工作计划，并通过小组自评或者互评检查工作计划。

②各小组完成二手车销售模拟，完成表5-10所列项目。

表5-10 二手车销售模拟

车辆基本信息	基本信息			
	厂牌型号		车辆识别代码	
	出厂日期		登记日期	
	已使用年限		报废年限	
	行驶里程		报废里程	
重要配置				
二手车技术状况				
二手车销售定价				
二手车销售流程				

（三）评估总结

①回答指导老师提问并接受指导老师相关考核。

②完成工作任务，对本次任务完成过程及效果进行自我评价和小组互评。

③清洁工作场所，清点归还相关工具设备，完成本次任务。

（四）复习思考题

1. 思考题

（1）什么是机动车折旧？为什么要提出机动车折旧基金？

（2）什么是年份数求和折旧法？

(3) 什么是双倍余额递减折旧法？

(4) 说明二手车实体性贬值折旧额的区别。

(5) 详细说明车辆使用年限与折旧年限的区别。

(6) 影响二手车收购价格的因素有哪些？

(7) 简单描述二手车收购定价的三种方法。

(8) 影响二手车销售定价的因素有哪些？

(9) 解释变动成本费用、固定成本费用摊销率和固定成本费用。

(10) 什么是需求价格弹性？在进行二手车销售时，如何运用这个规律？

2. 单项选择

(1) 为计算机动车的年折旧额，最常用的方法是（　　）。

A. 平均年限法　　　　　　　　　　　B. 直线折旧法

C. 年份数求和法　　　　　　　　　　D. 双倍余额递减折旧法

(2) 买主最难获得的二手车信息是（　　）。

A. 价格　　　　B. 品牌　　　　C. 性能　　　　D. 服务

(3) 下列关于二手车收购价格确定的叙述（　　）不正确。

A. 应根据其特定的目的　　　　　　　B. 以二手车鉴定估价为基础

C. 要充分考虑市场的供求关系　　　　D. 要考虑车辆的未来用途

(4) 下列（　　）不属于固定成本。

A. 房租　　　　　　　　　　　　　　B. 车辆维护费

C. 管理费　　　　　　　　　　　　　D. 折旧

(5) 下列（　　）不是以利润为定价目标的形式之一。

A. 收益现值　　　　　　　　　　　　B. 预期收益

C. 最大利润　　　　　　　　　　　　D. 合理利润

(6) 下列（　　）是一种高瞻远瞩的目标。

A. 获取预期收益　　　　　　　　　　B. 获取最大利润

C. 获取合理利润　　　　　　　　　　D. 占领市场

(7) 下列（　　）不是二手车销售定价的基本思路之一。

A. 收益　　　　B. 成本　　　　C. 需求　　　　D. 竞争

(8) 在确定销售定价时，首先考虑应用（　　）法。

A. 成本加成　　　　　　　　　　　　B. 目标收益

C. 需求导向　　　　　　　　　　　　D. 边际成本

(9) 下列关于二手车销售阶段定价策略的叙述不正确的是（　　）。

A. 投入期以打开市场为主

B. 成长期以稳定市场为主

C. 成熟期以保持市场份额和利润总量最大为主

D. 衰退期以回笼资金为主

(10) 收益现值法是将被评估的车辆在剩余寿命期内预期收益用适用的（　　）折现为评估基准日的现值，并以此确定评估价格的一种方法。

A. 成新率　　　　　　B. 折现率　　　　　　C. 折扣率　　　　　　D. 增长率

(11) 收益现值法评估的步骤之一是充分调查了解被评估汽车的（　　）。

A. 技术状况　　　　　　　　　　　　B. 功能情况

C. 能耗情况　　　　　　　　　　　　D. 出厂情况

(12) 2016年1月，某二手车销售公司欲收购一辆南京菲亚特轿车，车辆的基本情况是：注册登记日期2013年2月，行驶里程为38000km，相关税费票据和证件齐全有效。该车目前市场行情价为7.8万元，残值忽略不计，采用等速折旧法计算所得该车的收购价格为（　　）元。

A. 78000　　　　　　B. 72800　　　　　　C. 67600　　　　　　D. 62400

(13) 2016年1月，某二手车销售公司欲收购一辆桑塔纳轿车，车辆的基本情况是：注册登记日期2013年2月，行驶里程为39000km，相关税费票据和证件齐全有效。该车目前市场行情价为9万元，残值忽略不计，采用等速折旧法计算所得该车的收购价格为（　　）元。

A. 84000　　　　　　B. 78000　　　　　　C. 72000　　　　　　D. 66000

(14) 目前我国进行汽车置换的形式中没有（　　）。

A. 用本厂二手车置换新车

B. 用本品牌二手车置换新车

C. 只要购买本厂新车，置换的二手车不限品牌

D. 二手车不限品牌，新车不限厂家

(15)《中国二手车价格手册》是由（　　）发行的。

A. 汽车之家　　　　　　　　　　　　B. 中国汽车流通协会

C. 汽车评估协会　　　　　　　　　　D. 二手车协会

(16)《中国二手车价格手册》包括了现阶段汽车市场国产主流品牌和主要车型近（　　）个品种。

A. 600　　　　　　　B. 500　　　　　　　C. 700　　　　　　　D. 800

(17) 二手车信息除了在相关网站查询之外，还可查询（　　）。

A. 二手车经销商发行的《中国二手车价格手册》

B. 中国汽车流通协会发行的《中国二手车价格手册》

C. 工商总局发行的《二手车价格手册》

D. 汽车评估协会发行的《中国二手车价格手册》

(18)《中国二手车价格手册》包括了现阶段汽车市场国产（　　）近700个品种。

A. 所有品牌和次要车型　　　　　　　B. 合资企业和次要车型

C. 主流品牌和主要车型　　　　　　　D. 我国自主品牌和主要车型

(19)（　　）累计行驶达到50万km应当报废。

A. 长途客车 B. 商务用轿车
C. 载货用车 D. 农用车

（20）二手车鉴定评估过程主要包括（　　）。
A. 接受委托、制订评估方案、现场查勘、评定估算、撰写评估报告等
B. 接受委托、验证、双方交谈、评定估算、提交报告等
C. 接受邀请、验证、现场查勘、评定估算、提交报告等
D. 接受委托、现查查勘、评定估算、提交报告等

3. 判断题

（1）折旧年限是一个平均年限，对于同一类型中的任何一项资产均适用。　　（　　）
（2）当机动车作为固定资产时，才存在折旧基金。　　（　　）
（3）一般情况下，在二手车估价时，可以用折旧额替代实体性贬值。　　（　　）
（4）一般情况下使用年限大于折旧年限。　　（　　）
（5）车辆的总体价值中包括各项手续的价值。　　（　　）
（6）提高二手车的收购价格，就意味着将来销售利润的减少。　　（　　）
（7）二手车鉴定评估的价格其实就是二手车的收购价。　　（　　）
（8）二手车收购定价计算方法中的折扣率是指车辆能够当即出售的清算价格与现行市场价格之比值。　　（　　）
（9）当用快速折旧法计算二手车折旧额时，要用到机动车原值，即机动车的账面原值。
　　（　　）
（10）由于二手车的需求价格弹性小，所以提高价格可能会增加企业利润。　　（　　）
（11）如果从竞争状况考虑，二手车销售定价时，应选择与竞争对手相同的价格，甚至低于竞争对手的价格进行定价。　　（　　）
（12）二手车销售定价是受国家相关法律制约的。　　（　　）
（13）要想获取最大利润，二手车经销企业应必须要采用高的销售价格。　　（　　）
（14）预期收益定得高些，二手车经销企业在未来就会有更大的利润。　　（　　）
（15）加成率应与单位产品成本成反比，和资金周转率成反比，与需求价格弹性成反比。　　（　　）

附录
Excursus

附录A
《报废汽车回收管理办法》

手机扫码在线看

附录B
《二手车流通管理办法》

手机扫码在线看

附录C
《机动车强制报废标准规定》

手机扫码在线看

附录D
《机动车登记规定》

手机扫码在线看

附录E
《二手车鉴定评估师管理办法》(试行)

手机扫码在线看

参 考 文 献

[1] 吴兴敏，陈卫红. 二手车鉴定与评估 [M]. 北京：人民邮电出版社，2010.
[2] 明光星，厉承玉. 二手车鉴定评估实用教程 [M]. 北京：机械工业出版社，2011.
[3] 肖钢. 二手车鉴定评估与交易实务 [M]. 广州：华南理工大学出版社，2009.
[4] 刘仲国. 二手车交易与评估 [M]. 北京：机械工业出版社，2009.
[5] 李萌. 二手车评估 [M]. 北京：北京理工大学出版社，2010.
[6] 郭志军. 二手车鉴定与评估 [M]. 北京：北京理工大学出版社，2009.
[7] 高群钦. 二手车鉴定与评估一点通 [M]. 北京：国防工业出版社，2006.
[8] 韩建保. 旧车鉴定及评估 [M]. 北京：高等教育出版社，2006.
[9] 王若平，葛如海. 汽车评估师 [M]. 北京：北京理工大学出版社，2005.
[10] 庞昌乐. 二手车评估与交易实务 [M]. 2版. 北京：北京理工大学出版社，2012.
[11] 李江天，明平顺. 新编旧机动车鉴定估价 [M]. 北京：人民交通出版社，2006.
[12] 明光星. 二手车鉴定与评估 [M]. 北京：中国人民大学出版社，2011.
[13] 吕凤军. 汽车性能与检测技术 [M]. 北京：北京邮电大学出版社，2012.
[14] 安相璧. 汽车检测诊断技术 [M]. 3版. 北京：北京理工大学出版社，2012.
[15] 邹小明. 汽车检测诊断技术 [M]. 北京：人民交通出版社，2006.
[16] 吴兴敏. 汽车整车性能检测 [M]. 北京：北京理工大学出版社，2012.

读者服务

机械工业出版社立足工程科技主业，坚持传播工业技术、工匠技能和工业文化，是集专业出版、教育出版和大众出版于一体的大型综合性科技出版机构。旗下汽车分社面向汽车全产业链提供知识服务，出版服务覆盖包括工程技术人员、研究人员、管理人员等在内的汽车产业从业者，高等院校、职业院校汽车专业师生和广大汽车爱好者、消费者。

一、意见反馈

感谢您购买机械工业出版社出版的图书。我们一直致力于"以专业铸就品质，让阅读更有价值"，这离不开您的支持！如果您对本书有任何建议或意见，请您反馈给我。我社长期接收汽车技术、交通技术、汽车维修、汽车科普、汽车管理及汽车类、交通类教材方面的稿件，欢迎来电来函咨询。

咨询电话：010-88379353   编辑信箱：cmpzhq@163.com

二、课件下载

选用本书作为教材，免费赠送电子课件等教学资源供授课教师使用，请添加客服人员微信手机号"13683016884"咨询详情；亦可在机械工业出版社教育服务网（www.cmpedu.com）注册后免费下载。

三、教师服务

机工汽车教师群为您提供教学样书申领、最新教材信息、教材特色介绍、专业教材推荐、出版合作咨询等服务，还可免费收看大咖直播课，参加有奖赠书活动，更有机会获得签名版图书、购书优惠券。

加入方式：搜索QQ群号码317137009，加入机工汽车教师群2群。请您加入时备注院校+专业+姓名。

四、购书渠道

机工汽车小编
13683016884

我社出版的图书在京东、当当、淘宝、天猫及全国各大新华书店均有销售。

团购热线：010-88379735

零售热线：010-68326294 88379203

推荐阅读

书号	书名	作者	定价（元）
智能网联、新能源汽车专业教材			
9787111678618	智能网联汽车技术入门一本通（全彩印刷）	程增木	69
9787111715276	智能汽车技术（全彩印刷）	凌永成	85
9787111702696	智能网联汽车技术原理与应用（彩色版）	程增木 杨胜兵	65
9787111628118	智能网联汽车技术概论（全彩印刷）	李妙然 邹德伟	49.9
9787111693284	智能网联汽车底盘线控系统装调与检修（附任务工单）	李东兵 杨连福	59.9
9787111710288	智能网联汽车智能传感器安装与调试（全彩活页式教材）	中国汽车工程学会 等	49.9
9787111712480	智能网联汽车底盘线控执行系统安装与调试（全彩印刷）	中国汽车工程学会 等	49.9
9787111709800	智能网联汽车计算平台测试装调（全彩印刷）	中国汽车工程学会 等	49.9
9787111711711	智能网联汽车智能座舱系统测试装调（全彩印刷）	中国汽车工程学会 等	49.9
9787111710318	新能源汽车检测与故障诊断技术（彩色版配实训工单）	吴海东 等	69
9787111707585	新能源汽车电动空调 转向和制动系统检修（彩色版配实训工单）	王景智 等	69
9787111702931	新能源汽车整车控制系统检修（彩色版配实训工单）	吴东盛 等	69
9787111701637	新能源汽车动力电池及管理系统检修（彩色版配实训工单）	吴海东 等	59
9787111707165	新能源汽车技术概论（全彩印刷）	赵振宁	55
9787111706717	纯电动汽车构造原理与检修（全彩印刷）	赵振宁	59
9787111587590	纯电动/混合动力汽车结构原理与检修（配实训工单）（全彩印刷）	金希计 吴荣辉	59.9
9787111709565	新能源汽车维护与故障诊断（配实训工单）（全彩印刷）	林康 吴荣辉	59
9787111700524	新能源汽车整车控制系统诊断（双色印刷）	赵振宁	55
9787111699545	智能网联汽车概论（全彩印刷）	吴荣辉 吴论生	59.9
9787111698081	新能源汽车结构原理与检修（全彩印刷）	吴荣辉	65
9787111683056	新能源汽车认知与应用（第2版）（全彩印刷）	吴荣辉 李颖	55
9787111615767	新能源汽车概论（全彩印刷）	张斌 蔡春华	49
9787111644385	新能源汽车电力电子技术（全彩印刷）	冯津 钟永刚	49
9787111684428	新能源汽车高压安全与防护	吴荣辉 金朝昆	45
9787111610175	新能源汽车动力电池及充电系统检修（全彩印刷）	许云 赵良红	55
9787111613183	新能源汽车电机驱动系统检修（全彩印刷）	王毅 巩航军	49
9787111613206	新能源汽车辅助系统检修（全彩印刷）	任春晖 李颖	45
9787111646242	新能源汽车维护与故障诊断（全彩印刷）	王强 等	55
9787111670469	新能源汽车结构原理与检修（彩色版）	康杰 等	55

(续)

书号	书名	作者	定价（元）
9787111448389	电动汽车动力电池管理系统原理与检修	朱升高　等	59.9
9787111675372	新能源汽车动力蓄电池与驱动电机系统结构原理及检修	周旭　石未华	49.9
9787111672999	电动汽车结构原理与故障诊断（第2版）（配实训工作手册）	陈黎明　冯亚朋	69.9
9787111623625	电动汽车结构原理与维修	朱升高　等	49
9787111610717	新能源汽车结构与维修（第2版）	蔡兴旺　康晓清	49
9787111591566	电动汽车电机控制与驱动技术	严朝勇	45
9787111484868	电动汽车动力电池及电源管理（"十二五"职业教育国家规划教材）	徐艳民	35
9787111660972	新能源汽车专业英语	宋进桂　徐永亮	45
9787111684862	智能网联汽车技术概论（彩色版配视频）	程增木　康杰	55
9787111674559	混合动力汽车结构与检修一体化教程（彩色版）（附赠习题册含工作任务单）	汤茂银	55
	传统汽车专业教材		
9787111678892	汽车构造与原理（彩色版）	谢伟钢　范盈圻	59
9787111702474	汽车销售基础与实务（全彩印刷）	周瑞丽　冯霞	59
9787111678151	汽车网络与新媒体营销（全彩印刷）	田凤霞	59.9
9787111687085	汽车销售实用教程（第2版）（全彩印刷）	林绪东　葛长兴	55
9787111687351	汽车自动变速器原理与诊断维修（彩色版）	张月相　张雾琳	65
9787111704225	汽车机械基础一体化教程（彩色版配实训工作页）	广东合赢	59
9787111698098	汽车检测与故障诊断一体化教程（彩色版配工作页）	秦志刚　梁卫强	69
9787111699934	汽车舒适与安全系统原理检修一体化教程（配任务工单）	栾琪文	59.9
9787111711667	汽车发动机电控系统结构原理与检修（彩色版配实训工单）	李先伟　吴荣辉	59
9787111689218	汽车底盘电控系统原理与检修一体化教程（彩色版）（附实训工作页）	杨智勇　金艳秋　翟静	69
9787111676836	汽车底盘机械系统构造与检修一体化教程（全彩印刷）	杨智勇　黄艳玲　李培军	59
9787111699637	汽车电气设备结构原理与检修（配实训工单）（全彩印刷）	管伟雄　吴荣辉	69
	汽车维修必读		
9787111715054	动画图解汽车构造原理与维修	胡欢贵	99.9
9787111708261	汽车常见故障诊断与排除速查手册（赠全套352分钟维修微课）（双色印刷）	邱新生　刘国纯	79
9787111649571	新能源汽车维修完全自学手册	胡欢贵	85
9787111663546	汽车构造原理从入门到精通（彩色图解＋视频）	于海东　蔡晓兵	78
9787111626367	新能源汽车维修从入门到精通（彩色图解＋视频）	杜慧起	89
9787111661290	汽车电工从入门到精通（彩色图解＋视频）	于海东　蔡晓兵	78
9787111602699	汽车维修从入门到精通（彩色图解＋视频）（附赠汽车故障诊断图表手册）	于海东	78